国民经济评论

第 4 辑

广东财经大学国民经济研究中心　编

经济科学出版社

图书在版编目（CIP）数据

国民经济评论．第4辑/广东财经大学国民经济研究中心编．—北京：经济科学出版社，2014.12
ISBN 978－7－5141－5332－3

Ⅰ．①国…　Ⅱ．①广…　Ⅲ．①国民经济发展－中国－文集　Ⅳ．①F124－53

中国版本图书馆 CIP 数据核字（2014）第 302232 号

责任编辑：王长廷　刘　莎
责任校对：王肖楠
版式设计：齐　杰
责任印制：邱　天

国民经济评论·第4辑
广东财经大学国民经济研究中心　编
经济科学出版社出版、发行　新华书店经销
社址：北京市海淀区阜成路甲 28 号　邮编：100142
总编部电话：010－88191217　发行部电话：010－88191522
网址：www. esp. com. cn
电子邮件：esp@ esp. com. cn
天猫网店：经济科学出版社旗舰店
网址：http：//jjkxcbs. tmall. com
北京汉德鼎印刷有限公司印刷
三河市华玉装订厂装订
880×1230　32 开　10.5 印张　280000 字
2014 年 12 月第 1 版　2014 年 12 月第 1 次印刷
ISBN 978－7－5141－5332－3　定价：40.00 元
（图书出现印装问题，本社负责调换。电话：010－88191502）

国民经济评论·第 4 辑
Review Of National Economy No. 4

区域经济发展与区域经济比较研究

——《国民经济评论》第4辑前言

“国多财则远者来，地辟举则民留处，仓禀实而知礼节，衣食足而知荣辱”，民富国强、共同富裕一直是中华民族所追求的理想。经过长期努力，中国已基本消除贫穷，进入到全面建设小康社会的关键时刻。但是不能不看到：中国沿海地区和一些大中城市呈现现代化的繁荣，但中西部不少地区相当落后的局面尚未改变，区域发展差距日趋扩大；中国经济已保持了30多年的快速增长，但东中部区域经济的持续发展受到能源、资源和环境的严重制约；中国已经成为国际贸易大国，但受贸易保护主义的影响，区域发展空间受到挤压；中国民生有了很大改善，但中西部区域还有1亿多人口生活在联合国设定的贫困线之下，区域城乡基本公共服务体系未能实现均等化。

为了深入探讨当前区域经济发展存在的这些问题，广东财经大学国民经济研究中心（广东省高等学校人文社会科学重点研究基地）于2013年12月举办“区域经济发展和区域经济比较研究”全国学术研讨会，参会学者积极研讨、交流思想，集结出诸多新颖的观点和对策，中心决定将这些优秀的成果收入在《国民经济评论》第4辑中。

《国民经济评论》第4辑主要围绕区域经济发展比较、战略性新兴产业和国际区域发展模式三个主题展开，具体内容如下：

一、区域经济发展

广东珠三角、粤东、粤北和粤西四大区域间经济发展为什么会呈现出巨大的绩效差异？如何促进广东区域经济的协调发展？《基于 k^* 稳态条件的广东省“贫困陷阱”分析》等五篇研究报告对此给予了高度关注，由此产生了如下理论观点和政策建议：

《基于 k^* 稳态条件的广东省“贫困陷阱”分析》分析发现：通过本文的相关分析，表明广东省有部分城市的发展很不平衡，广东目前的发展现状已经导致部分城市地区跌入“贫困陷阱”。这些城市均不在珠三角地区，就2006～2011年数据而言，清远市、梅州市以及汕尾的情况不容乐观。如果这些地区不进行相关的改善，它们将很难跳出贫困陷阱，经济也将停滞。应通过提高储蓄率、加大投资力度、降低人口出生率、提高科技水平等方式使以上地区跳出贫困陷阱。

《广东区域经济增长的收敛性研究——基于空间面板模型的实证考察》基于变异系数和对数标准差对广东经济增长的地区不平衡进行考察，引入空间因素运用绝对β收敛方程分析广东经济的收敛特征，结果发现：全时间段不存在全省范围的β收敛，仅存在四大区域俱乐部β收敛；1978～1984年全省范围内不存在β收敛，呈现经济增长发散；1984～2010年存在全省范围的β收敛，同时也存在省内四大区域的俱乐部β收敛。结论说明空间因素在广东区域经济增长收敛中发挥着重要作用，因此需要在研究中加以重视。

《我国参与区域经济合作的回顾与展望》回顾我国参与区域经济合作的各种类型和机制，梳理了20世纪90年代后，特别是“十一五”期间，我国区域经济合作取得的巨大成就，分析了全球区域经济合作的趋势以及对“十二五”期间的区域经济合作带来深远的影响。

《文化传统、经济转轨与制度匹配——关于岭南模式的制度分析》认为岭南文化乃一种工具理性倾向的精神理念，其着重于指向当下的实效和功利，恰能成为市场体制有效运行所必须的前提条件。所以，本文认为广东的经济转轨是岭南文化与市场体制相互匹配的过程。在此基础上，本文提出文化与市场体制相匹配的理论，并构建一个简单的制度匹配费用最小化模型以解释“岭南模式”的内在机理与理论逻辑。本文的结论是，若正式制度和非正式制度相匹配，则它们的匹配成本实现了最小化，因此构成了整个制度系统的纳什均衡解。

《加强粤琼区域合作，提升区域经济竞争力》通过具体分析和对比海南省与深圳特区的经济发展模式和途径的分析与对比，指出在资源禀赋、经济运行机制、对发展工业类型重视程度、对外向型经济定位以及产业结构等方面的差异，提出加强琼粤两地区域合作，提升区域经济竞争力的观点。

《金融生态、经济增长与区域发展差异》在构建金融生态和经济增长指标体系的基础上，运用耦合机理实证研究了我国31个省（市）金融生态与经济增长的关系，并就其耦合度的空间关联性进行了识别和检验。结果显示：各省域的金融生态与经济增长具有显著的协调演进之态势，但二者的耦合度却呈现出明显的区域差异，表现为东部最高，中部、东北次之，西部最差，耦合度的空间关联格局也验证了上述特征。

《区域经济发展过程中的人口服务管理》表明近十年来，上海杨浦区进入城区创新的快车道，科学地梳理了城区创新与人口发展的关系问题，将人口发展寓于城区产业升级、旧城改造当中，提出了“大学校区、科技园区和公共社区”三区融合、联动发展战略，并以五角场功能区、杨浦滨江发展带、环同济知识经济圈、大连路总部研发集聚区和新江湾城国际化、智能化、生态化社区五大功能区作为三区融合、联动发展的重点区域，以以人为本的科学发展观为指导，坚持调结构与促保障并举的发展理念，以知识创新推动产业转型升级，以产业转型升级和旧城改造推动人口发展，以城区社区发展推动社区公共服务，逐步将人口问题纳入了良性循环的轨道，初步形成了一些人口服务管理经验。

二、战略性新兴产业

以转变经济结构为主题，秉着市场在资源配置起决定性作用，着力解决制约广东区域经济持续健康发展的重大结构性问题，关系广东区域经济发展全局的战略抉择，关系广东经济发展的内生性和可持续性。

《以政府职能促进区域战略性新兴产业的发展》阐述了战略性新兴产业的内涵、发展的必要性，并从政府职能的视角，分析了政府在战略性新兴产业发展中所处的辅助和扶持地位，强调政府应在公共服务平台、市场环境规范以及资源集聚3个方面发挥作用，提出从产业技术、金融支持、法律促进着手建立公共服务平台，通过完善市场配套服务体系、加大监管和知识产权保护力度规范市场环境，依靠集聚人力和创新资源促进产业集群式发展。

《中国区域金融发展差异的度量及收敛趋势分析》在利用Panel Data模型和泰尔指数的分析方法对1992年以来中国区域金融发展水平和区域金融发展差异情况进行求解的基础之上，利用收敛性理论分析中经典的σ-β分析框架对全国以及四大地区的区域金融发展差异的收敛性进行实证分析。分析结果显示，中国区域金融发展水平大幅上升，同时区域金融发展差异不断扩大，且区域内金融发展差异是全国金融发展差异的主要原因；中国区域金融发展差距的变动具有β绝对收敛趋势，但收敛速度较慢。

《广东省高等教育结构调整研究》对2003~2010年广东省产业结构、就业结构与高校专业结构的现状进行了介绍，然后利用投入产出模型对产业结构与就业结构的关系进行了比较分析，最后根据高校专业结构与就业结构的灰色关联度总结出广东省人才需求结构的发展趋势，并为广东省就业政策制定、高校专业改革提出相关建议。

《经济换档背景下快速工业化地区工业区转型的紧迫性及路径选择——以东莞市为例》认为：当今世界，工业区已成为各国工业经济发展的最重要的空间载体。无论是在发达国家，还是在发展中国家，推进工业区的经济发展趋势仍在继续。在快速工业区地区，这种趋势则更为明显和强烈。工业区曾为东莞的经济社会发展做出了巨大的贡献，但目前也面临产业升级和城市升级的双重挑战，从而影响本地区的经济增速。东莞的高水平崛起离不开工业区的转型升级。

《上市公司转板交易评价体系研究》根据多层资本市场体系层次结构的特点，从多层资本市场体系的基本职能出发，以多层资本市场运行效率为目标，通过多层资本市场分离均衡模型来揭示转板机制的市场动态均衡，并以此为依据构建了我国多层资本市场转板交易的评价指标体系。在此基础上，随机选取我国主板市场、中小板市场和创业板市场部分上市公司为样本，利用模糊综合评价法对样本公司是否需要转板交易进行了综合评判。

《产业转移背景下皖江示范区技术与人才的耦合与协同关系研究》针对皖江示范区“承接产业转移”这一功能定位，运用熵值赋权法和耦合协调度模型，实证分析决定产业转移成败和示范效应大小的关键因素——技术与人才的耦合与协同关系。结果表明，国内学术会议次数对技术产出水平的贡献最大；研发人员数对技术产出水平的贡献并不明显，并且研发单位数与技术产出水平呈负向相关，说明目前示范区产业发展对人才的依赖程度较低；示范区的人才水平指数远大于技术水平指数，技术与人才的耦合还处在刚刚起步阶段，并且存在结构性的失衡问题，表现为耦合度与协调度的非协同效应；衡量技术和人才两大子系统的各项指标（包括水平指数、综合指数、耦合度和协调度）均存在地区差异；除耦合度外，合肥市的其他各项指标显著高于其他地区。

《中国东部地区开放型经济的转型升级研究》表明中国东部地区的对外贸易经过跨越式的发展，2012 年进出口总额为 3.2708 亿美元，约占全国GDP总额的40%。但同时也存在着服务贸易发展滞后、贸易结构失衡、贸易增值率不高等问题，亟须转型升级。当前全球经济正在进入新的调整期，经济增长动力不足、债务危机可能再起波澜、国际商品市场持续动荡、贸易投资保护主义加剧等将对东部地区开放型经济转型升级加快发展产生影响。加快东部地区的外贸转型发展，必须在科学认识外贸增长速度和规模的基础上，采取有效措施努力扩大国际市场占有率，加快推进贸易便利化和不断提高外贸增值率。

《中国特色城镇化路径研究》认为中国的城镇化应有自己的道路。在制度层面，城镇化需要更加注重制度的公平建设；在产业层面，推进我国城镇化应以现代农业产业为主动力；在生产组织形式选择上，落后地区建设现代农业尤其要注重发展国营农场；在人文层面，城镇化要注重培育城市精神；在社会层面，城镇化过程需要大力加强法治建设。

三、国际区域发展模式

《“金砖国家”服务贸易竞争力研究》研究了21世纪以来，伴随着全球服务贸易的蓬勃发展，服务贸易已成为推动“金砖国家”经济高速增长的动力。通过CA指数、SRCA指数、Lafay指数以及ES指数对“金砖国家”服务贸易整体竞争力、行业竞争力、产业内贸易程度以及出口商品相似度进行了深入分析，研究结果表明：“金砖国家”服务贸易整体竞争力呈现“一强四弱”、服务贸易行业优势集中于传统行业、服务贸易产业内贸易明显以及“金砖国家”之间相互竞争较为激烈等特征。

《香港回归十五年的经济问题与前景展望》通过分析香港回归以来经济发展的主要指标数，提炼了其经济发展的四大特点，进而揭示香港经济存在的主要问题：在经济转型中矛盾突出、与内地经济合作的负面效应扩大、高度开放自由市场的缺陷仍存和科技创新能力不足等。最后分析了香港经济发展存在的优势条件和契机。为此，本文就香港未来的发展提出四点建议：一是整合优势资源，做强金融、贸易和物流业；二是培植高科技产业和高增值制造业，走产业结构多元化发展之路；三是完善香港与内地经贸合作机制；四是适度发挥政府在推进经济发展的积极作用。

《广东与亚洲“四小龙”电子信息产品出口竞争力比较分析》以广东与亚洲“四小龙”电子信息产品出口竞争力比较分析为切入点，找出后追赶亚洲“四小龙”时期广东的支柱产业电子信息产业出口发展中主要差距，并就进一步提升广东电子信息产品出口竞争力提出相关建议。

《韩国碳排放足迹的动态变化及因素分解》构建了基于一个能源结构、能源效率、经济发展的碳排放恒等式，运用 LMDL 分解技术，对韩国 1996～2009 年的碳排放进行了分解。结果表明：经济发展是韩国碳排放的主要促进因素，能源结构碳排放的抑制作用不显著，能源效率的提高是抑制韩国碳排放的最主要的原因，但是仍然不足以抵消经济增长对碳排放的促进作用，导致韩国碳排放仍然处于稳步增长阶段，但是增速变小。

广东财经大学国民经济研究中心
2014 年 12 月

目　录

基于 k^* 稳态条件的广东省“贫困陷阱”分析*

林　洪　李世伟　陈琳娟

摘要：由于自然条件、人文因素等方面的差异，广东省城市发展很不平衡，广东目前的发展现状会不会导致部分城市地区跌入“贫困陷阱”？本文基于广东省珠三角、粤东、粤西、粤北各地区部分城市的相关数据，从实证的角度对广东省进行有关“贫困陷阱”的分析。

关键词：贫困陷阱　增长理论　k^* 稳态　资本存量

一、“贫困陷阱”理论的演变

“贫困陷阱”问题最早可以追溯到18世纪，当时的英国经济学家马尔萨斯提出了关于“人口陷阱”的论述。1798年他在《人口论》中提出，在农业技术不变的前提下，由于农业收益递减规律，算术级数增长的粮食生产赶不上以几何数增长的人口总数，最终会导致大面积饥荒。但过去200多年的人类发展和社会经济状况与其假设条件完全不同，农业科技不断取得革命性突破，农业技术的不断进步和要素投入的不断增加极大提高了农业劳动生产率，农业和食品增长显著超过了人口增长。历史证明马尔萨斯人口陷阱是边际收益递减规律的不适当运用。

20世纪中叶，经济学家对贫困陷阱理论进行了第一次大讨论，

* 本文受到广东省普通高校人文社科研究项目（09JDXM79015）、广州市社会科学规划项目（11Z03）、广东财经大学国民经济研究中心招标项目（2010XMA02）基金资助。

代表人物有美国哥伦比亚大学教授拉格纳 · 纳克斯和美国经济学家纳尔逊等人，其中具有代表性的理论有纳克斯在 1953 年提出的“贫困恶性循环”理论、纳尔逊在 1956 年提出的“低水平均衡陷阱”理论以及缪尔达尔在 1957 年提出的“循环累积因果关系”理论等。这几个理论从不同的角度论述了贫困陷阱的形成机制。但都有一个共同点，那就是认为资本匮乏和投资不足是导致贫困陷阱产生的根本原因，他们提到：“贫困的根源在于经济增长停滞和人均收入低下，而经济增长停滞和人均收入低下的根源又在于资本匮乏和投资不足”。

纳克斯从国家层面着手探究贫困陷阱理论，根据对发展中国家长期贫困根源的考察，他在 1953 年提出了“贫困的恶性循环”理论。他认为，发展中国家长期贫困，不是因为这些国家资源不足，而是由若干个相互联系和相互作用的“恶性循环系列”造成的。其中，“贫困的恶性循环”居于支配地位。从需求上看，存在“低收入—投资引诱不足—低资本形成—低生产率—低收入”的恶性循环。而从资本的供给看，发展中国家存在“低收入—低储蓄水平—低资本形成—低生产率—低产出—低收入”的恶性循环。之所以会形成需求和供给这两个恶性循环，是因为发展中国家人均收入过低，人均收入过低则是因为资本稀缺，而资本稀缺的根源又在于人均收入过低，这样低收入就使一国无法摆脱贫穷。低收入和贫困无法创造经济发展所需要的储蓄，而没有储蓄就没有投资和资本形成，从而又导致该国的低收入和持久贫穷。

纳尔逊在 1956 年提出了与“贫困的恶性循环”理论相类似的“低水平均衡陷阱”理论。他把贫困看作是一种自我维系的循环过程。发展中国家的经济表现为人均收入处于维持生命或接近于维持生命的低水平均衡状态，只要人均收入低于人均收入的理论值，国民收入的增长就会被更快的人口增长所抵消，从而被逼回到维持生存的水平上，并且固定不变。在最低人均收入水平增长与人口增长率相齐的人均收入水平之间，存在一个“低水平均衡陷阱”。在这个陷阱中，任何超过最低水平的人均国民收入的增长都将被人口增长所抵消，这种均衡也是稳定的。

二、“贫困陷阱”的定义及形成机制

到底是什么因素阻碍穷国通向富裕？是什么因素导致那么多的国家和群体陷入长期的贫困？

经济学家们试图从不同的角度探讨贫困陷阱的形成机制。鲍尔斯（Bowles）将贫困陷阱理论的形成机制概括为三类：第一类是物质资本或人力资本方面的临界门槛效应——这种理论认为物质资本或人力资本投资只有超过一定的门槛值或达到一定规模之后，传统的经济理论才会起作用，对于国家和个人而言，都存在一个具体的门槛值，而个人的门槛值依赖于他所生存的环境；第二类是制度失灵所带来的贫困陷阱——由于财富、权力、教育、公共产品分配不公以及产权保护的缺失等因素所导致的一个国家或民族长期地陷入贫困；第三类是邻里效应——群体内部不同成员之间的相互作用，在群体中的某个人的决策可能会影响或扭曲其他人的决策，这种扭曲相互作用最终可能会影响到整个群体的决策，例如同龄人效应与角色榜样效应。

本文着重于对第一类形成机制的分析，即物质资本或人力资本方面的临界门槛效应分析。

我们认为，“贫困陷阱”是指经济状态处在一个低水平的人均产出和资本存量的稳态均衡。之所以称其为陷阱，是因为如果这种经济状态在不通过任何“外力”推动的条件下，经济系统本身会将这种状况保持下去，成为一种均衡状态。从这个定义来看，贫困陷阱应该包括两个方面：（1）贫困，即人均资本存量或者产出的低水平；（2）陷阱，即在不通过行政手段、经济制度改革或其他方式，国家或地区的人均收入或资本存量止步不前。贫困定义的是状态和水平，高收入的国家从宏观上看是不存在贫困陷阱的；而陷阱是一个动态、发展的概念，地区尽管从某一时刻看来很贫困，但是如果人均产出不断地增长，我们同样不能称其处于贫困陷阱。

在索洛－斯旺模型中，人均资本 k^* 稳态条件为：

$$s^* f(k^*)/k^* = n + \delta \quad (1)$$

式（1）中 s 为储蓄率，$f(k^*)$ 为规模报酬不变下的均衡人均产出，n 为人口增长率，δ 为资本折旧率。

当某时期人均资本存量 k 使得 $s^* f(k)/k > n + \delta$，则人均资本存量随着时间而逐步上升。

当某时期人均资本存量 k 使得 $s^* f(k)/k < n + \delta$，则人均资本存量随着时间而逐步下降。这个时候我们就称此时的经济状态处在贫困陷阱中。

三、贫困陷阱在广东省存在的可能性

虽然广东省是全国发达程度较高的省份之一，但是由于各地区的自然条件、人文因素等方面存在的差异，广东省有部分地区存在经济发展不平衡的状况。从图1可以看出，广东各个区域之间的人均 GDP 的差距随时间逐渐扩大，形状宛如一只喇叭。

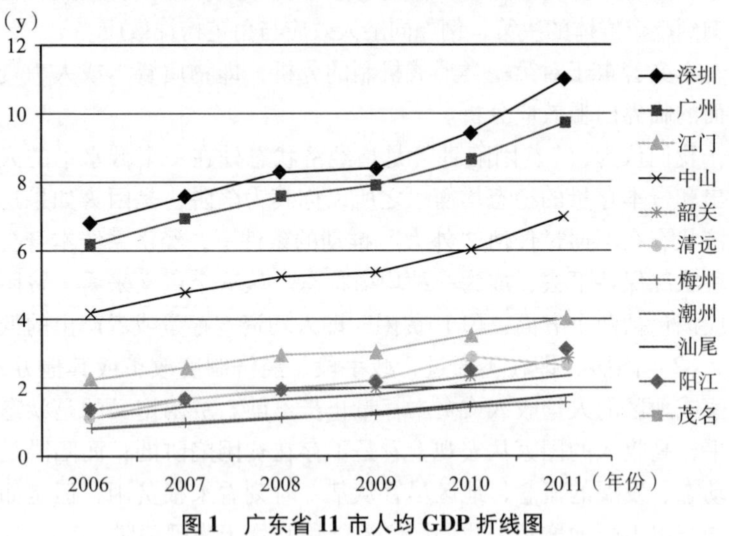

图1　广东省11市人均 GDP 折线图

（一）数据的选取及处理

广东省可以分为珠三角、粤北、粤东、粤西四个区域，采取分层随机抽样的方法抽取出以下11个城市：广州、深圳、江门、中山、韶关、清远、梅州、潮州、汕尾、阳江、茂名。

估算各市的经济状态是否处于贫困陷阱中，我们需要用到的指标有：（1）储蓄率s；（2）人均产出$f(k)$；（3）人口自然增长率n；（4）物质资本折旧率δ；（5）人均资本存量k。

其中，人口自然增长率可以从统计年鉴得到。需要处理的两个变量是人均资本存量和储蓄率。而这里的人均资本存量度量的是物质资本，不包含人力资本。

统计年鉴并未公布资本存量数据，故分析只能借助其他学者的研究结果。国内做过资本存量估算的学者不少，有贺菊煌（1992）、邹（Chow，1993）、王小鲁（2000）、张军和章元（2003）、龚六堂和谢丹阳（2004）等人。这里主要采用了张军的资本存量估算方法。使用的测算方法是戈登史密斯（Goldsmith）在1951年开创的永续盘存法：

$$K_{it}=K_{it-1}{}^{*}(1-\delta_{it})+I_{it} \tag{2}$$

其中，i指第i个省区市，t指第t年。式（2）一共涉及四个变量：a. 当年投资I的选取；b. 投资品价格指数的构造；c. 经济折旧率δ的确定；d. 基年资本存量k_0的确定。

为说明问题需要，我们简要引述张军对资本存量的统计处理过程。当年投资的选取，固定资本形成总额具有较长的时序数据、数据较为可信的优点，故将当年的投资指标选为固定资本形成总额。投资品价格指数确定为固定资产投资价格总指数。关于物质资本折旧率的确定，是将建筑物、设备和其他资本品的使用年限定为45年、20年和25年，再根据三者在总固定资产中的比重设置权重。采用几何效率递减的余额折旧法，把折旧率定为9.6%。关于初始资本存量估算方面，则用各省区市1952年的固定资本形成除以10%作为该省区市的初始资本存量。

该方法的结果给出了以2006年不变价格计算的广东各市的资本存量估算，笔者在其方法和数据的基础上，得出2006～2011年各市资本存量估算。选取2011年各市资本存量数据，以2006年不变价格计算。

本文对储蓄率的处理与实际统计中的储蓄率有所不同，分两个方向进行——（1）将总产出GDP中没有用于消费的产出作为储蓄，再除以总产出得到储蓄率：$s_1=(GDP-C)/GDP$，这符合新古典增长模型所定义的储蓄率，它也是用于估算一个地区在不接受外来投资或者技术引进的条件下资本增长率的重要变量之一；（2）将储蓄率定义为支出法计算的总产出GDP中用于固定资本投资的数额除以总产出：$s_2=I/GDP$，这样计算出来的储蓄率也称为投资率。储蓄率s_1（见表1）。

表1　2011年广东省11市人均资本存量及相关指标

地区	2011年人均资本存量 k	储蓄率（基于产出减消费）s_1	储蓄率（基于固定资本形成）s_2	2011年 $f(k)$	人口自然增长率 n
深圳	16.98885	0.62738	0.23848	11.0421	0.00920
广州	18.61149	0.80623	0.30564	11.04	0.00329
江门	2.57120	0.89728	0.35837	4.1062	0.00609
中山	8.21022	0.71915	0.35503	7.0014	0.00330
韶关	7.07359	0.75616	0.50898	2.8760	0.00628
清远	13.18153	0.65549	0.49576	2.6957	0.00923
梅州	3.52379	0.93834	0.30067	1.6623	0.00554
潮州	4.13098	0.78659	0.29160	2.4169	0.00434
汕尾	6.84376	0.46987	0.70883	1.8682	0.00544
阳江	6.83563	0.53941	0.51738	3.1491	0.00808
茂名	2.84420	0.48569	0.15693	2.9811	0.00965

注：$f(k)$ 即人均GDP，以上数据中，人口自然增长率 n 和人均产出 $f(k)$ 均来自《2012年中国统计年鉴》，s_1 和 s_2 的计算前面已经讲述，人均资本存量通过统计年鉴的数据计算得到。

（二）“贫困陷阱”的可能性区域分析

资本增长率为：

$$R_k = s^* f(k)/k - (n+\delta) \qquad (3)$$

我们令 $R_{k_1} = s_1{}^* f(k)/k - (n+\delta)$，$R_k = s_2{}^* f(k)/k - (n+\delta)$。假如资本增长率小于0，且此时的人均资本存量较低，我们则认为该地区处于贫困陷阱中（见表2）。

表2　　2011年广东省11市人均资本存量以及资本增长率

地区	k	R_{k_1}	R_{k_2}
深圳	16.98885	0.30258	0.04980
广州	18.61149	0.37895	0.08201
江门	2.57120	1.33087	0.47023
中山	8.21022	0.51397	0.20346
韶关	7.07359	0.20516	0.10466
清远	13.18153	0.02882	-0.00385
梅州	3.52379	0.34111	0.04030
潮州	4.13098	0.35987	0.07027
汕尾	6.84376	0.02682	0.09205
阳江	6.83563	0.14442	0.13427
茂名	2.84420	0.40343	0.05884

图2是储蓄率为 s_1 时各市的资本增长率与人均资本存量之间的关系；图3是储蓄率为 s_2（即投资率）时两者间的关系。在这两个图中，资本增长率与人均资本存量均呈负相关，这与边际资本递减规律是相吻合的。

在图2中，有2个点的资本增长率非常接近0，它们是清远和汕尾。假如不存在外资流入和技术进步，这两个城市的资本增长很可能停滞，从而陷入贫困陷阱。

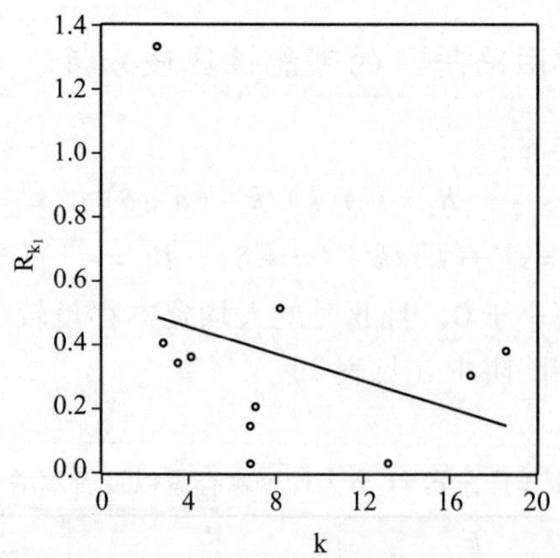

图2　储蓄率为 s_1 时 k 与资本增长率的关系

在图3中，有1个点的资本增长率小于0，这个点代表的城市是清远，另外，梅州的资本增长率也比较接近0。这说明，清远市很可能会因为经济增长的减缓而停滞，进而陷入贫困陷阱。

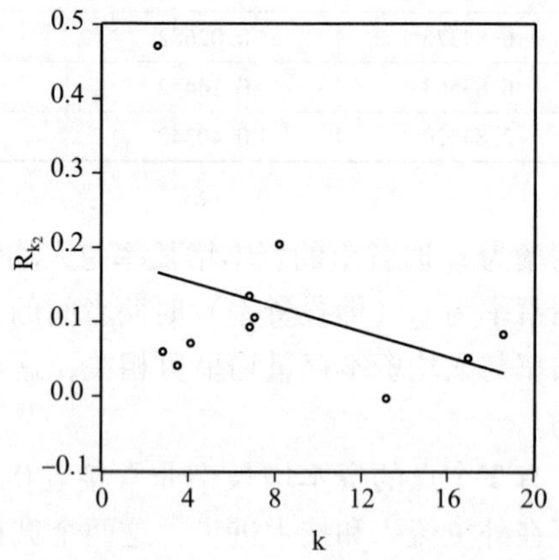

图3　储蓄率为 s_2 时 k 与资本增长率的关系

四、“贫困陷阱”的摆脱分析

（一）提高储蓄率

在新古典增长模型中，增加储蓄是加快经济增长和跳出贫困陷阱的方法之一。使用2011年数据对省际经济增长的实证分析中，这个结论同样适用。

由图4、图5可以看出，储蓄率与资本增长率有一定的正向关系，表明储蓄率高的地区，资本增长率也相应地要高。由表3可以看出，储蓄率与真实经济增长率的Pearson相关系数的绝对值数值很小，即它们之间的相关性很弱。高额的储蓄率导致较高的经济增长，值得注意的是，这与国内许多经济学者认为的提高消费水平以促进经济增长的观点有所不同。从经济增长的角度来看，储蓄仍然很重要。高的储蓄额保证了国内充足的资金供应，为投资的较快增长提供了可能。

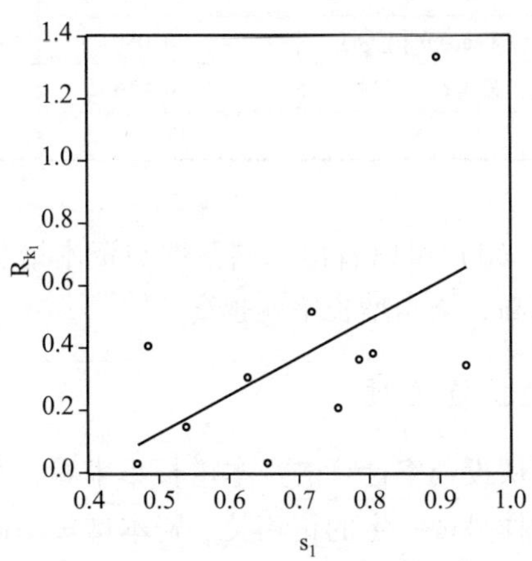

图4　s_1与资本增长率的关系

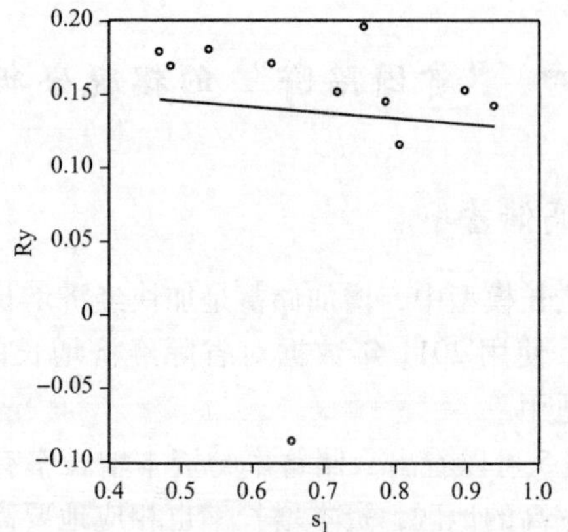

图5　s_1 与经济增长率的关系

表3　Ry 与 s_1 之间的 Pearson 相关系数检验结果

		Ry	s_1
Ry	Pearson 相关性	1	-0.080
	显著性（双侧）		0.816
	N	11	11
s_1	Pearson 相关性	-0.080	1
	显著性（双侧）	0.816	
	N	11	11

另外，从式（3）可以看出，储蓄率与资本增长率呈正相关的关系，储蓄率越高，资本增长率就越高。

（二）加大投资力度

在图6中，从投资率计算的资本增长率来看，实际经济增长率与资本增长率同样呈现一定的正相关。资本增长率高的地区经济增长速度也比较快。这一结果的政策含义是，处于贫困陷阱的地区可以通过加大投资力度、积极招商引资、增加 FDI 在总投资中的比重的途径来提高资本增长率，提高经济增长率，进而突破贫困陷阱。

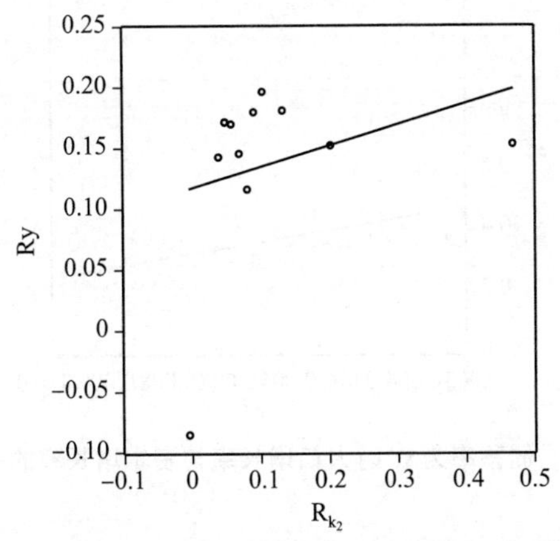

图 6　储蓄率为 s_2 时资本增长率与经济增长率的关系

（三）降低人口出生率

在经济增长过程中，降低人口出生率同样有利于摆脱“贫困陷阱”。降低人口出生率相当于将 $n+\delta$ 曲线下移至 $n'+\delta$，若平均储蓄曲线保持不变，$s\times f(k)/k$ 与 $n'+\delta$ 不形成交点 k^*，至少降低 k^*，使非稳定均衡点更易于突破。

由图 7、图 8 可以看出，人口自然增长率与资本增长率呈一定的负相关。另外，从式（3）可以看出，人口自然增长率低，资本增长率越高。因此适当地降低人口自然增长率，可以提高资本增长率，进而可以避免或者突破贫困陷阱。

（四）提高科技水平，大力推进制度创新

从资本增长率计算式（3）可以看出，影响资本增长率的因素除了储蓄率之外，还有单位资本的产出率 $f(k)/k$，即产出资本比。

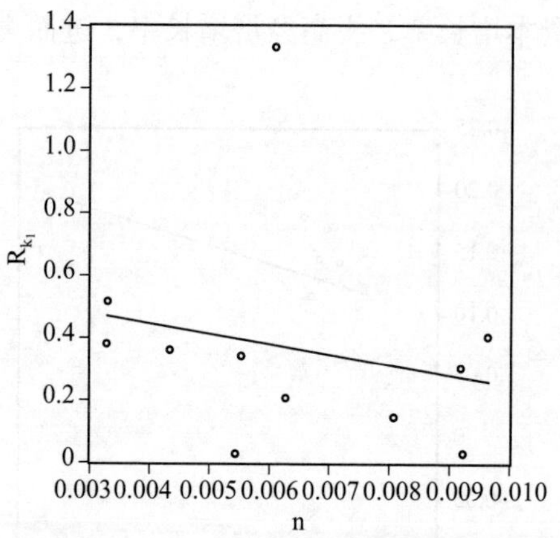

图7　储蓄率为 s_1 时人口增长率与资本增长率的关系

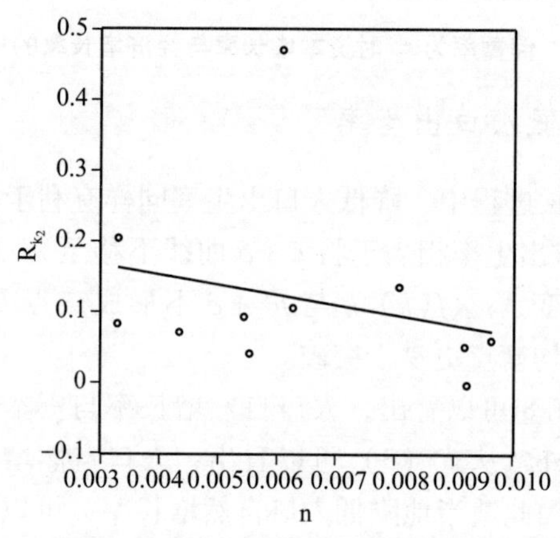

图8　储蓄率为 s_2 时人口增长率与资本增长率的关系

单位资本产出率较低（低于0.3）的城市为清远市和汕尾市。其中清远市正是我们认为处于贫困陷阱中的区域。从图9我们也可以看出，广东省部分城市的产出资本比存在明显的差别，清远和汕尾的 $f(k)/k$ 最低。而经济发展比较发达的地区单位资本产出率都比较高，由此可以看出贫困陷阱和单位资本产出具有比较显著的正相关性。因此，突破贫困陷阱的一个重要方面是提升单位资本的产出。一方面，通过对专门研究机构加大科技研究投入来实现技术进步，技术进步能显著地提高单位资源地产出。另一方面，借鉴东部沿海地区的管理经验，进行制度创新，把生产性资源从效率低的部门转移到效率高的部门，改变激励机制促进经济增长。

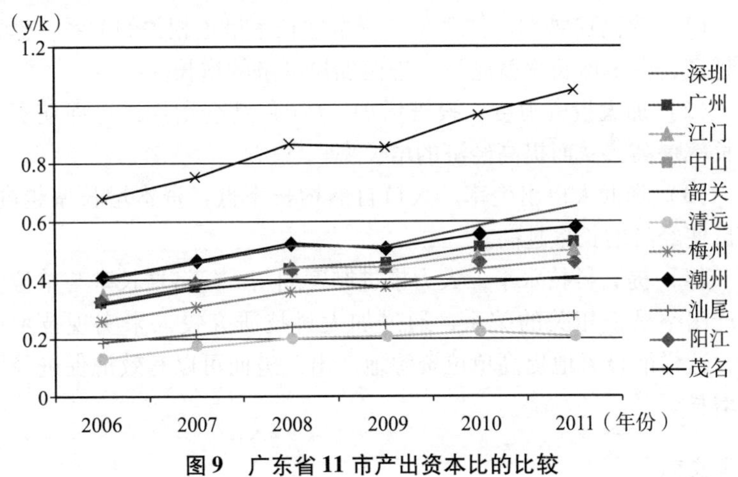

图 9　广东省 11 市产出资本比的比较

五、结　论

通过本文的相关分析，表明广东省有部分城市的发展很不平衡，广东目前的发展现状已经导致了部分城市地区跌入"贫困陷阱"。这些城市均不在珠三角地区，就 2006 ~ 2011 年数据而言，清远市、梅州市以及汕尾的情况不容乐观，尤其是清远市。如果这些地区不进行相关的改善，它们将很难跳出贫困陷阱，经济也将停滞。

比较贫穷的城市地区应该如何跳出贫困陷阱？本文所涉及

的贫困是通过一种机制作用，那么只要消除了这种机制就可以摆脱贫困。例如，如果贫困作用的机制仅是门槛效应，那么无论是人力资本还是物质资本，只要将投资增加到门槛之上，就可以跳出贫困陷阱。至于具体如何摆脱“贫困陷阱”，本文通过分析表明，经济增长率与资本增长率是呈正相关的，然后根据资本增长率的式（3），我们可以得出了以下几种摆脱“贫困陷阱”的措施：

（1）提高储蓄率。储蓄率与资本增长率呈正相关的关系，储蓄率越高，资本增长率就越高，进而加快经济的增长。

（2）加大投资力度。投资增加，$f(k)$ 就会增加，进而使资本增长率提高，从而提高经济的增长率。

（3）降低人口出生率。人口自然增长率低，资本增长率越高，这也使经济增长率越高。

（4）提高科技水平，大力推进制度创新。经济增长率与单位资本产出率呈正相关的关系，通过加大科技研究投入来实现技术进步，这样能显著地提高单位资源地产出，进而可以有效地促进经济的增长。

参考文献

[1] Nurkse, R. Problems of Capital Formation in Underdeveloped Countries. 1953.

[2] Nelson, R. R. A Theory of Low Level Equilibrium Trap in Underdeveloped Countries. The American Economist. 1956.

[3] 张军，吴桂英，张吉鹏．中国省际物质资本存量估算：1952－2000. 经济研究，2004（10）.

[4] 顾六宝，张明倩．CES 经济增长模型中“贫困陷阱”理论的实证分析．统计研究，2001（12）.

[5] 应宏锋，白丽娜．西部经济增长的贫困陷阱与人力资本积累．人文杂志，2004（6）.

[6] 习明明，郭熙保．贫困陷阱理论研究的最新进展．经济学动态，2012 (3).

作者信息

林洪：广东财经大学经济与贸易学院院长、国民经济研究中心主任、教授、硕士生导师；

李世伟：广东财经大学经济贸易学院硕士研究生；

陈琳娟：广东财经大学经济贸易学院硕士研究生。

中国区域金融发展差异的度量及收敛趋势分析

支大林

摘要： 本文在利用 Panel Data 模型和泰尔指数的分析方法对 1992 年以来中国区域金融发展水平和区域金融发展差异情况进行求解的基础之上，利用收敛性理论分析中经典的 σ－β 分析框架对全国以及四大地区的区域金融发展差异的收敛性进行实证分析。分析结果显示，中国区域金融发展水平大幅上升，同时区域金融发展差异不断扩大，且区域内金融发展差异是全国金融发展差异的主要原因；中国区域金融发展差距的变动具有 β 绝对收敛趋势，但收敛速度较慢。

关键词： 区域金融发展水平　Panel Data　泰尔指数　收敛

一、引　　言

区域金融是指一个国家金融结构和运行在空间上的分布状态，在以金融发展为核心的经济增长问题研究中，将研究范畴落到中观区域层面更具有价值和操作意义。改革开放以来，我国通过采取非均衡的区域发展政策，造成各地经济发展差距不断拉大。受初始资源配置、发展方式、开放程度的不同，与经济发展失衡相同步的是，我国区域金融发展也陷入非均衡的局面。东部发达省份的金融体系较为健全，银行、证券和保险市场资金交易活动较为活跃，而中西部不发达城市的金融活动大多还只停留在最基本的资金信贷操作层面，金融机构对资金的配置功能并未发挥出应有的作用。近年来，为缓解各地不断拉大的经济差距，我国先后实施西部大开发、东北老工业基地振兴等区域发展政策，以期能够通过政策的扶持帮助落后地区摆脱发展困境。在这样的发展背景下，在中国各地区金融发展与经济增长密切相关的前提下，充分调动“金融加速器”的功能以增强地区自身造血能力便十分关键。这时，正确认识我国区域金融差异的存在，了解我国区域金融差异的现实情况和变动趋势，便成为首先需要解决的问题。本文将以东部、中部、西部和东北四大经济区为研究范围，科学测度我国 1992 ~ 2010 年的区域金融发展水平，然后利用泰尔指数度量和分解我国区域金融发展差异，最后利用回归分析的方法分析我国区域金融差异水平是否具有收敛趋势。

二、区域金融发展水平的测度

在度量区域金融发展差异之前，需要对区域金融发展水平进行测度。在已有的研究中，学者们主要采取三种方式：一是采用戈德史密斯（Goldsmith）提出的金融相关比率（FIR）指标，即用金融资产价值与经济活动总量的比值（M_2/GDP）。我国学者受限于无法取得 M_2 数据，故大多数用金融机构贷款余额或金融机构存贷款总额指标替换，如杜家廷（2010）、赵伟和马瑞永（2006）、王舒健和李钊（2007）、周立和胡鞍钢（2002）等。二是构建能够全面反映金融发展情况的综合指标体系，采用主成分分析、层次分析等方法测算金融发展水平。如卢有红和彭迪云（2009）、刘仁伍（2002）、田霖（2006）等。三是采用非国有企业贷款占 GDP 比重指标。该指标最早由 Zhang Jun、Guanghua Wan 和 Yu Jin（2007）提出，李敬等人（2007）在分析时采取了与 Zhang Jun 等人相同的方式，本文拟借鉴这一思路测度我国的区域金融发展水平。

Zhang Jun 等人认为，由于我国部分地区存在国有企业强制贷款的问题，采用金融机构贷款总额与 GDP 比值会过高估计地区金融发展水平，无法真实反映一个地区的金融发展水平。受限于我国没有国有企业贷款的统计数据，需要利用国有企业产出占总产出的比例数据采取回归分析的方法对贷款总额进行剥离，得到国有企业贷款数据，反映真实金融发展水平。根据上述思路，建立如下回归方程：

$$fir_{it} = \alpha + \beta op_{it} + v_{it}$$

$$v_{it} = \rho v_{it-1} + \varepsilon_{it} \tag{1}$$

$$|\rho| < 1$$

方程（1）中 fir 代表总贷款与 GDP 比值，op 代表国有企业产出与总产出的比值，i 代表地区，t 代表时间。βop_{it}代表国有企业贷款份额，则非国有企业贷款份额可以表示为 $nfir_{it} = fir_{it} - \beta op_{it}$。方程中采用指标为金融机构贷款余额、地区生产总值、规模以上企业总产出和国有控股企业产出，所有数据均来源于历年《中国统计年鉴》和地方统计年鉴。

为了防止伪回归现象，首先对 fir 和 op 数据序列做单位根检验，检验结果见表1。表中的检验结果显示，两个变量原序列都存在单位根，对其一阶单整序列的检验结果显示不存在单位根，两个变量均为一阶单整序列。

表1　　单位根检验结果

Variable	Statistic	Levin，Lin & Chu t *	Im，Pesaran and Shin W-stat	ADF-Fisher Chi-square	PP-Fisher Chi-square
fir	t-Statistic	-0.09432	1.46145	4.81262	4.45215
	Prob.	0.4626	0.9281	0.7774	0.8142
d（fir）	t-Statistic	-6.30185	-4.52032	33.2794	33.1535
	Prob.	0.0000	0.0000	0.0000	0.0000
op	t-Statistic	-0.09432	1.46145	4.81262	4.45215
	Prob.	0.4624	0.9281	0.7774	0.8142
d（op）	t-Statistic	-6.30185	-4.52032	33.2794	33.1535
	Prob.	0.0000	0.0000	0.0001	0.0001

确定两个变量均为一阶单整序列后，需检验二者是否具有协整关系。首先，需对面板数据的分析模型形式进行设定。本文利用 Eviews6. 0 软件进行 Likelihood Ratio 检验和 Hausman 检验（检验结果见表 2），确定采用截面固定效应模型。回归后发现 DW 值为 0. 2957，方程存在序列自相关问题，采用 AR（1）进行修正，回归结果如表 3 所示。对模型残差进行 Pedroni 检验，检验结果显示两变量间存在协整关系，回归方程可信。根据结果，各参数均通过 5% 显著性水平下的检验，方程 P 值为 0. 0000，调整后的 R^2 值为 0. 7811，模型具有较好的拟合效果。

表 2　　Likelihood Ratio 检验和 Hausman 检验结果

	Effects Test	Statistic	Prob.
Likelihood Ratio	Cross-section F	0. 6377	0. 5934
	Cross-section Chi-square	2. 027	0. 5668
Hausman	Cross-section random	1. 3704	0. 2417

表 3　　截面固定效应模型回归结果

Variable	Coefficient	Std. Error	t-Statistic	Prob.
C	0. 90373	0. 137645	6. 56564	0. 0000
op?	0. 234644	0. 233328	1. 00564	0. 0003
AR（1）	0. 888397	0. 061780	14. 3799	0. 0000
R-squared	0. 7965	Mean dependent var		0. 9102
Adjusted R-squared	0. 7811	S. D. dependent var		0. 1683
S. E. of regression	0. 0788	Akaike info criterion		-2. 1653
Sum squared resid	0. 4094	Schwarz criterion		-1. 9756
Log likelihood	83. 9509	Hannan-Quinn criter.		-2. 0898
F-statistic	51. 6620	Durbin-Watson stat		1. 8889
Prob（F-statistic）	0. 0000			

续表

残差序列 Pedroni 检验				
Statistic	Levin，Lin & Chu t*	Im，Pesaran and Shin W-stat	ADF-Fisher Chi-square	PP-Fisher Chi-square
t-Statistic	-6.7952	-4.7515	34.9263	34.7593
Prob.	0.0000	0.0000	0.0000	0.0000

根据回归结果，确定国内贷款份额计算公式为：$f_{it} = fir_{it} - 0.234644op_{it}$。根据公式，计算得到我国东、中、西和东北地区金融发展水平，详见表4和图1。根据基于回归的计算结果，全国金融发展水平不断提高，1992～2010年累计提升38.4%。分地区来看，东部地区持续大幅提升，西部地区提升幅度次之，中部地区小幅提升，东北地区有所下降。观察表4中数据，1992年东北地区金融发展水平最高，这主要是因为东北重工业基地建设，国家将大部分财力集中于此，银行信贷活动最为活跃。而随着市场化进程的加快和地区对外开放浪潮的作用，东部地区率先开始承接国际产业转移，民营经济迅速崛起，市场化经济程度不断加深，催生了金融市场的发展与不断成熟，金融发展水平大幅提升。与此同时，东北老工业基地陷入困境，制造业增长乏力，较低的经济开放度与持续增长能力制约了金融市场的发展，致使东北地区金融水平不断下降。西部地区得益于西部大开发建设的推进，金融发展水平不断提高，由1992年排在最后提升至2010年第二位。中部地区金融发展水平虽有所提升，但仍居于最后一位。

表4　1992～2010年中国东部、中部、西部和东北地区金融发展水平

年份	全国	东部	中部	西部	东北
1992	0.6711	0.6557	0.6143	0.5682	0.8461
1993	0.6349	0.5980	0.5941	0.5704	0.7769
1994	0.5885	0.5351	0.5411	0.5490	0.7286

续表

年份	全国	东部	中部	西部	东北
1995	0. 5782	0. 5171	0. 5129	0. 5574	0. 7254
1996	0. 6200	0. 5377	0. 5486	0. 6413	0. 7526
1997	0. 7001	0. 6290	0. 5887	0. 7574	0. 8252
1998	0. 7003	0. 6538	0. 5506	0. 7530	0. 8439
1999	0. 8751	0. 8753	0. 7401	0. 8510	1. 0340
2000	0. 8598	0. 9051	0. 7187	0. 8661	0. 9493
2001	0. 8732	0. 9427	0. 7255	0. 8789	0. 9457
2002	0. 9214	1. 0338	0. 7661	0. 9213	0. 9645
2003	0. 9825	1. 1538	0. 8170	0. 9785	0. 9809
2004	0. 9092	1. 0866	0. 7527	0. 9040	0. 8936
2005	0. 8083	1. 0243	0. 6694	0. 8140	0. 7254
2006	0. 8033	1. 0231	0. 6650	0. 7989	0. 7260
2007	0. 7714	1. 0046	0. 6322	0. 7667	0. 6823
2008	0. 7368	0. 9826	0. 5900	0. 7386	0. 6362
2009	0. 9240	1. 2041	0. 7404	0. 9517	0. 7997
2010	0. 9288	1. 2096	0. 7388	0. 9727	0. 7941

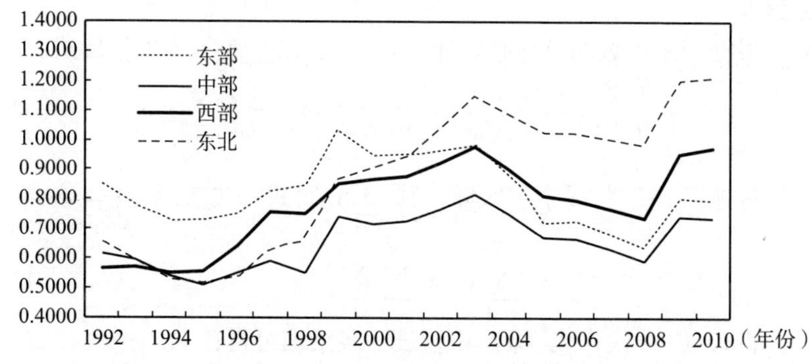

图 1　1992～2010 年中国四大地区金融发展水平变动趋势

三、中国区域金融发展差异的度量

基于第二部分测度的金融发展水平数值，本节将对各地区间的金融发展差异进行科学准确的度量。根据已有的文献，国内学者主要采取以下方法对区域金融发展差异进行度量，一是直接比较区域金融发展水平指标值，如张企元（2006）；另一种是在设定的区域金融发展水平指标上计算变异系数、基尼系数、泰尔指数、对数离差均值等指数进行度量，如李敬（2007）、赵伟和马瑞永（2006）等。由于区域金融发展差异不仅表现在区域，区域内部也存在。因此在测度方法上，本文将选择可分解的泰尔指数来计算。

泰尔指数是1967年泰尔利用信息理论中的熵概念来计算收入不平等而得名。其计算公式为：

$$T = \frac{1}{n}\sum_{i=1}^{n}\frac{y_i}{\bar{y}}\ln(\frac{y_i}{\bar{y}}) \tag{2}$$

其中，n代表地区数，$\bar{y}$ 代表全国金融发展平均水平，y_i 代表i地区区域金融发展水平。泰尔指数的取值范围在0～∞，结果越接近0，表示区域金融发展差异越小；结果越大表示区域金融发展差异越大。

根据泰尔指数的可分解特质，将公式（2）表示为如下形式：

$$T = \frac{1}{n}\sum_{i=1}^{n}\left(\frac{y_i}{\bar{y}}\right)\ln\left(\frac{y_i}{\bar{y}}\right) = \frac{1}{n\bar{y}}\sum_{i=1}^{n}y_i\ln y_i - \frac{1}{n\bar{y}}\sum_{i=1}^{n}y_i\ln\bar{y} \tag{3}$$

将地区n分为m个子区域，则 $\sum_{i=1}^{n}y_i$ 可进一步表示为：

$$\sum_{i=1}^{n}y_i = \sum_{m=1}^{M}\sum_{i=1}^{n_k}y_i \tag{4}$$

将式（4）代入式（3）中，进一步整理可得：

$$
\begin{aligned}
T &= \sum_{m=1}^{M} \frac{n_m \bar{y}_m}{n\bar{y}} \left[\frac{1}{n_m} \sum_{i=1}^{n_m} \left(\frac{y_i}{\bar{y}_m} \right) \ln\left(\frac{y_i}{\bar{y}_m} \right) \right] + \sum_{m=1}^{M} \left(\frac{n_m \bar{y}_m}{n\bar{y}} \right) \ln\left(\frac{\bar{y}_m}{\bar{y}} \right) \\
&= \sum_{m=1}^{M} \frac{n_m \bar{y}_m}{n\bar{y}} T_m + \sum_{m=1}^{M} \left(\frac{n_m \bar{y}_m}{n\bar{y}} \right) \ln\left(\frac{\bar{y}_m}{\bar{y}} \right) \\
&= T_W + T_B
\end{aligned}
\tag{5}
$$

式（5）中，n 代表总地区数，m 代表区域分组数，n_m 代表 m 区域包括的地区数，$\bar{y}_m$ 代表 m 区域的平均金融发展水平。$\frac{n_m \bar{y}_m}{n\bar{y}}$为 m 区域金融发展水平占全部地区金融发展水平的份额，T_m 为 m 区域的金融发展差异水平。T_W 和 T_B 表示区域内差异指数和区域间差异指数。

图 2 给出了东部、中部、西部和东北四大区域金融发展的泰尔指数。图中曲线显示，在 1992 ~ 2010 年时间段内，四大地区的区域金融发展差异呈现相异的变动趋势。东部地区泰尔指数呈现大幅震荡上升的态势，2012 年差异程度较 1992 年提升了 68.01%，东部地区区域金融发展差异程度最大；西部地区金融发展水平的泰尔指数呈现出“U”型的变动态势，区域金融发展差异在 1992 年最大，之后不断下降，1997 年降到最低点后反弹，之后一直保持上升趋势。总体来看，西部地区区域金融发展差异程度 2010 年要低于 1992 年水平，但在四大区域中仍处于第二位，西部地区区域金融发展差异较大；与西部地区相反，中部地区金融发展水平泰尔指数呈现出倒“U”型的变动趋势，1992 ~ 1998 年区域金融差异程度不断增大，经过 1999 ~ 2002 年四年的波动调整，2003 年以后逐渐趋于平稳，中部地区区域金融发展差异程度在四大区域中最小，金融发展最为均衡；东北地区金融发展水平泰尔指数波动较为平稳，区域金融发展差异程度略高于中部地区。但 2003 年以后受东北振兴战略的影响，大量项目、资金的不均衡投入导致东北地区区域金融发展差异程度高于 2003 年以前水平，东北地区区域金融发展差异有不断扩大的趋势。

从图 3 中可以看到，总体来看，中国金融发展差异的泰尔指数大幅上升，1992 ~ 2010 年累计提升 66.9%，发展差异程度不断扩大。

分时间段来看，1992～1995年短暂上升后，经过1996年和1997年的下降，1998年以后开始大幅上升，2008年泰尔指数达到最高，金融发展地区差异程度最大。从泰尔指数的分解结果来看，东部、中部、西部和东北四大地区区域间的差异要小于区域内的差异，总体差异的变化主要是由区域内的差异带动的。图4中的贡献率曲线也印证了这一点，区域内差异的贡献率明显高于区域内差异的贡献程度。但2002年以后，区域间差异贡献率不断提高，区域内差异贡献程度则不断下降。从图3中2002年以后区域间差异和区域内差异变动情况来看，虽然二者均有所上升，但区域间差异的上升幅度大于区域内差异，区域间金融发展差异程度的不断扩大不容忽视。

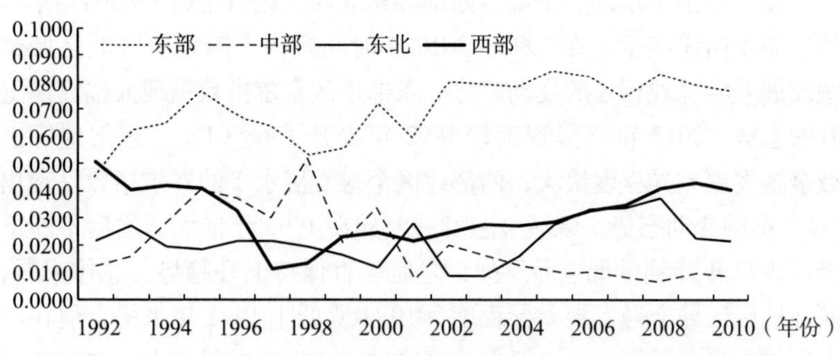

图2　东部、中部、西部与东北地区区域金融发展差异的泰尔指数

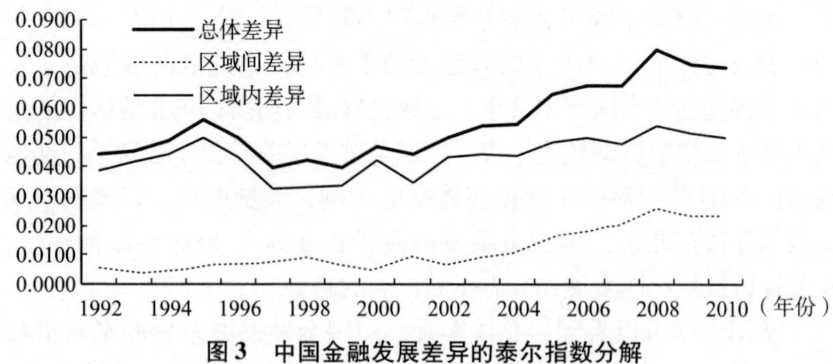

图3　中国金融发展差异的泰尔指数分解

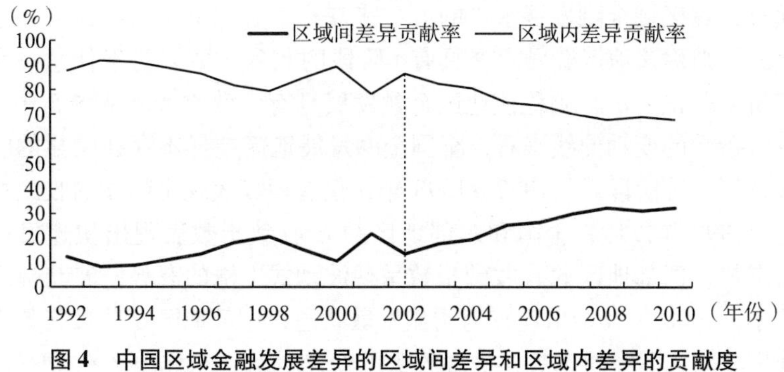

图 4　中国区域金融发展差异的区域间差异和区域内差异的贡献度

四、中国区域金融发展差异收敛趋势分析

从第三部分对全国和四大地区区域金融发展差异的泰尔指数结果来看，各地区区域金融发展差异波动性较强，变动趋势不明显。为了更进一步探讨全国和四大地区区域金融发展差异的变动趋势，接下来将对区域金融发展的收敛性进行实证分析。

收敛理论最初被用于分析经济增长差距，后被学者扩展到收入差距、生产率差距、金融发展差距等相关领域，如彭国华（2005）、史修松与赵曙东（2011）、张军与施少华（2003）等。在区域金融发展的收敛性探讨上，国内学者较多以金融相关比率数据或是金融综合指标作为衡量金融发展水平的标准，而本文第二部分测度的金融发展水平为剔除国有企业贷款后的金融发展水平，能够更真实地反映出各区域的金融发展水平，采取该指标对收敛性进行分析结果更为科学、可信。收敛性分析主要分为 σ 收敛、β 收敛和俱乐部收敛，本文将分别使用以上三种方法检验中国区域金融发展的收敛性。

（一）区域金融发展差异的 σ 收敛检验

区域金融发展的 σ 收敛指一国或地区金融发展水平的绝对收敛，可以反映一国或地区内部各经济体金融发展的离散程度，主要通过计算区域金融发展水平的方差来获得。在时间 t 内，如果 $\sigma_{t-1} < \sigma_t$，则称该地区金融发展具有 t 阶段的收敛；如果对于任意一个年份 s 有 $\sigma_s < \sigma_t$，则称该地区金融发展具有一致收敛。从图 5 中 σ 收敛指数的变动曲线来看，全国金融发展地区差异不存在明显的收敛特征。分阶段看，1992～1998 年，仅有西部表现出明显的收敛特征。1998 年以后，全国和东部地区的 σ 收敛指数表现出快速发散的态势；西部地区的 σ 收敛指数呈现波动式上涨的态势，波动幅度较小，2008 年开始出现较为明显发散状态；中部地区 σ 收敛指数表现出波动式下降的态势，呈现收敛的变动趋势；东北地区在 1998～2002 年的波动调整后处于较为平稳的变动状态，收敛趋势并不明显。

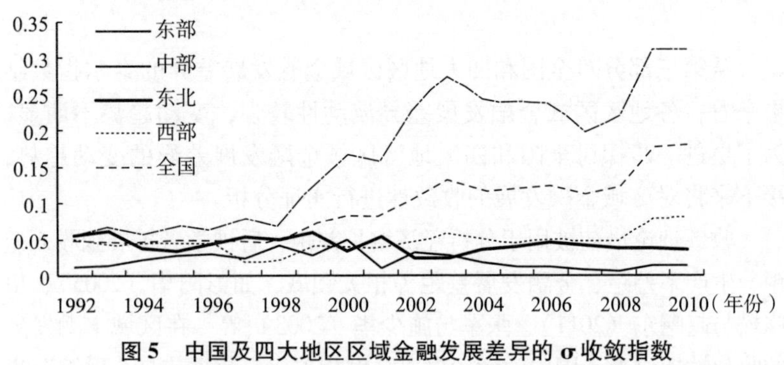

图 5　中国及四大地区区域金融发展差异的 σ 收敛指数

（二）区域金融发展差异的 β 收敛检验

β 收敛检验方法是在区域经济增长模型的基础上发展出来的。β 收敛指落后地区某些经济指标逐步接近富裕地区水平的速度，其主要形式是检验区域经济增长的 β 收敛系数。β 收敛分为 β 绝对收敛和 β 条件收敛。β 绝对收敛表示在资本水平不同但其他条件相同的情况下所有国家或地区经济增长收敛与相同的稳态。β 条件收敛则放宽了限制，认为除资本水平外还可能在技术进步、储蓄率、制度环境等方面存在差异。β 绝对收敛的回归方程写为：

$$\frac{1}{T}\log\left(\frac{y_{it}}{y_{i0}}\right) = \alpha + \beta\log y_{i0} + u_{it} \tag{6}$$

式中，T 为时间段，y_{it}为 i 区域期末金融发展水平，y_{i0}为 i 区域期初金融发展水平，u_{it}为随机扰动项，α 为常数项，β 为参数。收敛速度用如下公式计算：

$$\beta = -(1 - e^{-\lambda\tau}) \tag{7}$$

式中，λ 为收敛速度，τ 为样本期。

根据第三部分全国和四大地区的泰尔指数结果，全国与四大地区变动趋势在 1998 年后发生改变，因此本文以 1998 年为分界点，分为 1992～1998 年、1999～2010 年和 1992～2010 年三个时间范围对全国和四大地区进行收敛检验。估计结果见表 5。从表中回归结果可知，回归系数 β 值均为负值，并且 1992～2010 年以 1% 的显著性水平通过检验，1992～1998 年和 1999～2010 年两段时间则通过 5% 显著性水平检验。β 值为负值说明我国区域金融发展存在 β 绝对收敛，即金融发展水平较低的地区具有较高的金融发展增速，并没出现类似“贫者越贫、富者越富”的马太效应现象。但 λ 的数值均较小，我国区域金融发展差异的收敛速度较慢，各地区区域金融差距还需较长的动态平衡调整期。

表 5　　中国区域金融发展水平的 β 绝对收敛检验回归结果

指标	1992～2010 年	1992～1998 年	1999～2010 年
C	0.001734	-0.002737	0.001107
	(0.005930)	(0.003514)	(0.003780)
β	-0.043117***	-0.014727**	-0.024974**
	(0.120420)	(0.007135)	(0.012166)
λ	0.002445	0.002472	0.002108
Adj-R^2	0.289581	0.101068	0.099775
S. E.	0.020222	0.011982	0.018611
F 值	12.820960	4.260499	4.214184
P 值	0.001277	0.048385	0.049538

注：*、**、*** 分别表示显著性水平为 1%、5% 和 10%。（　）内数值为参数标准误。

（三）区域金融发展差异的“俱乐部收敛”检验

尽管我国区域金融发展总体呈现β绝对收敛，但是东部、中部、西部和东北部四大地区内部则可能存在发散的现象，因此还需进一步检验四大地区是够存在“俱乐部收敛”。“俱乐部收敛”是指在初期经济发展水平接近的经济集团内部的经济体之间，各自内部的经济增长速度和发展水平存在收敛现象，但各经济集团间却没有。本文仍采用方程（6），同样以1998年为界分成两个区间进行四大地区的“俱乐部收敛”检验，回归结果见表6。

表6中回归结果显示，1992～1998年间，西部地区表现出很强的“俱乐部收敛”特征，这一点与σ收敛检验结果相一致。同时，中部地区β值以5%的显著性表现出发散的趋势，即中部地区的区域金融发展在这段时间内存在着“贫者越贫、富者越富”的马太效应。1999～2010年间，中部地区β值为负，通过10%的显著性水平检验，中部地区表现出一定的收敛趋势，具有“俱乐部收敛”特征，β检验表现出与σ检验同样的结果。从全样本期来看，1992～2010年，只有西部地区方程拟合效果较好，β值和方程均通过显著性检验，西部地区区域金融发展具有“俱乐部收敛”特征。

五、结　　论

金融在现代经济增长中的核心作用已为现代经济增长的实践所证明。在我国区域经济的发展中，金融推动力的差异是很重要的一个影响因素。各地区金融发展在先天资本分配不平衡和后天政策、区位的影响因素下表现出不同的发展形态。对于各地区区域金融发展差异及其发展趋势一直为学者们所关注。本文在科学测度区域金融发展水平的基础之上，采用泰尔指数对区域金融发展差异进行度量，并依据经典的σ－β分析框架对1992～2010年区域金融发展差异的收敛性进行实证分析。研究表明，全国的金融发展水平不断上

表 6　　四大地区区域金融发展差异的俱乐部检验回归结果

年份	地区	C	C 标准误	β	β 标准误	Adj - R^2	S. E.	F 值	P 值
1992 ~ 2010	东部	0. 0192	(0. 0107)	-0. 0309	(0. 0229)	0. 0842	0. 0222	1. 8273	0. 2134
	中部	0. 0010	(0. 0082)	-0. 0210	0. 0164	0. 1139	0. 0065	1. 6427	0. 2692
	西部	-0. 0025	(0. 0092)	-0. 050580 ***	(0. 0164)	0. 4589	0. 0187	9. 4794	0. 0132
	东北	-0. 0181	(0. 0135)	-0. 0592	(0. 0580)	0. 0196	0. 0202	1. 0400	0. 4938
1992 ~ 1998	东部	-0. 0005	(0. 0039)	-0. 0020	(0. 0085)	-0. 1169	0. 0082	0. 0580	0. 8158
	中部	0. 0180	(0. 0096)	0. 053429 **	(0. 0193)	0. 5715	0. 0076	7. 6692	0. 0504
	西部	-0. 0030	(0. 0029)	-0. 033816 ***	(0. 0051)	0. 8112	0. 0058	43. 9752	0. 0001
	东北	-0. 0008	(0. 0003)	-0. 0026	(0. 0011)	0. 7042	0. 0004	5. 7602	0. 2513
1999 ~ 2010	东部	0. 0127	(0. 0069)	-0. 0263	(0. 0203)	0. 0703	0. 0212	1. 6807	0. 2310
	中部	-0. 0090	(0. 0055)	-0. 034723 *	(0. 0148)	0. 4754	0. 0077	5. 5309	0. 0784
	西部	0. 0006	(0. 0061)	-0. 0203	(0. 0224)	-0. 0186	0. 0166	0. 8178	0. 3894
	东北	-0. 0189	(0. 0118)	-0. 0355	(0. 0630)	0. 5171	0. 0193	0. 3183	0. 6730

注：*、**、*** 分别表示显著性水平为 1%、5% 和 10%。(　)内数值为参数标准误。

升，但金融发展差异同时也不断扩大，区域内金融发展的差异是全国金融发展差异的主要原因；全国区域金融发展差异的变动不具有σ收敛趋势，但有β绝对收敛趋势，只是收敛速度较慢。

从四大地区的分析维度来看，东部区域金融发展水平大幅上升，区域金融发展差异不断扩大，但不具有收敛趋势。中部地区金融发展水平有小幅提升，但区域金融发展差异呈现先上升后下降的变动态势，并在1999~2010年表现出显著的俱乐部收敛趋势。西部区域金融发展水平大幅提升，区域金融发展差异呈现先下降后上升的变动态势，并在全样本期和1992~1998年两个时间段内表现出显著的俱乐部收敛趋势。东北地区金融发展水平出现下降，区域金融发展差异程度则小幅上升，不具有收敛趋势。

从现实情况来看，我国区域金融发展差异是客观存在的，在认识区域金融发展差异的问题上，由于各区域发展基础、地理位置、政策制度等方面的差异，不能单纯追求各地区区域金融的同质化发展，而应该根据地区的经济特点和发展需求，采取异质化发展战略，选择最适合地区的金融发展业态。在区域内部应尽量平衡金融资源的分布，避免区域内部产生极化现象，降低区域内金融发展差异。区域金融发展处于较低水平的中部、西部和东北部，政府应采取合理的政策引导，鼓励金融机构支持本地的民营企业发展，通过经济发展效率的提高带动区域金融发展水平的进一步提高。

参考文献

［1］支大林．区域经济发展中的金融贡献［M］．东北师范大学出版社，2004：54－55.

［2］中国各地区金融发展与经济增长实证分析：1978－2000［J］．金融研究，2002（10）：1－13.

［3］Zhang Jun，Guanghua Wan，Yu Jin. The Financial Deepening-Productivity Nexus in China：1987－2001［J］. Journal of Chinese Economic and Business Studies，2007，5：37－49.

[4] 戴永安，陈才，张峁. 中国建筑业全要素生产率及其收敛趋势 [J]. 科技与管理，2010 (1)：81 - 84.

[5] 彭国华. 中国地区收入差距、全要素生产率及其收敛分析 [J]. 经济研究，2005 (9)：19 - 29.

作者信息

支大林：东北师范大学经济学院教授、博士生导师。

上市公司转板交易评价体系研究

李腊生　张　冕　郭婷婷

摘要： 从动态的角度看，上市企业的基本特征会随着企业的发展与经营状况的变化以及技术水平的进步而发生改变，原先的成熟型企业如今可能没落，成长型企业可能变得成熟等，这种变化造成了上市企业的基本特征与交易市场特征的不一致，从而引发了退市、分拆、转板交易等相关问题。本文根据多层资本市场体系层次结构的特点，从多层资本市场体系的基本职能出发，以多层资本市场运行效率为目标，通过多层资本市场分离均衡模型来揭示转板机制的市场动态均衡，并以此为依据构建了我国多层资本市场转板交易的评价指标体系。在此基础上，随机选取我国主板市场、中小板市场和创业板市场部分上市公司为样本，利用模糊综合评价法对样本公司是否需要转板交易进行了综合评判。

关键词： 多层资本市场　分离市场均衡模型　转板交易评价指标　模糊综合评价

一、引　　言

2004 年 6 月深圳证券交易所正式设立中小企业板市场，标志着我国多层资本市场体系进入实质性的建设阶段，2006 年 1 月北京中关村高技术园区非上市股份有限公司进入证券公司代办股份转让系统进行股份转让试点，以及 2009 年 7 月深圳证券交易所创业板成功上市，意味着我国资本市场已初步形成了由主板市场（沪深两市）、中小板市场、创业板市场以及场外交易市场（OTC）的多层资本市场体系。多层资本市场体系的构建不仅为不同类型的企业提供了一个直接融资的平台，有利于社会资源的优化配置，而且也为具有不同风险偏好的投资者创造了与其风险特征一致的交易市场，有利于优化投资者的风险配置与资产组合。虽然我国多层资本市场体系的基本架构已经形成，但与国外成熟的资本市场相比，我国多层资本市场体系明显还不够完善，其中主要表现在：（1）多层资本市场体系的层次性仅体现在企业 IPO 条件上，且不同类型市场上市条件差异不十分明显；（2）主板市场、中小板市场和创业板市场采用统一的交易机制，完全忽视了交易标的的层次性特征，限制了多层资本市场体系内在功能的发挥；（3）缺乏多层资本市场体内在的动态评价及转板交易机制等。

我国主板市场的创立与发展经历了 20 多年的历程，即便是创业板也成功运行了一个短经济周期，在我国经济体制转轨与经济快速发展的大背景下，很多早期上市交易的上市公司其基本面，甚至企业属性都发生了很大的变化，原先的成熟型企业如今可能没落，成长型企业可能变得成熟，高新技术企业可能因技术进步而变为通用技术型企业，企业内部的重大创新可能引发出企业内的技术二元结构等，这些变化使得上市公司的基本特征与交易市场特征出现错位，因此，对上市公司退市、分拆、转板交易等相关问题的研究就成为完善我国多层资本市场体系建设的重大问题。本文试图从多层资本市场体系基本结构性功能出发，通过分离市场均衡分析来探讨我国多层资本市场体系内上市公司转板交易评价指标体系的建立，为我国多层资本市场体系内不同市场上市公司转板交易机制的创立提供理论依据与经验支持。全文由六部分构成：第二部分为相关文献综述；第三部分是多层资本市场动态均衡分析，它既是多层资本市场体系的理论深化，同时也是我们构建转板交易评价指标及指标体系的理论依据；第四部分是多层资本市场体系内上市公司转板交易评价指标体系；第五部分是我国多层资本市场体系内上市公司转板交易评价，该部分分别选择主板市场、中小板市场和创业板市场部分上市公司为样本，利用前述构建的价指标体系，结合模糊综合评价方法，对样本公司是否转板进行综合评判；第六部分是本文的研究结论及建议。

二、文献综述

国内外关于多层资本市场体系相关问题的研究主要集中在两个方面：一是多层资本市场体系建设的必要性和多层资本市场体系的经济功能或实际运行效率；二是多层资本市场体系的内部联系、层次结构特征及其运作机制。

就多层资本市场体系建设的必要性和多层资本市场体系的经济功能或实际运行效率方面的研究看，法马（Fama，1970）早在20世纪70年代就注意到资本市场的多层次结构与证券价格之间存在紧密的关系，他利用对市场信息不同状态的区分论证了资本市场的多层次结构对证券价格的影响作用，揭示了资本市场多层次结构在资源配置中的有效性。韦斯顿和布里格哈姆（Weston & Brigham，1970）根据企业不同成长阶段融资来源的变化提出了企业金融成长周期理论，金融成长周期理论主要是根据企业的资本结构、销售额和利润等显性特征来说明企业在不同发展阶段的融资方式选择。随后伯格和尤德尔（Berger & Udell，1998）在此基础上，使用了企业规模、资金需求量和信息约束作为基本变量构建了多层资本市场企业融资模型。爱默生（Emerson，1997）则从信息效率、运行效率和市场分配效率三个方面研究了资本市场结构对资源配置效率的影响，他认为，多层资本市场结构在信息效率、运行效率和市场的分配效率上都有利于资源配置效率的提高。托宾（Tobin，1984）给出了一种有关资本市场（体系）结构配置是否有效率的评价体系，在他看来，资本市场（体系）结构是否有效，必须要从信息套利效率、基本估价效率、完全保险效率和功能效率等几个方面去综合考察。如果说，早期西方学者对多层资本市场体系的研究主要是基于理论层面，那么，随着多层资本市场体系建设在发达国家的成功实践，近年来西方学者的关注点则主要集中于对创业板市场运行状况及相关问题的讨论，如陈和方（Chan & Fong，1999）对创业板的波动性与收益率关系以及市场流动性问题进行了经验分析，乔治和尼古拉斯（George & Nickolaos，2009）则研究了报价系统和上市公司运行中的相关问题等。国内对多层资本市场的研究主要集中于如何建立多层资本市场以及建立多层资本市场的必要性，如韩德宗（2005）从交易费用的角度讨论了我国建立多层资本市场的必要性，他指出，有效运行的多层次资本市场体系可以缩小交易费用发生的范围，而资本市场层次结构单一则使投融资主体承担了高额交易费用。陈岱松（2008）借鉴国外资本市场的体系架构及运作模式，提出了我国多层资本市场的基本框架，他认为我国多层资本市场体系应包括全国统一的主板市场、创业板市场、代办股份转让市场，逐步完善和规范产权交易市场与债券市场。李腊生等（2010，2011）结合我国主板市场、中小板市场和创业板市场的相关实际数据，分别对我国多层资本市场体系的风险配置效率以及资源配置效率与风险配置效率一致性进行了经验分析，在他们看来，我国多层资本市场体系风险配置效率低，资源配置效率与风险配置效率不一致的原因在很大程度上是由市场交易机制设计不合理以及体系内缺乏硬约束的连接规则所造成的。

就多层资本市场体系的内部联系、层次结构特征及其运作机制方面的研究来看，国内外研究的重点明显不同，最早开始是对上市公司退市和分拆问题的研究。国外对于退市问题的研究主要集中于上市公司退市的影响因素分析和退市的影响效应分析。如菲利普斯（Phillips，1988）、特拉斯瑞（Treasury，1998）、马洛斯和马索德（Andrds Marosi & Nadia Massoud，2004）以及范戈考瓦（Zuzaza Fungacova，2007）等从市值和换手率、公司现金流、公司治理等方面对上市公司退市的影响进行了实证研究；米拉（A. K. Meera，2000），哈里斯（Jeffrey H. Harris，2006）等则对退市的影响效应进行了研究，并得出了退市会使股价下跌的结论。国内学者对于退市问题的研究主要集中于以下三个方面：一是对上市公司退市机制的研究，如许常新（2001）对中外退市制度进行了比较研究；二是我国退市机制难以建立和实施的原因，如王颖琳（2010）认为目前中国退市机制主要存在三点问题：制度缺陷导致监管不力、壳资源稀缺扭曲退市机制、行政干预妨碍退市机制市场化；三是关于非经常性损益对退市的影响分析，如赵胜男、叶建芳（2010）认为，非经常性损益是影响上市公司财务业绩的重要因素之一；史玉光（2009）研究了沪深两市公司的非经常性损益得出非经常性损益的贡献率（比重）、组成部分，以及现行的我国的退市制度和转板机制三者之间是相互关联的。对于分拆问题的研究，国外学者主要对上市公司为何进行股票分拆以及分拆后对股票的市场质量产生的影响，如拉莫瑞克斯和普恩（Lamoureux & Poon，1987）以及马洛尼和穆尔希瑞（Maloney & Mulherin，1992）通过实证研究证实了股票分拆后股东的数量增加，从而交易量增加，因此股票的市场流动性增强；国内学者关于分拆上市的研究基本上出现在 2000 年之后，主要集中于企业分拆上市的动因，如钱艳芳和孙敏（2006）从经济学与管理学角度分析企业分拆动因，指出分拆和兼并均是重新配置企业经济资源的重要手段，企业应结合发展状况，适时地选择重组战略，以提高企业参与市场竞争的能力。林旭东和聂永华（2009）从不同视角研究影响分拆上市的因素，认为控制权收益、子公司经营业绩的合并能力、财务方面的考虑以及资本市场的进入能力，是公司管理层考虑实施分拆上市时的重要决策依据；不对称信息问题和分离收益的初衷对分拆上市的经济动因具有一定的解释力。

单就转板交易来说，国外文献主要集中研究上市公司转板后的市场反映、公司变化，如马克林（Macklin，1987）的研究发现，当宣布从低层次市场转到高层次市场时，股票价格会立即有一个正的反应，但实现转板后很快会下降。格拉马蒂考斯（Grammatikos）、帕帕奥安努（Papaioannou，1986）、贝克尔（Baker，1992）研究发现转板前流动性较差的公司在转板后市场对它的正向反映更大。巴里（Barry）、布朗（Brown，1986）则发现，转板可暂时提高信息的可得性，进而减少公司前景的不确定性。谢（Yiuman Tse）、德沃斯（Erik Devos，2004）从交易成本、投资者认可和市场反应的角度分析了转板交易，他们的研究发现：从原来在美国证交所（Amex）上市的股票转到NASDAQ市场交易，上市公司规模相对较小但数量较多；从Amex转到NASDAQ公司的基差明显增多；高科技公司从Amex转到NASDAQ将会产生额外的收益；另外，该研究还发现公司从Amex转到NASDAQ后，机构投资者明显增多。而国内文献主要集中于多层资本市场转板机制理论问题的研究，如王国刚（2002）认为，仅靠一个层次的市场，不能满足创业企业发展过程的全面需要，应该建立多层次的资本市场，其作用在于：通过上升和下降机制，既有利于保证上市公司质量与其市场层次相对应，又促使公司不断提高自身质量；由多层次市场分担"创业"风险的结构，具有较高的回避风险和抗风险能力，而创业企业带给市场的风险也较低；通过使每一层次的市场运作规范化，促进各层次的市场运作的规范化。张明喜（2010）认为，我国转板制度建设应该分步骤、分阶段实施，首先包括沪深公司相互转板，转板原则为转板自由；其次包括三板或创业板上市公司向上一层次的市场转板，转板原则为升板自愿、降板强制。曾英姿（2010）认为，转板机制的产生是多层次资本市场的资本流动、公司治理与管理、公司绩效、投融资需求等综合因素需要决定的。

三、多层资本市场动态均衡分析

（一）单一层次市场的逆向选择

企业生命周期理论和异质性理论表明，在不对称信息条件下，各种不同发展阶段的企业在单一资本市场中融资和交易会发生逆向选择，不利于风险小、业绩稳定的大企业和优质成长性中小企业的发展，无法提高资本市场运行效率。

在单一资本市场中，上市企业对其经营状况与拟投资项目的价值有更多的了解，投资者往往是依据历史资料并在一定分布的假定前提下来推测上市企业或拟投资项目的期望收益与风险，以此为基本依据来判定上市企业拟投资项目的投资价值，并决定是否参与上市企业拟投资项目的投资。如果将上市企业分为两类：一类是低风险企业 L，另一类是高风险企业 H，设进入资本市场的所有企业，不论其规模大小以及所处发展阶段，均在单一资本市场融资并进行股权交易，每个企业需要的融资资金为 I，资本市场是唯一资金提供者，若上市企业投资成功，则获得 R 的收益，若投资失败，则收益为0，整个资本市场投资收益均值为 E，则有

$$E = \alpha p_L R + (1-\alpha)\ p_H R$$

其中，p_L 为低风险上市企业投资成功的概率，p_H 为高风险上市企业投资成功的概率，$p_H < p_L$，α 为低风险上市企业的比重。

由于投资者无法区分哪些上市企业是低风险的，哪些上市企业属于高风险的，他们只能依统一的回报率来给股权融资定价。设投资者要求的回报率为 r，则上市企业融资定价应满足

$$I(1+r) = E = \alpha p_L R + (1-\alpha) p_H R$$

即
$$r = \alpha p_L \frac{R}{I} + (1-\alpha) p_H \frac{R}{I} - 1$$

但上市企业自己却知道其属于哪种类型，投资者统一的定价要求将使低风险上市企业 L 放弃股权融资，只有那些高风险的上市企业 H 才能从股权融资中获利，他们将选择股权融资，结果股权融资交易只在那些高风险的上市企业 H 与投资者之间产生，投资者的实际回报率期望值变为

$$\rho = p_H \frac{R}{I} - 1$$

投资者预期回报率与实际回报率期望值之差

$$r-\rho=\alpha p_L\frac{R}{I}-\alpha p_H\frac{R}{I}>0$$

由此可知，投资者将因逆向选择而使投资收益率下降。反过来说就是，由于高风险企业自己知道拟投资项目的风险，其在融资报价时可以以低于低风险企业的价格来定价，而投资者却不知道两类企业的这种差异，其投资选择仅依据市场价格来决定，其结果是低风险企业项目融资难以实现，融资交易集中于高风险企业，市场出现逆向选择。逆向选择将导致市场失灵，其不利于资源配置的优化。

（二）多层资本市场的分离均衡模型

多层资本市场体系不仅旨在给予不同类型的企业提供股权融资的平台，而且它对不同类型的上市企业进行分类交易，使属于同一类型的企业在同一市场交易，不同类型的企业在不同的市场交易，来向投资者进行信号显示，以此克服单一市场的逆向选择。即通过制度设计使前述单一市场中的低风险企业与高风险企业分离，并分别在两个不同类的市场交易，这种强信号显示无疑会改善上市企业与投资者信息不对称的状况，从而实现资源的优化配置。

为了分析的方便，在考虑资本市场为多层次时，假设资本市场只有两个层次，一个是为成熟大企业服务的高层次市场，另一个是为创业期中小企业服务的低层次市场，现设有两个分别处于高、低层次市场的企业，大企业为 L，中小企业为 H，大企业 L 只能进入高层次市场交易，中小企业 H 只能进入低层次市场交易。如果资本市场只有两个投资者 A 和 B，他们各自有自己的效用函数 U_A 和 U_B，并且 A 和 B 都在两个市场投资，$U_A=U_A(L,\ H)$，$U_B=U_B(L,\ H)$，由埃奇沃思框形图（Edgeworth-box diagram）分析可知，A 和 B 将不断调整高层次市场和

低层次市场 L 与 H 的组合，直到

$$MRS_{LH}^{A}=MRS_{LH}^{B}$$

其中，MRS_{LH}^{A}为投资者 A 的 L 与 H 边际替代率，MRS_{LH}^{B}为投资者 B 的 L 与 H 边际替代率。

当 $MRS_{LH}^{A}=MRS_{LH}^{B}$获得满足时，两个市场的均衡便实现了。

而当企业进入资本市场融资时，它必须要用部分股权与投资者进行交换，而投资者则根据企业的经营状况与二级市场交易状况得到一定的投资回报，并且承担相应的投资风险。每个企业需要的融资资金为 I，资本市场是唯一资金提供者，若上市企业投资成功，则获得 R 的收益，若投资失败，则收益为 0，两层次的资本市场投资收益均值为 E，则有

$$E=0.5p_LR+0.5p_HR$$

其中，p_L 为大企业投资成功的概率，p_H 为小企业投资成功的概率，$p_H<p_L$。

由于多层市场给予了上市企业类型的划分，投资者知道高层次市场上市企业为 L，低层次市场上市企业为 H，他们此时可以分别依 L 和 H 回报率来给股权融资定价。高层次市场投资者要求的回报率为 r_L，低层次市场投资者要求的回报率为 r_H，则

$$I(1+r_L)=p_LR$$

即
$$r_L=p_L\frac{R}{I}-1$$

$$I(1+r_H)=p_HR$$

即
$$r_H=p_H\frac{R}{I}-1$$

多层市场体系的平均收益率为

$$\bar{r}=\left(r_L+r_H\right)/2=\left(p_L\frac{R}{I}-1+p_H\frac{R}{I}-1\right)/2$$

$$=0.5p_L\frac{R}{I}+0.5p_H\frac{R}{I}-1$$

因为 $p_H < p_L$

所以 $\bar{r} > p_H \dfrac{R}{I} - 1$

即多层资本市场具有比单一资本市场更高的资源配置效率，它克服了单一市场的逆向选择问题。

（三）转板机制与多层资本市场动态均衡

企业生命周期理论告诉我们，伴随着经济的发展与科学技术的进步，上市企业在生命周期中所处的阶段会发生相应的变化，原来的成长型企业可能变为成熟型企业，原来的中小型企业可能因资本市场成功的运作而迅速成长为大企业，原来的高新技术企业也可能因内在创新动力不足而成为一般技术型企业。一旦多层资本市场中的任何上市企业的性质发生变化，起初的分离市场均衡状况就被打破，在信息不对称的条件下，市场机制无法通过价格的调节和投资者的选择重建市场均衡，多层资本市场因此也将陷入逆向选择困境。为了重建市场均衡，多层资本市场必须要有一个动态的调整机制，且该调整机制最突出的特点是要具备分离效应的功能。显然，转板机制能够满足这些要求。

转板机制的存在，能使那些经营状况良好、业务得到快速发展的中小企业，在成长为大企业时，转移到主板市场交易，那些稳定高速增长，且技术渐近趋于成熟的高新技术企业转移到中小板市场交易，而那些经营状况不佳、业务萎缩的上市企业则向下一个层级转板，如果经过向下转板仍不能改变经营状况，则可实行退市。由于转板机制保证了多层资本市场上市企业类型的纯洁性，从而保证了多层资本市场的动态均衡。我国现行多层资本市场体系下的转板交易关系如图 1 所示。

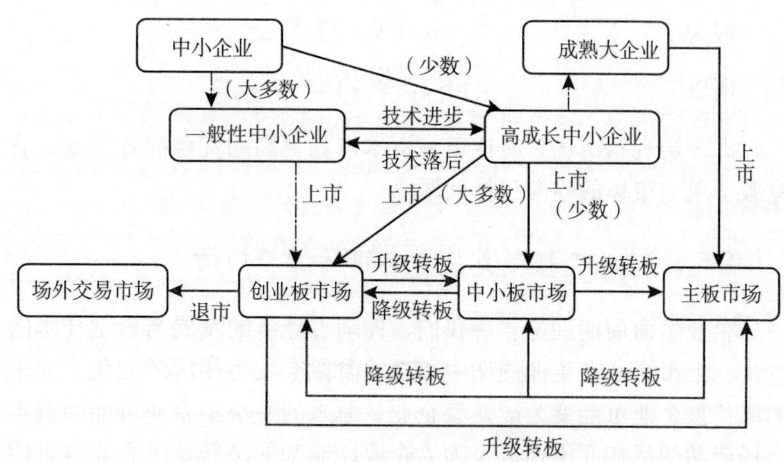

图1 我国多层资本市场结构及转板关系

四、上市公司转板交易评价指标体系

上面的分析表明，上市企业因生命周期所处阶段的变化以及自身经营上的原因，使其基本面与对应的证券市场定位出现不一致，这种不一致破坏了分离市场均衡。为了使多层资本市场体系保持动态均衡，才需要相应的转板机制，因此，转板交易评价指标体系构建的着眼点：一是上市企业在生命周期中所处的阶段，二是企业自身的经营状况。企业规模、成长能力可以揭示上市企业在生命周期中所处的阶段性特征，经营业绩、风险控制则可基本反映上市企业的经营状况，所以，上市公司转板交易评价指标体系便可从企业规模、成长能力、经营业绩、风险控制四个方面来展开。

为了能对上市企业转板交易实施评价，我们必须将企业规模、成长能力、经营业绩、风险控制四个方面进一步延伸至可量化的三级指标，由此我们选取了17个三级指标，最终构成上市公司转板交易评价指标体系，其具体的分类、指标名称、计算公式及指标性质见表1。

表 1　　　　上市公司转板交易评价指标体系

目标层	一级指标	二级指标		三级指标	计算公式	指标性质
上市公司转板交易评价指标体系	生命周期阶段	规模状况		总资产		正指标
				营业收入		正指标
		成长能力		主营业务收入增长率	（本期主营业务收入－上期主要业务收入）/上期主营业务收入×100%	正指标
				净利润增长率	（当期净利润/基期净利润）×100%－1	正指标
				总资产增长率	（期末总资产－期初总资产）/期初总资产×100%	正指标
	经营状况	经营业绩	盈利能力	净资产收益率	净利润/平均净资产×100%	正指标
				总资产收益率	净利润/平均总资产×100%	正指标
				主营利润率	利润总额/主营业务收入×100%	正指标
				资产利润率	利润总额/平均总资产×100%	正指标
			运营能力	应收账款周转率	主营业务收入/平均应收账款×100%	正指标
				存货周转率	主营业务成本/平均存货余额×100%	正指标
				总资产周转率	营业收入/平均总资产×100%	正指标
		风险控制	偿债能力	资产负债率	总负债/总资产×100%	负指标
				流动比率	流动资产/流动负债×100%	适度指标
				净利润标准差		正指标
				每股现金流量	净现金流量/股份总数	正指标
			风险水平	综合杠杆	主营业务利润/利润总额	正指标

五、我国上市公司转板交易综合评价

（一）上市公司转板交易综合评价模型的建立

在上市公司转板交易评价研究中，前述转板交易评价指标体系决定了对于上市公司是否转板的划分具有模糊性和非绝对性，很难用精确“升板”或“降板”的概念对上市公司的转板做出判断。因此，本文利用模糊综合评价来探讨我国 A 股上市公司转板交易状况。模糊综合评价是指客观事物的差异在中间过渡不太分明的情况下，对事物做出的总的评价，是一种基于模糊数学的综合评价方法。根据模糊数学的隶属度理论把定性评价转化为定量评价，即用模糊数学对受到多种因素制约的事物或对象做出一个总体的评价。

1. 模糊综合评价法下指标权重的确定

本文在建立上市公司转板交易评价体系过程中所选取的各层级指标均从不同方面反映了截然不同的影响层面，而这些层面又具有不可比性。依据贝努利原则，即：当我们无法明确区分哪一个指标更为重要时，一个合理的处理办法就是假定每一层级指标的影响程度是同等重要的。故此我们在每一层级评价中，对指标采用等权重的赋权方法，各层级指标权重见表 2。

2. 指标预处理

（1）指标的同趋势化处理。

在建立的上市公司转板交易综合评价指标体系中，有的为正指标，有的为负指标，有的为适度指标。其中正指标是指标值越大，在评价体系中起的正面效应越大的指标；负指标是指标值越小，在评价体系中起的正面效应越大的指标；适度指标是期望取值越适度，在评价体系中起的正面效应越大的指标。因此，在对目标层进行综合评价之前，要对数据进行同趋势化处理。因为在观察变量中正向指标较多，因此对指标采取正向化处理。

表 2　　各层级指标权重

<table>
<tr><th>目标层</th><th>一级指标</th><th>权重</th><th colspan="2">二级指标</th><th>权重</th><th>三级指标</th><th>权重</th></tr>
<tr><td rowspan="17">上市公司转板交易评价指标体系</td><td rowspan="5">生命周期阶段</td><td rowspan="5">0. 5</td><td colspan="2" rowspan="2">规模状况 X1</td><td rowspan="2">0. 25</td><td>总资产 X11</td><td>0. 125</td></tr>
<tr><td>营业收入 X12</td><td>0. 125</td></tr>
<tr><td colspan="2" rowspan="3">成长能力 X2</td><td rowspan="3">0. 25</td><td>主营业务收入增长率 X21</td><td>0. 08333</td></tr>
<tr><td>净利润增长率 X22</td><td>0. 08333</td></tr>
<tr><td>总资产增长率 X23</td><td>0. 08333</td></tr>
<tr><td rowspan="12">经营状况</td><td rowspan="12">0. 5</td><td rowspan="7">经营业绩</td><td rowspan="4">盈利能力 X3</td><td rowspan="4">0. 125</td><td>净资产收益率 X31</td><td>0. 03125</td></tr>
<tr><td>总资产收益率 X32</td><td>0. 03125</td></tr>
<tr><td>主营利润率 X33</td><td>0. 03125</td></tr>
<tr><td>资产利润率 X34</td><td>0. 03125</td></tr>
<tr><td rowspan="3">运营能力 X4</td><td rowspan="3">0. 125</td><td>应收账款周转率 X41</td><td>0. 04167</td></tr>
<tr><td>存货周转率 X42</td><td>0. 04167</td></tr>
<tr><td>总资产周转率 X43</td><td>0. 04167</td></tr>
<tr><td rowspan="5">风险控制</td><td rowspan="4">偿债能力 X5</td><td rowspan="4">0. 125</td><td>资产负债率 X51</td><td>0. 03125</td></tr>
<tr><td>流动比率 X52</td><td>0. 03125</td></tr>
<tr><td>净利润标准差 X53</td><td>0. 03125</td></tr>
<tr><td>每股现金流量 X54</td><td>0. 03125</td></tr>
<tr><td>风险水平 X6</td><td>0. 125</td><td>综合杠杆 X61</td><td>0. 125</td></tr>
</table>

对于负指标取其倒数实现正向化，采用如下公式实现其同趋势化：

$$X'_{ij} = \frac{1}{|X_{ij}|} \tag{1}$$

对于适度指标取出适度值 a，采用如下公式实现其同趋势化：

$$X'_{ij} = \frac{1}{|a - X_{ij}|} \tag{2}$$

（2）制定指标评价标准。

为了便于对上市公司转板交易进行评价，本文根据同趋化处理后的指标制定详细的指标评价标准：计算指标的平均值，加减一个标准差得到某一指标的最高临界值 a 和最低临界值 b。具体计算公式如下：

$$\begin{aligned} a &= \overline{X_i} + S_i \\ b &= \overline{X_i} - S_i \end{aligned} \tag{3}$$

3. 建立模糊综合评价模型

（1）评价因素论域的建立。

建立评判对象因素集 $U=\{u_1, u_2, \cdots, u_n\}$。本文以所建立的上市公司转板交易综合评价指标体系作为评价因素论域；

二级指标用 $X=\{X_1, X_2, X_3, X_4, X_5, X_6\}$ 表示，即 $X=\{X_1, X_2, X_3, X_4, X_5, X_6\}=\{$规模状况，成长能力，盈利能力，运营能力，偿债能力，风险水平$\}$；

三级指标表示为：

$X_1=\{X_{11}, X_{12}\}=\{$总资产，营业收入$\}$

$X_2=\{X_{21}, X_{22}, X_{23}\}=\{$主营业务收入增长率，净利润增长率，总资产增长率$\}$

$X_3=\{X_{31}, X_{32}, X_{33}, X_{43}\}=\{$净资产收益率，总资产收益率，主营利润率，资产利润率$\}$

$X_4=\{X_{41}, X_{42}, X_{43}\}=\{$应收账款周转率，存货周转率，总资产周转率$\}$

$X_5=\{X_{51}, X_{52}, X_{53}\}=\{$资产负债率，流动比率，净利润标准差，每股现金流量$\}$

$X_6=\{X_{61}\}=\{$综合杠杆$\}$

（2）评价集的建立。

评价集是对被评价对象各种评价的集合。设评语集为 V, $V=\{V_1, V_2, \cdots, V_n\}$，其中 n 为评语个数。本文根据上市公司转板交易的含义，将上市公司转板交易状况划分为“建议升板，无须转板，强制降板”三个等级，分别用 V_1、V_2、V_3 表示，即 $V=\{$建议升板，无须转板，强制降板$\}$。

（3）隶属函数的建立

常见的模糊分布有偏小型、偏大型和中间型。本文的评价指标通过转化都成为正指标，所以采用偏大型的模糊分布来刻画，在偏大型的模糊分布中选择升半梯分布。根据前文已确定的各指标的最高临界值 a 和最低临界值 $b(a>b)$，各指标隶属度 $V_i(i=1, 2, 3)$ 的隶属函数表达式如下：

$$r_{kj}(V_i)=\begin{cases}0 & X\leqslant b\\ \dfrac{X-b}{a-b} & b<X\leqslant a\\ 1 & X>a\end{cases}$$

即，若 $X\leqslant b$，则 $\begin{cases}V_1=V_2=0\\ V_3=1\end{cases}$ （4）

若 $b<X\leqslant a$，则 $\begin{cases}V_1=\dfrac{X-b}{a-b}\\ V_2=\dfrac{a-X}{a-b}\\ V_3=0\end{cases}$ （5）

若 $X>a$，则 $\begin{cases}V_1=1\\ V_2=V_3=0\end{cases}$ （6）

其中，$r_{kj}(V_i)$ 表示 X_{ij} 隶属于 V_i 的程度。

这里首先对单一指标进行评判，即某个指标相对于某个评语集的隶属度，从而得到单因素评价集。进而对所选取的全部指标进行单因素评价，最终建立隶属度评价矩阵 R，即模糊评价矩阵 R：$R=(r_{ij})_{m\times n}$。本文的隶属度矩阵如下：

$$R=(R_1, R_2, R_3, R_4, R_5, R_6, R_7)^T$$

$$R_1=(r_{11}, r_{12})^T$$

$$R_2=(r_{21}, r_{22}, r_{23})^T$$

$$R_3=(r_{31}, r_{32}, r_{33}, r_{43})^T$$

$$R_4 = (r_{41},\ r_{42},\ r_{43})^T$$

$$R_5 = (r_{51},\ r_{52})^T$$

$$R_6 = (r_{61})^T$$

$$R_7 = (r_{71})^T$$

其中 $r_{kj} = \{r_{kj}(V_1),\ r_{kj}(V_2),\ r_{kj}(V_3)\}$

（4）模糊综合评价。

为保证研究的全面性，本文选用“加权平均型”模型进行综合评价。运用该模型对上市公司转板交易情况进行综合分析，能够全面的考虑到各指标对上市公司转板交易的影响，重视小权重指标的贡献，能够真实客观地反映上市公司转板交易情况，对转板交易起到科学的引导作用。基于此，根据前文计算的各指标权重和隶属度矩阵，建立基于加权平均模糊综合评价的上市公司转板交易综合评价模型。即在进行一级模糊综合评价时，建立如下模型：

$$B_k = A_k \circ R_k = (b_{k1},\ b_{k2},\ b_{k3}) \tag{7}$$

进行二级模糊综合评价时，建立如下模型：

$$B = A \circ R = (b_1,\ b_2,\ b_3) \tag{8}$$

其中，模型（7）、（8）中的“∘”为加权平均算子 $M(\cdot,+) = \sum_{k=1}^{m}(a_k r_{kj})$。

（二）上市公司转板交易综合评价模型的应用

无论从企业生命周期理论还是从评价的有效性来看，上市企业基本面的变化都有一个过程，这就决定了转板交易评价不适宜于新上市或上市时间不长的企业，因此本文选取主板、中小板、创业板上市时间较长（三年以上）的企业为样本进行实证分析。同时，为保证实证分析的客观时效性以及数据的完整性，本文选择 2010～2012 年三年期年报数据均值作为样本公司的原始数据来考察其转板交易情况，计算过程利用 Excel 及软件 Matlab 完成。

1. 主板样本公司转板交易综合评价

（1）样本选择与数据来源。

本文随机选取了沪深两市 2009 年年底前上市的 27 家上市公司作为样本公司进行研究。研究的资料数据均来自于锐思数据库和国泰安数据库。利用公式（1）和公式（2）对负指标和适度指标进行同趋化处理。

（2）指标评价标准。

根据同趋化的数据及公式（3），得到指标评价标准表（见表 3）。

表 3　指标评价标准

指标	最低临界值 b	最高临界值 a
X11	411456726. 1	79620090914
X12	-188105355	56818568297
X21	11. 3630706	43. 10788634
X22	-21. 5323248	854. 0943733
X23	3. 103776022	61. 60140343
X31	6. 352184724	18. 91569406
X32	4. 355011053	58. 70925617
X33	7. 257592786	23. 6352932
X34	5. 11104661	12. 78146873
X41	-4. 91057422	264. 410189
X42	-54. 1905708	2510. 534863
X43	0. 255731712	1. 129234171
X51	0. 022773706	11. 41933193
X52	-0. 12475583	10. 7157679
X61	6751340. 526	1700814171
X71	-0. 72407838	1. 161883518

（3）建立隶属度矩阵。

根据单一指标隶属函数确定各指标的转板交易隶属度，然后建立隶属度矩阵。这里我们仅以江南红箭（000519）为例进行说明，其他上市公司的隶属度矩阵用同样方法得到。根据同趋化的数据指标及式（4）~式（6）得到各隶属度矩阵如下：

$$R_1 = (r_{11},\ r_{12})^T = \begin{pmatrix} 0.3379 & 0.6621 & 0 \\ 0.3327 & 0.6673 & 0 \end{pmatrix}$$

$$R_2 = (r_{21},\ r_{22},\ r_{23})^T = \begin{pmatrix} 0.0930 & 0.9070 & 0 \\ 0.5816 & 0.4184 & 0 \\ 0.1627 & 0.8373 & 0 \end{pmatrix}$$

$$R_3 = (r_{31},\ r_{32},\ r_{33},\ r_{34})^T = \begin{pmatrix} 0.0011 & 0.9989 & 0 \\ 0 & 0 & 1 \\ 0.0636 & 0.9364 & 0 \\ 0 & 0 & 1 \end{pmatrix}$$

$$R_4 = (r_{41},\ r_{42},\ r_{43})^T = \begin{pmatrix} 0.3045 & 0.6955 & 0 \\ 0.4014 & 0.5986 & 0 \\ 0.4313 & 0.5687 & 0 \end{pmatrix}$$

$$R_5 = (r_{51},\ r_{52},\ r_{53},\ r_{54})^T = \begin{pmatrix} 0.4029 & 0.5971 & 0 \\ 0.9076 & 0.0924 & 0 \\ 0.3438 & 0.6562 & 0 \\ 0.3915 & 0.6085 & 0 \end{pmatrix}$$

$$R_6 = (r_{61})^T = (0.3027 \quad 0.6973 \quad 0)$$

由各隶属度矩阵，得到各指标隶属度如表4所示。

表4　各指标隶属度

指标层	权数	隶属度		
		建议升板	无须转板	强制降板
X11	0.125	0.3379	0.6621	0
X12	0.125	0.3327	0.6673	0
X21	0.08333	0.093	0.907	0
X22	0.08333	0.5816	0.4184	0

续表

指标层	权数	隶属度		
		建议升板	无须转板	强制降板
X23	0. 08333	0. 1627	0. 8373	0
X31	0. 03125	0. 0011	0. 9989	0
X32	0. 03125	0	0	1
X33	0. 03125	0. 0636	0. 9364	0
X34	0. 03125	0	0	1
X41	0. 04167	0. 3045	0. 6955	0
X42	0. 04167	0. 4014	0. 5986	0
X43	0. 04167	0. 4313	0. 5687	0
X51	0. 03125	0. 4029	0. 5971	0
X52	0. 03125	0. 9076	0. 0924	0
X53	0. 03125	0. 3438	0. 6562	0
X54	0. 03125	0. 3915	0. 6085	0
X61	0. 125	0. 3027	0. 6973	0

（4）主板样本上市公司转板交易模糊综合评价。

根据公式（7）$B_k = A_k \circ R_k$，首先进行一级模糊综合评价，可以得出二级指标层级的隶属度，结果如表 5 所示。

表 5　　准则层隶属度

准则层	权数	隶属度		
		建议升板	无须转板	强制降板
规模状况	0. 25	0. 3353	0. 6647	0
成长能力	0. 25	0. 2791	0. 7209	0
盈利能力	0. 125	0. 0162	0. 9838	0
运营能力	0. 125	0. 3790	0. 4838	0. 1372
偿债能力	0. 125	0. 5114	0. 4886	0
风险状况	0. 125	0. 3027	0. 6973	0

根据公式（8）$B=A^{\circ}R$，对主板样本上市公司转板交易进行二级模糊综合评价，得到最终的综合评价结果为：$B=$（0.3048 0.6327 0.0625）

按照模糊数学中的最大隶属度原则，对江南红箭转板情况的综合评价为：该上市公司应继续在主板市场继续交易，无须转板。

同样，对所选取的其余26家样本公司进行相应的计算，则可得到主板样本公司转板交易模糊综合评价的结果，如表6所示。

表6 主板上市公司转板交易评价结果

上市公司代码	模糊综合评价结果	转板交易情况
000551	（0.3794，0.6206，0）	无须转板
000593	（0.4213，0.5787，0）	无须转板
000596	（0.6501，0.3499，0）	无须转板*
000629	（0.4625，0.3708，0.1667）	无须转板*
000667	（0.4369，0.5214，0.0417）	无须转板
000721	（0.3656，0.6344，0）	无须转板
000809	（0.4361，0.5639，0）	无须转板
000810	（0.4225，0.5775，0）	无须转板
000811	（0.4551，0.5449，0）	无须转板
000862	（0.4740，0.4843，0.0417）	无须转板
000868	（0.4757，0.5246，0）	无须转板
000951	（0.4353，0.5334，0.0313）	无须转板
000999	（0.4801，0.5199，0）	无须转板
600035	（0.5188，0.4396，0.0417）	无须转板*
600157	（0.6185，0.3815，0）	无须转板*
600220	（0.2981，0.5249，0.1771）	无须转板
600235	（0.3487，0.6513，0）	无须转板
600499	（0.3638，0.6362，0）	无须转板
600518	（0.5696，0.4304，0）	无须转板*
600702	（0.4800，0.5200，0）	无须转板
600732	（0.3895，0.4277，0.1600）	无须转板

续表

上市公司代码	模糊综合评价结果	转板交易情况
600812	(0.4504, 0.4246, 0.1250)	无须转板*
600861	(0.4083, 0.5604, 0.0313)	无须转板
601137	(0.5302, 0.4698, 0)	无须转板*
601607	(0.6115, 0.3885, 0)	无须转板*
601618	(0.6351, 0.3337, 0.0313)	无须转板*

2. 中小板上市公司转板交易模糊综合评价

本文随机选取了27家上市时间较长的中小板样本公司，同样利用2010~2012年年报数据以及根据前文的转板交易模糊综合评价过程，对样本公司是否需要转板进行了实际评价。评价结果如表7所示。

表7　　中小板上市公司转板交易评价结果

上市公司代码	模糊综合评价结果	转板交易情况
002001	(0.6889, 0.3111, 0)	建议升板
002004	(0.493, 0.5070, 0)	无须转板
002006	(0.5662, 0.4338, 0)	建议升板
002011	(0.7435, 0.2565, 0)	建议升板
002019	(0.2585, 0.4811, 0.2604)	无须转板
002030	(0.4100, 0.5900, 0)	无须转板
002038	(0.6894, 0.3240, 0)	建议升板
002046	(0.4498, 0.5502, 0)	无须转板
002050	(0.7035, 0.2965, 0)	建议升板
002054	(0.4762, 0.5238, 0)	无须转板
002060	(0.6415, 0.3585, 0)	建议升板
002070	(0.4765, 0.5235, 0)	无须转板
002086	(0.3946, 0.5637, 0.0417)	无须转板
002072	(0.2256, 0.4202, 0.3541)	无须转板
002096	(0.4726, 0.5274, 0)	无须转板

续表

上市公司代码	模糊综合评价结果	转板交易情况
002102	(0.2852, 0.5377, 0.1771)	无须转板
002149	(0.4049, 0.5638, 0.0313)	无须转板
002154	(0.6014, 0.3674, 0.0312)	建议升板
002162	(0.2986, 0.5243, 0.1771)	无须转板
002167	(0.4804, 0.4779, 0.0417)	建议升板
002174	(0.4040, 0.5960, 0)	无须转板
002210	(0.7662, 0.2338, 0)	建议升板
002302	(0.5503, 0.4184, 0.0313)	建议升板
002200	(0.1554, 0.6467, 0.1979)	无须转板
002260	(0.3567, 0.5599, 0.0834)	无须转板
002261	(0.3771, 0.6229, 0)	无须转板
002270	(0.2687, 0.7001, 0.0312)	无须转板

3. 创业板上市公司转板交易模糊综合评价

考虑到创业板推出的时间较短，本文选择于 2009 年 10 月 30 日前上市的第一批创业板上市公司为样本进行研究。由于无法得到华测检测（300012）2011 年存货周转率的数据，因此将其剔除。最终选取了 27 家创业板市场样本公司。最终评价结果如表 8 所示。

表 8　　创业板上市公司转板交易评价结果

上市公司代码	模糊综合评价结果	转板交易情况
300001	(0.3453, 0.6235, 0.0312)	无须转板
300002	(0.5866, 0.4134, 0)	无须转板
300003	(0.5660, 0.4340, 0)	建议升板
300004	(0.2606, 0.6248, 0.1146)	无须转板
300005	(0.7432, 0.2568, 0)	无须转板
300006	(0.4467, 0.5220, 0.0313)	无须转板
300007	(0.3159, 0.6841, 0)	无须转板

续表

上市公司代码	模糊综合评价结果	转板交易情况
300008	(0.3298，0.6702，0)	无须转板
300009	(0.4124，0.5876，0)	无须转板
300010	(0.3742，0.6258，0)	无须转板
300011	(0.2038，0.5983，0.1979)	无须转板
300013	(0.3221，0.4384，0.2396)	建议升板
300014	(0.4495，0.5505，0)	建议升板
300015	(0.6958，0.3042，0)	建议升板
300016	(0.3761，0.5405，0.0834)	建议升板
300017	(0.5341，0.4659，0)	建议升板
300018	(0.2311，0.6647，0.1042)	无须转板
300019	(0.3847，0.6153，0)	无须转板
300020	(0.6623，0.3064，0.0313)	建议升板
300021	(0.4538，0.4524，0.0938)	建议升板
300022	(0.7412，0.1338，0.1250)	建议升板
300023	(0.1130，0.3141，0.5729)	强制降板
300024	(0.5333，0.3417，0.125)	建议升板
300025	(0.5648，0.4039，0.0313)	建议升板
300026	(0.6413，0.3274，0.0313)	建议升板
300027	(0.7003，0.2997，0)	建议升板
300028	(0.3204，0.6483，0.0313)	无须转板

六、结论与建议

经过20多年的发展与建设，我国资本市场已初具规模，多层资本市场框架已初步搭建。建立资本市场“转板”机制，完善多层次资本市场体系，是当前资本市场工作的重点。本文通过对多层资本市场体系以及转板机制的相关理论研究，探讨了我国上市公司转板交易评价体系的构建。在此基础上构建了上市公司转板交易综合评价体系，并随机选取了我国主板市场、中小板市场和创业板市场部分上市公司作为分析对象，利用模糊综合评价法对样本公司是否需要转板进行了实际评价，最终得到如下一些基本结论：（1）通过构建多层资本市场分离均衡模型，从理论上证明了多层资本市场的建立有利于提高资本市场的资源配置效率；（2）在我国多层资本市场体系的实际运行过程中，上市企业由于生命周期所处阶段的变化以及自身经营状况的变化，使其基本面与对应的证券市场定位出现不一致，而转板机制的建立能够调节上市企业转板到与其相对应的层次市场交易，从而有利于多层资本市场上市企业类型的纯洁性，实现多层资本市场的动态均衡；（3）主板市场上市公司评价结果表明，在随机选取的27家样本公司中，所有上市样本公司的评价结果均为无须转板，导致这一结果的原因：一是主板本身属最高层级的市场，现实市场结构性约束使其无法继续递进升板；二是虽说分样本是随机选取的，但回过头来再仔细分析各个样本公司时，不难发现结论与上市公司基本状况明显有一致性，样本公司不存在特别性（如st上市公司）。中小板市场上市公司评价结果显示：在27家样本公司中，有002001等10家上市公司可以建议其升板，另外17家上市公司保持中小板交易不变，与主板市场相似，样本上市公司没有降板的。而创业板最早上市的27家公司有13家处于升板水平，说明创业板企业由于高成长性而发展较快，当前层次市场已不能满足其发展，需要升板到更高层次市场。同时，高成长性也会伴随着高风险的出现，300023（宝德股份）由于自身经营状况原因已处在强制降板水平。

根据上述结论并结合我国资本市场运行的实际情况，我们建议：（1）尽快建立转板交易制度，以此完善我国多层资本市场体系交易机制。（2）设立专门的上市公司转板交易评价机构，定期对上市公司转板交易特征进行评价，评价机构应公开转板交易评价指标体系、评价方法和评价结果，以便在实践中不断完善。（3）对评价结论为建议升板的上市公司，其是否升板最终应交由上市公司自行决定，而对评价结论为强制降板的上市公司，则由证券监管机构强制执行。（4）依照多层资本市场体系的层级结构，修订现行的股权再融资制度，使股权再融资结构与多层资本市场体系的层级结构保持一致，具体而言，创业板市场只接受 IPO，不接受股权再融资计划，中小板市场只接受创业板市场升板而来的上市公司股权再融资，股权再融资主要置于主板市场的相关上市公司。

参考文献

［1］ Barry C. B. and Brown S. J. Limited Information as a Source of Risk ［J］. The Journal of Portfolio Management，1986，12（2）：66－72.

［2］ Berger，A. N.，Udell，G. F. The Economics of Small Business Finance：The Role of Private Equity and Debt Market in the Financial Growth Cycle ［J］ Journal of Banking and Finance，1998，22：613－673.

［3］ Chan K，Fong W. Trade Size，Order Imbalance and the Volatility-volume Relation ［J］. Journal of Financial Economics，2000，57（2）：247－273.

［4］ Fama E. Efficient Capital Market：A Review of Theory and Empirical ［J］. Journal of Finance，1970（8）：42－ 46.

［5］ George J. Papaioannou，Nickolaos G. Travlos，Viswanathan K. G. Visibility Effects and Timing in Stock Listing Changes：Evidence from Operating Performance ［J］. The Quarterly Review of Economics and Finance，2009，2（49）：357－377.

［6］ Grammatikos T.，Papaioannou G. J. Market Reaction to NYSE Listings：Test of the Marketability Gain Hypothesis ［J］. Journal of Financial Research，1986（9）：215－227.

［7］ Jeffrey H. Harris，Venkatesh Panchapagesan，Ingrid M. Werner. Off but Not Gone：A Study of Dasdaq Delistings ［J］. University of Delaware，Working Paper，May 2006.

［8］ Lamoureux C G.，Poon P. The market reaction to stock splits

[J]. Journal o f Finance, 1987, 42: 1347 - 1370.

[9] Macklin, G. S. A Primer on NASDAQ: The Market of the Future, in Douglas F. Parrillo, Enno R. Hobbing, and Margo Vanover Porter (eds.), The NASDAQ Handbook, Chicago, IL: Probus, 1987.

[10] Maloney M. T., Mulher in J. H. The effect of splitting on the ex: A microstructure reconciliation [J]. Financial Management, 1992, 21: 44 - 591.

作者信息

李腊生：天津财经大学中国经济统计研究中心副主任、教授、博士生导师；

张　冕：天津财经大学经济学院干事；

郭婷婷：天津财经大学硕士研究生。

香港回归十五年的经济问题与前景展望*

陈德宁　黄耀婷　郭海珊

摘要：本文通过分析香港回归以来经济发展的主要指标数，提炼了其经济发展的四大特点，进而揭示香港经济存在的主要问题：在经济转型中矛盾突出、与内地经济合作的负面效应扩大、高度开放自由市场的缺陷仍存和科技创新能力不足等。最后分析了香港经济发展存在的优势条件和契机。为此，本文就香港未来的发展提出四点建议：一是整合优势资源，做强金融、贸易和物流业；二是培植高科技产业和高增值制造业，走产业结构多元化发展之路；三是完善香港与内地经贸合作机制；四是适度发挥政府在推进经济发展的积极作用。

关键词：经济转型　模式　香港

一、引　言

香港作为中国与世界交流的最佳桥梁和最重要的“窗口”，被誉为“最佳经营商城市和最具有潜力的投资基地”，也是世界上最自由的经济体系之一，在促进中国经济的改革开放中扮演着重要的中介角色。自1997年回归祖国以来，香港先后经历了亚洲金融危机、“9·11”、“非典”以及政治纷争等冲击，造成了较大的经济波动，总体而言，香港回归后十年内的经济发展呈现了一个起伏波动的“W形”增长轨迹，这令多数学者认

* 本文受到教育部人文社科规划基金项目（编号：10YJA790014）基金资助。

为回归给香港经济的发展带来更多机会，其未来的经济发展方向应是促进产业结构升级、加强与内地的合作交流、维护资本国际化和公平竞争机制以及适度监管等。《内地与香港关于建立更紧密经贸关系的安排》（Mainland and Hong Kong Closer Economic Partnership Arrangement，英文简称 CEPA）的签署和实施使香港与内地经济关系日益紧密，产业结构向金融业、房地产、特殊金融业倾斜。

然而，香港经济在经历复苏繁荣的同时，也存在一些问题。在香港回归之际，有学者就提出产业结构的变化、新兴市场的需求、人力资源是其经济发展面临的主要问题。多数研究认为香港经济的问题与政府管理、产业变化、社会发展等密切相关，如政府“积极不干预”政策与经济转型中当局需“有所作为”存在矛盾，经济发展过度依赖房地产和金融业，民住、商用成本过高，产业结构失衡，高科技产业较弱，社会失业问题严重等。针对这些问题，有研究认为要适当发挥政府在促进经济发展中的积极作用，促进制造业升级，并重视民生发展等。

当然，越来越多的学者认识到加强与内地的经济合作、发展创新科技、转向高增值产业等是香港经济第三次转型的主要方向。尤其是 CEPA 实施以来，众多学者指出 CEPA 的实施对香港经济有积极作用，有利于舒缓外部环境压力，解决自身经济存在的问题，降低失业率等。

可见，学者们对香港回归以来的经济问题研究集中于概述性的理论和定性研究，且研究成果多数停留在回归后十年。随着香港与内地联系的加强以及全球经济不确定性的增加，香港经济发展中的问题日益浮现，具有潜在性、深层次性、复杂性等特点，并成为香港经济持续发展的障碍。因此，有必要在香港回归十五年之后，作一个阶段性分析研究。

二、回归以来香港经济发展的四大特点

香港回归十五年来，尽管经历了经济上与政治上等一系列冲击，但从各种经济发展指标来看，其实质 GDP 的增长率仍然维持在较高的水平，服务业转型成效显著，对外贸易不断发展，人民生活水平普遍提高，国际地位持续提升。现就香港经济发展主要指标数据进行对比分析，并指出香港回归以来，其整体经济发展具有发展阶段性明显、增长水平持续较高、经济规模扩大显著、经济波动性更大这四大特点：

第一，发展的阶段性明显。本文根据香港回归后遭受的一系列重大事件冲击对经济波动的影响程度，将香港经济的波动状况划分为四个阶段。第一阶段（1997～2003 年）为剧烈波动时期，这主要是由于亚洲金融危机的冲击以及各种矛盾的浮现，导致经济增长剧烈动荡，出现两次经济衰退，分别是 1997～1999 年和 2001～2003 年。这段时期的实质 GDP 年均增长率为 2.14%。其中，1998 年的实质 GDP 增长率由 1997 年的 5.1% 跌到 -6.0%，成为这个阶段的最低值，到 2003 年达到 3.0% 呈现较稳定的水平。第二阶段（2003～2008 年）为经济复苏繁荣时期，这与 2004 年 CEPA 的实施有重要联系，实质 GDP 维持在了较高水平，年平均增长率为 5.72%。第三阶段（2008～2009 年）为衰退低迷时期，这主要受到 2008 年金融海啸的影响，香港经济出现第三次大幅度衰退现象。实质 GDP 增长率从 2008 年的 2.3% 一直降到 2009 年的 -2.6%。第四阶段（2009 年至今）为再现繁荣时期，实质 GDP 增长率呈快速发展趋势，并达到较高水平，到 2011 年达到 5%（见图 1）。

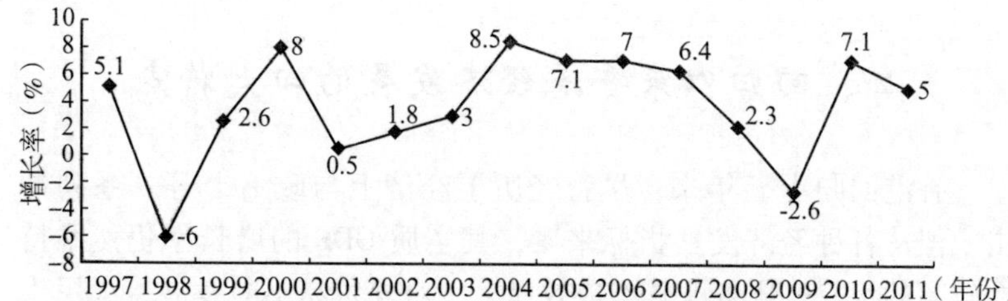

图1　1997～2011年香港实质GDP增长率

资料来源：香港政府统计处。

第二，经济增长保持在较高水平。香港回归后，虽然几经衰退和繁荣，但整体上其经济增长优于美国和日本。1997～2010年，香港的实质GDP年平均增长率为3.62%，同一时期的美国和日本分别只有2.49%和1.03%。同时，香港的经济增长也毫不逊色于其他新兴工业化国家。在“亚洲四小龙”中对比，香港回归后的经济增长与其他三小龙的增长差距逐渐缩小，除了在1998～1999年、2001～2003年和2008～2009年三次经济衰退期的经济增长低于其他三小龙之外，其他时期经济增长速度与其他三小龙相当。在2010年，香港的经济增长达到7.1%，超过了韩国，并接近中国台湾（见图2）。

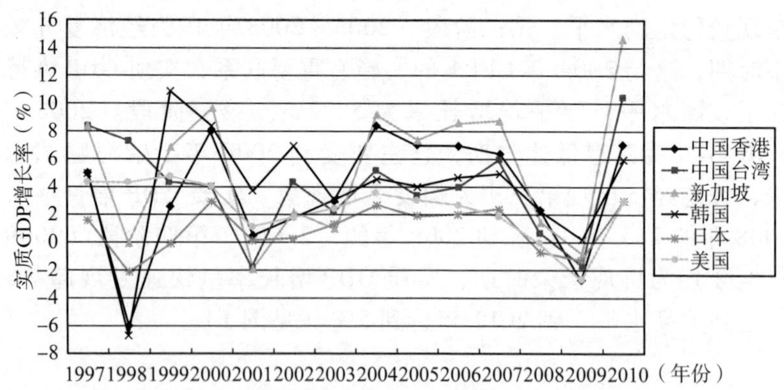

图2　1997～2010年香港与主要国家/地区的实质GDP增长率比较

资料来源：Nationmaster. com、《中国统计年鉴（1997～2011年）》。

第三，经济规模扩大显著。自回归以来，香港经济规模不断扩大，香港本地生产总值从 1997 年的 13 650 亿港元增长至 2011 年的 18 967 亿港元，增幅达到了 38.95%，其对外贸易总额、产业收益等也有较大的增长。其次，人均 GDP 从 1997 年的 210 350 港元增至 2011 年的 268 213 港元，增幅达到 27.51%。不管是 GDP 还是人均 GDP，除了在 1998 年金融危机时期有短暂下降外，到 2005 年都已大大超过 1997 年的发展水平，并自此持续、快速增长（见表 1）。这显示了香港回归后经济规模和整体实力的上升。

表 1　1997～2011 年香港本地生产总值与增长值

年份	本地生产总值（以当年价格计算）（亿港元）	本地生产总值与上年比较的实际增长率（%）	人均本地生产总值（以当年价格计算）（港元）
1997	13 650	5.1	210 350
1998	12 928	-6	197 559
1999	12 667	2.6	191 731
2000	13 177	8	197 697
2001	12 992	0.5	193 500
2002	12 773	1.8	189 397
2003	12 348	3	183 449
2004	12 919	8.5	190 451
2005	13 826	7.1	202 928
2006	14 754	7	215 158
2007	16 156	6.4	233 589
2008	16 770	2.3	241 026
2009	16 225	-2.6	232 692
2010	17 416	7.1	247 938
2011	18 967	5	268 213

资料来源：香港政府统计处。

第四，经济波动性更大。为了观察香港回归后的经济波动情况，本文采用实质GDP增长率的标准差指标来表示。

1997年香港回归前后，通过香港与主要国家或地区经济波动率的比较发现，香港回归后经济波动显著提高，比回归前（1990~1996年）上升了约3倍（见图3）。由于香港回归当年就遭受亚洲金融危机冲击，随后又受到新经济泡沫、“9·11”、“非典”、金融风暴等冲击，经济上经历了三次严重的衰退。但在中央政府和全港人民的共同努力下，香港实施了一系列恢复经济的措施，如CEPA、“自由行”、经济调整等，又使香港经济发展在衰退之后迅速回升，因此呈现了几起几落的剧烈波动现象（见图1）。其次，在香港回归前（1990~1996年），香港经济波动与其他国家或地区相当，都维持在一个较低的水平，相对稳定；1997年后，各国都表现出不同的变化。其中，美国、日本等较成熟的经济体经济发展基本保持稳定，两个阶段经济波动率相当，美国的实质GDP增长率标准差分别为1.41和1.93，日本则分别为1.71和1.56。但是，“亚洲四小龙”这几个新兴工业化国家在香港回归前后两个阶段，在应对不同经济发展因素造成的经济波动时则大相径庭，尤以中国香港和新加坡最为剧烈。新加坡的实质GDP增长率标准差从2.19增大到4.80，增大了约2.2倍；中国台湾从0.76增大到3.37，增大了约4.5倍；韩国从1.53增大到3.94，增大了约2.6倍，香港则从1.16增大到4.11，增大了约3.5倍。由此可见，在香港回归后，香港作为经济结构较单一的高度开放城市和自由经济体，对外依赖程度提高，在遇到全球性的经济冲击和其他影响因素时表现出增大的波动性（见图3）。

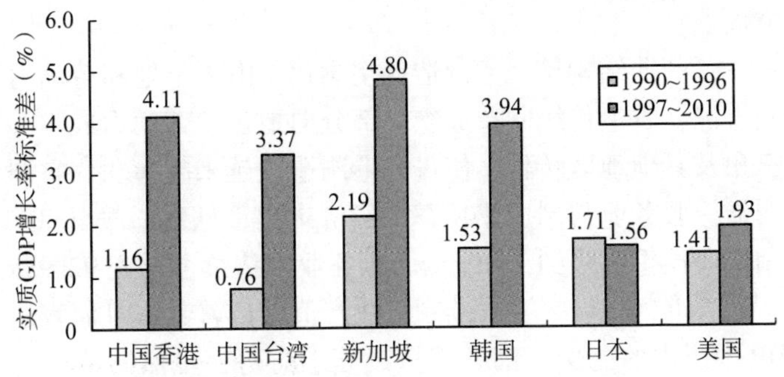

图3　香港与主要国家/地区的经济波动比较

资料来源：1990～1996年数据来源于陈广汉．香港回归后的经济转型和发展研究[M]．北京：北京大学出版社，2009：11；1997～2010年数据来源于中国统计年鉴，经整理计算得出。

三、香港回归以来经济发展中存在的主要问题

总体而言，香港回归后十五年的经济发展呈现了起伏波动的发展轨迹。然而，香港经济目前仍面临着一些深层次的问题未能得到解决，主要体现在经济转型中矛盾突出、与内地经济合作的负面效应扩大、高度开放自由市场的缺陷仍存、科技创新能力不足和人力资源配置失衡这五个方面。

（一）经济转型升级中矛盾突出

从20世纪50年代至1997年回归期间，香港经济就已经成功实现了两次重要的转型：工业化和服务化。香港回归以后，国内外的发展形势迫切要求香港经济进行第三次转型，即向高增值产业转型升级。因此，回归十五年以来，香港经济一直处于第三次转型的探索和实践期。与此同时，在亚洲金融危机、“9·11”、“非典”、政治纷争、金融海啸等一系列冲击下，香港经济转型发展中的各种问题和矛盾不断浮现，成为其经济持续发展的障碍，主要包括以下

两个方面。

第一，产业结构单一，制造业空洞化。由于土地和劳动力等价格不断上涨，香港传统制造业绝大部分向地价、劳动力成本等便宜的珠三角及其他地区转移，使得香港制造业越来越薄弱，空洞化越来越明显。服务业与制造业在香港经济中比重悬殊，截至 2011 年，香港制造业比重下降到 1.8%，而服务业则持续上升到 92.9%。一方面，自香港回归以来，香港制造业产值无论就其本身而言还是其在 GDP 中所占的比例，都处于持续萎缩态势，虽然制造业比重在部分时间段内相对有所提升，但其绝对比重一直处于下降的较低水平（见图 4）。另一方面，从各主要产业的就业人数占总就业人数的比例来看，截至 2011 年年底，从事制造业的人数仅占 4.197%，而进出口贸易、批发零售、住宿及膳食服务、金融及保险、地产、专业及商用服务的就业人数共占了总就业人数的 66.13%，将近七成（见图 5）。

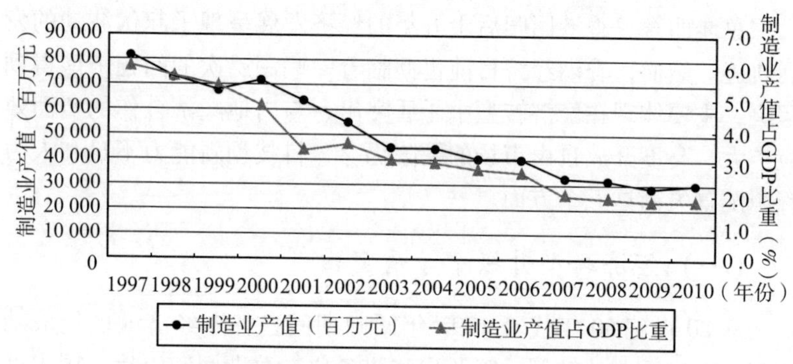

图 4　1997～2010 年香港制造业产值及其占 GDP 比重

资料来源：香港政府统计处。

第二，经济增长过度依赖金融业和房地产，易受外界市场因素扰动。香港作为国际金融中心，其金融业是最具竞争优势的产业，自香港回归以来就一直保持较高的增长水平，在 2010 年占 GDP 比重达到15.4%，对香港经济发展贡献显著。然而，过度依赖金融业也会带来负面效应，这主要体现在易受外部经济市场环境的扰动，从亚洲金融危机、金融海啸中就充分暴露了过度依赖金融服务业发展经济的脆弱性。

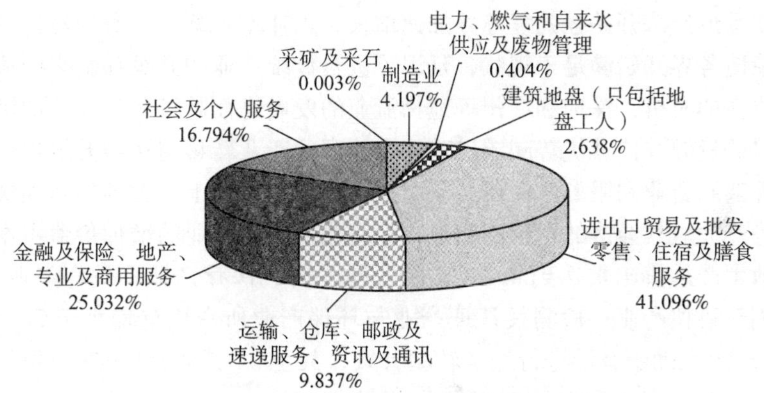

图5　2011年香港主要行业的就业情况

资料来源：香港政府统计处。

房地产服务业长期以来都是香港的一项高利润的产业，因此，越来越多的投资商更愿意将资金投入到房地产服务业，从而造成其他产业投资不足。若将建造业、地产、专业及商用服务和楼宇产权合并计算，房地产服务业占GDP的比重虽然自回归以来略微降低，但仍占有较高的比例，2010年为25.4%。此外，房地产业与金融服务业生存发展休戚相关，易受外部因素扰动和产生房地产经济泡沫。

（二）与内地经济合作中的负面效应逐渐扩大

内地是香港最大的经济贸易合作伙伴，自1978年实行改革开放政策以来，两地经济交流合作关系日益密切，尤其是香港回归以来，一系列互惠往来措施更进一步加深两地之间的经济融合，企业投资、人员流动、资金流动等非常活跃。然而，香港在与内地相互交流合作中也存在一些负面作用且呈扩大趋势，主要表现在以下两个方面：

一是拖延了香港经济转型时机。1998 年的亚洲金融风暴后，经济转型的意识得到香港各界的重视。然而，2004 年 CEPA 的实施，使香港经济开始强劲复苏并加速增长，失业率下降，一时的经济繁荣使各界开始满足于现状，延误了进行传统产业的升级和新兴产业建立的时机，深圳和广州等地物流业的发展进而趁机分流了香港港口的货源并使其优势减弱，珠三角地区的产业转移与转型升级也令香港制造业和服务业无所适从。在新兴产业培植上，香港的六项优势产业对其经济的贡献不明显，除文化及创意产业的增加价值占本地生产总值比重达到 4.7% 的较高水平外，医疗产业、教育产业、创新科技产业、检测及认证产业与环保产业所占比重均小于 2%。CEPA 无助于香港进行经济转型升级，甚至其为香港带来的短暂经济繁荣麻痹了香港人经济转型的忧患意识。

二是内地化趋势替代了香港国际化形象。一方面，香港回归以后，特别是 CEPA 实施以来，香港各行业与内地的关系越来越紧密，依赖性也越来越强，香港内地化趋势逐渐明显。如旅游方面，内地居民“港澳自由行”计划的实施促使内地旅客到香港旅游人数剧增，1997 年内地访港人数仅 230 万人次，占访港旅客的 22.07%；2004 年内地访港旅客首次突破千万大关，达到 1 225 万人次，增长率由 2003 年的 24.1% 提高到 44.7%，以后逐年稳步增长至 2011 年的 67.0%。以旅游业为入口，香港逐渐沦为中国内地的一个城市形象。另一方面，随着投入到国内市场开发的资源增多，投入到国际市场开拓的资源便相应地减少，香港国际化形象因而随之模糊。

（三）高度开放自由市场的缺陷

至 2011 年，香港已连续 17 年被美国传统基金会评为“全球最自由经济体系”。然而，再高度开放的自由市场，其经济发展模式也具有一定的缺陷，主要表现在以下三个方面。

第一，影响政府决策。实践证明，香港的自由市场经济发展模式的成功令更多人坚信自由经济带来的正面效应，认为市场自身的调节会使各种经济活动达到最佳状态并解决矛盾，而忽视了对自由市场的监管与指引调控，形成香港政府“积极不干预”的做法。然而，仅靠自由市场自身的调节是远远不够的，开发新产业的资金、技术，招商引资等政策大部分需要政府的指引与支持，尤其是对外交流方面，政府的放任不管将带来通胀、失业等一系列问题。

近年来，香港政府虽然已逐渐意识到监管指引自由市场的重要性，并实施“市场指导，政府促进”的措施，但由于香港已长期习惯自由开放的经济发展模式，政府对如何指引促进自由经济的发展还欠缺经验。

第二，易受外部因素的扰动。香港自回归以来其经济增长大幅度波动，这充分暴露了高度开放自由市场的脆弱性和较差的稳定性。

第三，对自由市场监管难度加大。香港是一个高度国际化的自由经济体，易受国际经济市场的影响，导致香港在有效应对外来挑战时难度加大，在遭受影响之后实施经济恢复措施也较为困难。

（四）创新能力不足，科技竞争优势不明显

香港回归以来，虽然研究与发展（R&D）开支占 GDP 的比重一直处于上升态势，但仍处于世界较低水平。截至 2011 年，香港科研经费占 GDP 的比重只有 0.76%，与国际上的标准 3% 相比严重偏低（见图 6）。可见，香港创新科技产业还较为薄弱，高新技术竞争优势不明显。在新兴工业化国家“亚洲四小龙”中进行比较，2007 年香港研究与发展开支占 GDP 的比重是最低的，仅 0.77%，而中国台湾地区、韩国、新加坡分别为 2.63%、3.47%、2.61%，都相当于香港的 4 倍左右。再与美国（2.68%）、日本（3.44%）等其他发达国家

对比，中国香港在研究与发展开支方面更是相形见绌（见图7）。

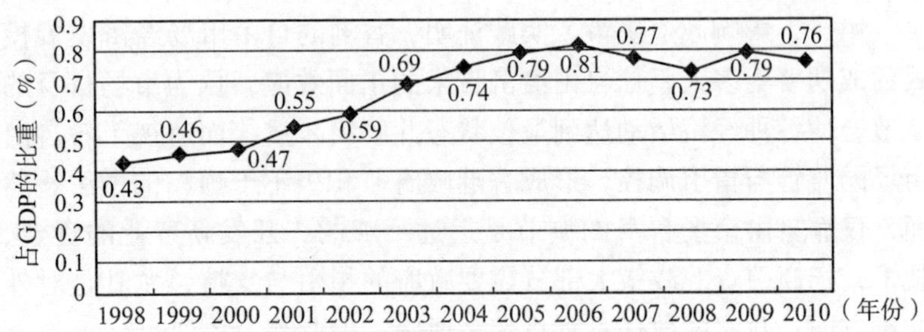

图6　香港回归后R&D开支占GDP的比重

资料来源：香港政府统计处。

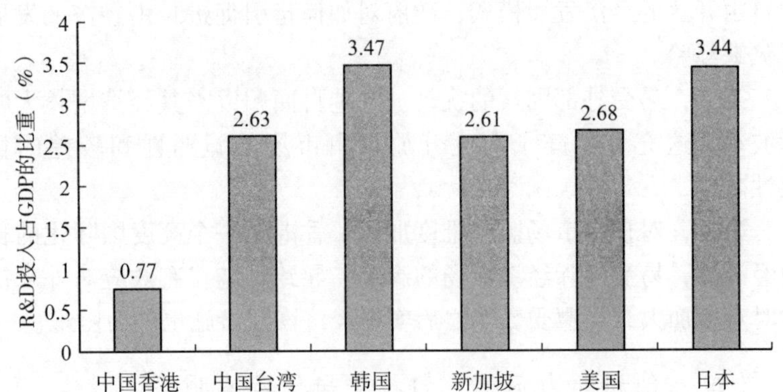

图7　2007年香港与主要国家或地区研究与开发情况的比较

资料来源：香港政府统计处。

（五）人力资源配置失衡

香港虽然人数众多，产业高速发展，但是人力资源配置不够合理，这是由于制造业不断削弱，使原来大量劳动密集型产业中技术和素质较差的劳动力从一些传统制造业或其他产业中转移出来，从而产生的问题主要包括以下两个方面：

第一，由于香港产业以高端服务业为主，需要更多高素质、高技术的人才，而从传统制造业转移出来的低技术、低素质的劳动力不能满足需求，从而导致人力资源配置失衡，也有的学者称这种现象为人力资源“错配”，这一方面造成低技术劳动力就业困难和失业率严重的局面，另一方面高素质、高技术人才相对匮乏，也会引发一系列社会问题。

第二，在主要行业的就业人数方面，通过比较 1991 年和 2011 年三大产业就业人数占总就业人数的比例可以得出，劳动力越来越集中于第三大服务性产业，而从事第一产业和第二产业人数越来越少，这样将会导致第一、第二基础性产业变得越来越薄弱，产业结构趋于单一，而难以为第三大产业的持续发展提供基础性的后续动力（见图 8）。此外，还会加深社会发展的两极分化，扩大贫富差距，从而威胁到社会发展的稳定。

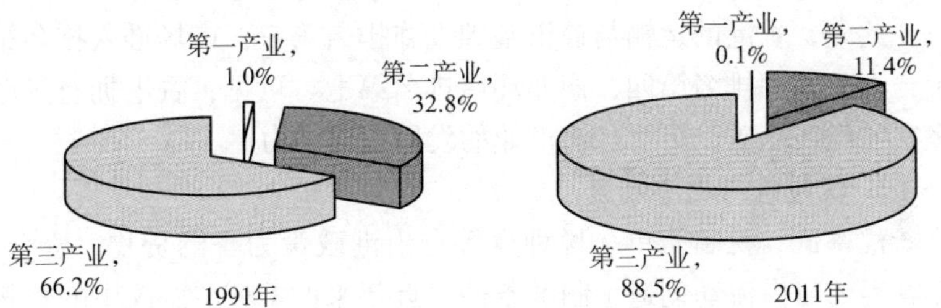

图 8　1991 年与 2011 年香港三大产业就业人数占总就业人数的比重

资料来源：《香港年报》2011 年。

四、前景展望与建议

（一）香港经济发展的优势条件

香港是一个自由港，多年以来表现出积极灵活的生命力。恩莱特认为香港的优势条件主要表现为其在世界经济中的地位、各种经济体系要素的结合、具有较强工业基础等。本文认为香港经济发展的整体优势条件最显著的是区位、经济基础、国际地位、制度和国际竞争力。

1. 独特的区位优势

香港地处亚太地区的核心地带，又是太平洋西岸各国的中心，位于太平洋、印度洋、东南亚与东北亚航运交通要冲。其维多利亚港是世界三大优良天然深水良港之一。香港是中国与世界交流的最佳桥梁和最重要的“窗口”，是中国经济跻身世界市场的开拓者和推动力量。因此，香港这些独特的区位优势是无法替代的。

2. 坚实的经济基础和重要的国际地位

香港回归以来，经济规模扩大、增长态势明显，至今仍保持金融、贸易、航运、旅游中心的国际地位。世界经济论坛（WEF）于2012年23日公布最新促进贸易指数（ETI）的最新排名中，香港在全球促进贸易中排名第二，而相比发达国家美国则排名第二十三。此外，香港的运输与通讯基础设施排名第三，市场准入排名第十，海关管理排名第四，商业环境排名第七。可见，香港拥有足够坚实的经济基础，可为经济产业的发展提供动力。

3. 优越的自由港制度

税率低、税制简单、税种少等自由港政策为香港货物、资金、游客等的自由流动创造了制度条件。近年来的CEPA协议中的货物贸易零关税、贸易服务自由化、贸易投资便利化等一系列措施为香港与内地一体化发展提供了制度性保障。

4. 强大的国际竞争力

香港回归以来，持续提高国际竞争力，并成为世界最具竞争力城市之一。根据瑞士洛桑国际管理学院（IMD）公布的香港回归以来历年国际竞争力排名情况，除了1999～2004年间排名在第五名后以外，其他年份都排在前五名，并在2011年和2012年连续两年排名第一。相比之下，2012年，美国、日本排名分别屈居第二、第十。“亚洲四小龙”中的新加坡、中国台湾和韩国排名分别是第四、第七和第二十二。

最重要的是，上述的香港的四大优势间的叠加促进效应，将会发挥出更强的综合竞争力。另外，香港的其他优势条件，如营商条件方便、国际经验丰富、银行资产雄厚等都有利于香港未来的可持续发展。

（二）香港经济发展的契机

新时期，国内外的发展形势为香港经济的未来发展带来了机遇，这主要体现在“一国两制”下中央对香港的优惠政策以及中国的快速发展、国际经贸交流活跃等。香港应该抓住这些有利契机，促进自身经济的持续发展和中国经济的稳步增长。

1. CEPA 新补充协议带来的契机

CEPA 自 2003 年实施以来对香港和内地的发展都产生了重大的影响，在其实施的过程中，CEPA 也顺应发展的需要在进行不断补充，尤其是 2009 ~ 2013 年的《补充协议六》、《补充协议七》、《补充协议八》、《补充协议九》和《补充协议十》，为香港提供了极大的发展机会。其中 2010 年的《补充协议七》为香港企业资金、信息等在内地市场的流动提供了广阔的市场。2011 年的《补充协议八》中，双方放宽了完善货物贸易原产地标准和“香港服务提供者”的定义及相关规定。2012 年《补充协议九》进一步推动两地专业人员资格互认等。2013 年《补充协议十》规定了在服务贸易领域进一步放宽市场准入的条件，支持研究粤港共同推进知识产权交易与融资等。这些新增加的措施，为港商在内地灵活地拓展业务、扩大市场等提供了良好的机遇。

2. 国家《“十二五”规划纲要》带来的发展契机

国家“十二五”规划将港澳部分单独成章，里面的相关规定为香港的发展带来了重要的契机。首先，“十二五”强调中央支持香港巩固和提升竞争优势，进一步明确了香港在国家整体发展中的地位和在整体战略中的独特作用。其中，关于支持香港发展优势产业和高价值货物存货管理及区域的分销中心，支持香港发展成为国际资产管理中心和离岸人民币业务中心等内容，为香港提供了经济发展的战略指引。其次，“十二五”规划大力支持深化内地与香港的经济合作，明确香港在粤港合作的重要功能定位及其在珠三角区域合作中的核心地位。并且进一步推动先进制造业和现代服务业、各跨界基建发展、前海发展、粤港澳优质生活圈，以及现代流通经济圈建设等，拟建成以香港金融体系为龙头的金融合作区域和世界级城市群。

3.《珠江三角洲规划纲要》为香港发展带来的契机

香港的发展历来与珠三角地区的发展密切相关，《珠江三角洲规划纲要》（以下简称《纲要》）中也把珠三角地区与香港的经济合作作为发展的重点。其中，《纲要》肯定了香港金融中心的地位，大力支持珠三角地区企业到香港上市融资，这对香港充分发挥国际金融中心作用具有很大的推动意义。《纲要》中还提到“深化粤港澳科技合作，建立联合创新区，并支持联合开展科技攻关和共建创新平台，建设以广州、深圳、香港为主轴的区域创新布局”。从中可以看出《纲要》重视科技创新的发展，这也为香港提供了科技创新合作的机会，从而可以弥补香港创新能力不足，科技竞争优势不明显的缺陷。

4. 国际因素为香港经济发展带来的契机

从国际形势来看，美国经济前景仍不明朗，欧洲经济衰退仍要持续一段时间，中东及北非地区的“颜色革命”影响了国际经济秩序的稳定，世界经济前景充满了不确定因素。而中国经济政权顺利交替，并稳步推进产业结构的调整、城市化进程和大规模内需拉动，使中国逐渐成为世界经济发展的主动力。中国经济的持续增长以及和越来越多的国家和地区建立双边、多边经济合作关系等也为香港在国际中扮演重要的角色提供了舞台。这些多边和双边的经贸交流互动日趋活跃，为充分发挥香港国际金融、贸易、航运、旅游中心地位的作用带来了契机。

（三）建议

综上所述，香港经济的未来发展应注重加强与周边国家及地区的经济交流合作，尤其是在 CEPA 背景下，应继续加强与中国内地的良性互动往来，牢牢把握国内外各种发展契机，充分利用海内外各种资源，优化配置，推动经济发展实现第三次转型。

1. 整合优势资源，发掘与壮大优势产业

第一，利用区位优势，扩大金融融资能力。香港位于中国、日本、新加坡、韩国等全球外汇储备最丰厚的经济体系汇聚之地，因此，香港可以进一步扩大金融融资能力，保持和加强其国际金融中心的地位。

2006 年，香港证监会在《香港作为亚洲一个首要的金融中心》的报告中指出，香港的金融设备和服务在亚洲国家中名列前茅，除了营运成本、生活素质及其他因素在亚洲国家中排名第五位外，企业及个人税制、商业基础设施及公平公正营商环境、接触国际市场及客户能力和监管环境及政府的应变能力等都排名第一位。而在 2011 年全球的国际金融中心发展指数中，香港排名第四位。因此，香港应该利用独特的区位优势和竞争力，扩大金融融资能力，使其不仅可以为中国内地、中国台湾等地区服务，还可以将其服务范围扩展到韩国、新加坡等亚太地区的其他国家企业，从而进一步扩展到全球。2013 年 1 月，香港金融发展局的成立与运作，宣誓了香港政府与金融界发展成为全球金融中心的决心与行动。

第二，优化营商环境，做强贸易与物流产业。一方面加强香港与内地的交通基础设施的衔接，如港珠澳大桥和高铁等的规划建设等。另一方面加强与亚洲国家，特别是西太平洋沿岸的国家的交通便利性建设，开辟更多便捷的航海与航空线路，缩短香港与其他国家或地区的时间距离。同时，香港应继续简化投资营商手续，完善的商业服务设施，吸引更多的高端贸易与物流企业进驻投资，并与金融业联手，引导香港贸易与物流产业向产业链上游增值环节延伸扩展。

2. 坚持产业结构多元化，培植高科技产业和高增值制造业

香港的支柱行业如物流、金融、专业服务、旅游等都需要依赖制造业，所以，如果香港没有本地制造商和货物作为服务对象，其服务业优势将受到竞争威胁。此外，香港产业结构趋于单一，经济体系很容易变成一个依赖其他国家或地区经济的附属体，容易受到外部环境变化的影响。再者，内地的服务业迅速崛起，并与香港服务业产生越来越激烈的竞争。因此，这都要求香港坚持朝着产业多元化方向发展，以强化服务型产业的基础。

第一，针对科技竞争优势不明显的问题，香港要把科技创新产业发展作为实现第三次经济转型成功的基石。从制度与财政支出上加大科技投资与合作力度，加强与美国、日本、中国台湾、新加坡和内地等的科技交流合作，采取可行措施营造创新营商环境，对医药、电子、环保、精密工程等一些高科技领域进行产业培植，吸引海外科技公司陆续进驻并形成科技产业集群。与此同时，重视技术研发与理工教育相结合，培养创新型与创业型人才，加大对企业研发资金的投入，采取自主创新与引进创新相结合的策略，提升科技产业规模，从而使香港经济的发展永葆活力。

第二，发展高增值制造业。高增值制造业具有投入大、风险高的特点，因而需要政府参股投资引进知名大型科技企业，并与本地产业形成产业链，才能更好地推动高增值制造业起步发展。同时，香港应与深圳、广州、上海等内地研究机构和企业合作，引进先进科技成果到香港进行市场化，实现利益共享。此外，在工业用地与创新基金方面应与珠三角地区进行协作，争取珠三角地区的大力支持。

3. 完善与内地的经贸合作机制

香港的未来发展仍要充分依托内地和周边国家的经济合作，以提升国际地位。着力将香港的发展提升为国家战略，则需要香港与粤澳合作建设大珠三角都会经济区，以港珠澳大桥、城市快速交通等基础设施为重点，推动珠三角经济一体化的形成。同时，要牢牢把握上述与内地合作的四大契机，完善与内地经贸合作的机制，扩大贸易自由化的行业与地域范围，把香港建设成国际商品贸易和技术贸易的平台。

4. 发挥政府的积极作用，正确扮演推动香港经济发展的重要角色

第一，制定合理有效的发展战略以引导经济发展。香港政府应改“积极不干预”的传统为“有所作为”，并首先应在经济发展战略上发挥积极引导作用。经济发展战略要凝聚各行各业和各阶层共识，对香港经济第三次转型制定和实施科学的发展规划。

第二，为科技产业发展营造有利的社会环境。香港政府要进一步增强对高科技产业的支持力度，加大创新科技基金投入，鼓励企业及个人从事创新活动；定期举办科技创新活动，鼓励更多企业和个人参与创新经济，让外来投资者和企业感受到政府对科技产业发展的积极态度和决心。

第三，完善各种基础设施的建设。香港政府对内应该完善高端服务配套设施的建设以及便民利民设施的建设，对外应简化过境程序，加快与珠三角城际交通网络的衔接建设。

香港回归十多年，无论对国家还是香港，都需要一个更加国际化和都市化的香港，香港如何处理内地化与国际化关系，如何保持和提升其“纽伦港”地位，仍需要作进一步研究。香港只有提高其在国家对外开放和国际经济合作中的价值，才能实现“亚洲国际都会”的目标。

参考文献

[1] 郭国灿．回归十年的香港经济．四川人民出版社，2007.

[2] 李兆德．香港回归后的经济发展．港澳经济，1997 (8).

[3] 杨光铮．香港回归经济更繁荣．特区经济，1998 (4).

[4] 陈多．香港经济的现状与发展前瞻．特区理论与实践，1997 (S1).

[5] 王春新．香港经济回顾与展望（上）．发展与研究，1997 (4).

[6] 王春新．香港经济回顾与展望（下）．发展与研究，1997(5).

[7] 陈广汉．香港回归后的经济转型和发展研究．北京大学出版社，2009

[8] 张应武．回归后的香港经济：回顾与展望．国际经贸探索，2007 (11).

[9] 陈广汉、张光南、卢扬帆．回归后香港经济发展的成就、问题与对策．亚太经济，2012 (4).

[10] 薛凤旋．香港发展报告（2012）——香港回归15周年专辑，社会科学文献出版社，2012.

作者信息

陈德宁：广东财经大学地理与旅游学院；

黄耀婷：华南师范大学地理科学学院；

郭海珊：华南师范大学地理科学学院。

金融生态、经济增长与区域发展差异

——基于中国省域数据的耦合实证分析

朱顺杰　逯　进

摘要：本文在构建金融生态和经济增长指标体系的基础上，运用耦合机理实证研究了我国31个省（市）金融生态与经济增长的关系，并就其耦合度的空间关联性进行了识别和检验。结果显示：各省域的金融生态与经济增长具有显著的协调演进之态势，但二者的耦合度却呈现出明显的区域差异，表现为东部最高，中部、东北次之，西部最差，耦合度的空间关联格局也验证了上述特征。

关键词：金融生态　经济增长　耦合　Moran

一、引　　言

金融生态的概念伴随金融发展理论的深化而诞生，最初缘于金融市场安全性的考虑，并由我国学者首先提出。它将生态学的观点引入金融体系的研究中，强调要从金融业运行的外部环境而非仅从其自身考虑金融体系发展过程中的风险问题。始于1993年的国有银行市场化改革，将其资本金严重不足、不良贷款大量积累的事实公之于众，进而金融风险问题成为令人瞩目的经济焦点。基于此，国内外相关机构和学者开始着眼于对国有银行不良贷款严重性及其危害程度的研究，其结论不断刺激着国人的神经，而20世纪末亚洲金融危机更是强化了国人对金融风险问题的担忧。在此背景下，国内学者开始全面探索金融风险的成因，金融生态的概念在这一过程中应运而生，并逐步形成了金融生态环境观和金融生态系统观。上述两观点虽考虑问题的角度存在差异，却蕴含着一个共同的事实，即金融与金融生态是相互影响、不可分割的。因此，良好的金融生态能带来金融业的持续健康发展，金融业的健康发展又能带动经济的可持续发展。反之，金融生态的衰退将引致宏观经济的动荡。因此，在当前经济发展的关键时期，转型经济遭遇瓶颈之际，研究金融生态对金融业、进而对经济增长的支撑作用，从理论和实际两个方面都具有重要的现实意义。基于此，本文从省域层面，以数据可得性和金融业快速发展为前提，意欲对31个省、区、市的金融生态水平及其与经济增长的关系做出解析。主要目标有两个方面：一是对我国近十年省域金融生态做出全面评价，二是从经济增长的视角对省域金融生态与经济增长的关系做出合理的估计。后续的内容安排为：第二部分是文献回顾；第三部分系统介绍了指标体系、数据及实证方法原理；第四部分实证分析主要运用耦合方法探讨了金融生态与经济增长的协调发展关系；第五部分为省域耦合度的空间关联性LISA分析；第六部分为研究结论。

二、文献回顾

金融生态归属于金融发展的范畴，而长期以来金融发展与经济增长的关系作为现代经济研究的核心备受学者关注。20世纪初期熊彼特（Schumpeter，1912）的论证被认为是这一领域的开山之作。此后，众多学者对其进行了持续研究，结论主要有三个方面：第一，“供给导向”型，即金融发展引领经济增长（Gurely & Shaw，1955；Levine & Zervos，1998）；周立等，2004；冉光和等，2006；郑长德，2007。第二，“需求跟随”型，即实体经济的增长带动金融的发展（Robinson，1952；Lucas，1988；朴松花等，2009）。第三，“双向因果”型，即金融发展与经济增长之间的关系是互促的（Goldsmith，1969；Patrick，1966；谈儒勇，1999；陈军等，2002；

史永东等，2003；武志，2010）。这些研究虽由于样本所处经济发展阶段的差异性、指标选取的自主性以及问题研究的侧重点不同导致研究结果各异，但均论证了金融发展与经济增长存在关联性。然而，上述研究普遍存在不足之处，即严重忽略了金融系统以外、与其相关的诸多因素对经济增长的影响，而20世纪末金融生态概念的提出与应用很好地弥补了即有研究的不足。它系统地考察了所有可能对金融发展问题产生影响的环境因素，因此能够更全面地剖析金融发展与经济增长的关系。不过鉴于金融生态概念及其研究刚刚起步，现有研究还需作出更多的扩展与补充。现阶段的研究主要集中在（1）金融生态概念的界定，主要分为两种观点。金融生态环境观认为金融生态是金融业运行的外部机制和基础条件（周小川，2004；徐小林，2005；苏宁，2005），金融生态与金融业互不包含但却相互依存，彼此共生。金融生态系统观认为金融生态是一个系统的概念，不仅包括金融生态环境还包括生态主体和生态调节（徐诺金，2005；李扬，2005；谢太峰，2006），而金融业是金融生态主体最重要的构成成分。（2）指标体系的构建及金融生态环境或系统的评价（中国社科院金融金融研究所，2005；中国人民银行洛阳市中心支行课题组，2006；胡滨，2009）。然而关于该问题的实证研究较少，对于金融生态与经济增长关系的实证研究则更是屈指可数，且方法较为单一。例如，李正辉等（2008）运用面板回归的方法得出金融生态国际竞争力主要通过保障金融体系的发展促进经济增长，且这种间接作用具有乘数效应。廖林（2008）从金融生态的视角，利用状态空间模型研究了区域金融发展与经济增长的关系。李延凯等（2011）认为金融发展对经济增长促进作用的有效性受其所在外部金融生态环境的影响。崔健等（2012）采用状态空间模型探究了京津冀金融生态环境和区域经济发展之间的动态关系，得出金融生态的各个子系统对GDP有正向拉动作用，但影响弹性不同。他们的研究均表明金融生态对经济增长具有正向促进作用，只是作用的程度存在差异。但上述研究只是把金融生态看作金融发展的环境因素，仍然把金融业作为研究对象，而未将其内化为金融生态系统的一部分，考虑整体的发展水平对经济增长的影响。事实上，金融生态是一个复杂的系统，系统内各个因素密切联系、相互作用，不可分割。基于此，本文意欲从系统观的角度，构建金融生态指标体系，并计算金融生态综合指数，以此来审视其总体状况与经济增长间的深层次关系。

本文于如下几个方面做出扩展：（1）鉴于金融生态与经济增长的因果关系不易判断，本文没有采取常用的回归分析的方式，而是引入了耦合的概念，从“协调”和“发展”两个角度探讨金融生态与经济增长的关系。（2）本文首次引入Moran指数方法探讨耦合度的空间集聚现象，找出了金融生态与经济增长耦合度的高值集聚区和低值集聚区，从而有助于各地区提出合理的政策促进本地区金融生态与经济的协调发展。

三、变量、数据与方法说明

（一）指标体系

由于不同学者对金融生态系统的构成及其概念的理解存在差异，目前还没有形成较为一致的评价标准。本文在充分考虑数据可得性和指标全面性的基础上，借鉴《中国城市金融生态环境评价》以及中国金融生态城市评价委员会设定的指标体系，从经济基础、政府公共服务、社会诚信、社会保障、法制环境和金融主体状况六个方面来描述金融生态状况，同时选取GDP、人均GDP、GDP增长率作为经济增长的分指标，描述经济增长状况。指标具体涵盖3层，包括7个一级因子、16个二级因子、43个三级因子。指标体系如下（见表1）。

表1　　金融生态与经济增长指标体系

约束层	一级因子	二级因子	三级因子
金融生态 X	经济基础	活跃程度	固定资产形成总额、社会消费品零售总额
		开放度	进出口总额、实际利用外资额
		市场化程度	国有企业职工人数占比（-）、个体和私营企业就业人数占比
		产业结构	第三产业产值占 GDP 的比重、第三产业就业人数占比
		集约化程度	每万元 GDP 电耗（-）、“三废”综合利用产品产值
	政府公共服务	财政能力	财政收入、财政支出
		政府干预	税收收入占比（-）、行政管理费（-）
	社会诚信	人口素质	人均受教育年限、教育事业费、每万人拥有的医生数、城镇人均全年保健支出
		居民生活水平	城镇居民人均可支配收入、平均货币工资、居民消费支出
	社会保障	社会保障程度	社会保障补助、养老保险参保人数、失业保险参保人数、医疗保险参保人数、城镇社区服务设施数
	法治环境	执法能力	当期劳动争议案件受理数、劳动争议案件结案数
	金融主体	银行业	各项存款合计、各项贷款合计、商业银行不良贷款率（-）
		保险业	保费收入、赔款及给付、保险密度
		证券市场	股票总发行股本、股票筹资额、证券市场总交易金额
		金融发展	金融机构收入合计、金融机构支出合计、金融机构从业人数
经济增长 Y	增长水平	增长	GDP、人均 GDP、GDP 增长率

注：“-”标记为负指标，数值越小对系统越有利；其余为正指标，数值越大对系统越有利。

（二）数据说明

本文数据来源于历年《中国统计年鉴》、分省统计年鉴、《中国金融年鉴》、《新中国六十年统计资料汇编》、《中国劳动统计年鉴》、中经网数据库以及 wind 资讯。选取 2001 ~ 2011 年的样本区间，构建 31 个省、区、市 11 年的面板数据，实际上这一时期恰为我国金融体制改革与金融生态优化的关键期，因此具有较强的研究意义。文中所有名义值均以 2001 年为基期，运用 CPI 平减得到实际值。部分缺失数据经相关推算而得，最终使用的原始样本数据为 24 211 个，辅助数据为 1 023 个，总计 25 234 个数据。

（三）研究方法

1. 耦合机理解析

耦合是物理学术语，是对两个或两个以上系统相互依赖于对方的一个量度。它从“协调”和“发展”两个层面来定义。其中，协调是一个截面概念，考察在一个特定时点上，两系统间的相互配合程度；发展是一个时序概念，考察随着时间的延续，两系统共同的演进过程。耦合则是上述两方面的综合，全面的考察了两系统在保证自身发展的同时兼顾彼此的协调一致的程度。目前，耦合的概念已经被较多学者引入经济学相关领域（吴文恒，2009；逯进，2012），但尚未有学者将其应用在金融问题的研究中。考虑到金融生态系统与经济增长之间存在正向互促关系。因此，将耦合的概念引入本文，力图得到一种全新的实证结果与政策结论。

根据“协调”的定义，如图 1（a）所示，可由两系统的离差对其进行描述。当离差为 0 时，即 $X = Y$ 时，协调程度最高；离差越大，协调程度越低。因此图中，45°线上的点代表的协调程度最高，往两侧逐渐递减。参考经济学中无差异曲线的思路构造“发展”曲线，曲线上所有点的发展水平相同。图 1（a）选用一种较为特殊的情况（X、Y 两系统完全替代），构造了一簇互相平行的直线来表征发展水平。其中，J、K 两点的协调程度相同均为 1，但 K 点的发展水平更高，所以 K 点的耦合程度也更高；J、L 两点具有相同的发展水平，但由于 J 点的协调程度要高于 L 点，所以 J 点的耦合程度也高于 L 点，故图 1（a）中，K 点的耦合度是最高的。

图 1（b）考虑无差异曲线中更为一般的情况，即以边际替代率递减的规律来构造发展曲线，此时发展曲线变为一簇互相平行的凸性曲线。但耦合意义并未发生变化，均表示随曲线向远离原点 O 的方向移动，发展水平越来越高。同时，考虑协调程度，则协调度可扩展为一簇从原点出发的射线，每一条射线上的点具有相同的协调度，45°线上的协调度最高，往两侧呈对称递减变化（即射线 S_1、S_3 具有相同的协调度，所以关于 S_2 对称的两点耦合度相同），具体推解见文末附录一和附录二。

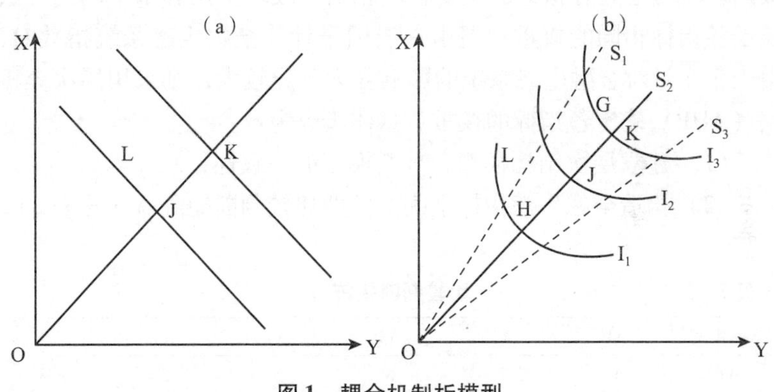

图 1　耦合机制析模型

2. 耦合度的测算

参考上述对耦合“协调”和“发展”两方面的分析，本文测算耦合度时选用如下模型（廖重斌，1999）：

$$C=\left[\frac{f(x)\cdot g(y)}{\left(\frac{f(x)+g(y)}{2}\right)^2}\right]^k$$

$$T = af(x) + \beta g(y) \qquad (1)$$
$$D = \sqrt{C \cdot T}$$

其中，$f(x)$、$g(y)$ 为两系统各自的综合指数。C 表示协调度，可由两系统的偏离差系数推导得到；T 表示发展水平，与两系统的综合水平等价；D 为耦合度。$k(\geqslant 2)$ 为调节系数；α、β 为表示两系统重要程度的权重。

四、实证分析

（一）指标权重的确定

进行耦合分析前要计算两系统的综合指数，本文在计算二、三级因子时考虑到各指标的重要程度相当，故均采用算术平均的方法赋予各指标相同的权重。但由一级因子计算金融生态系统指数时，由于各变量对金融生态系统的影响程度差异较大，则采用层次分析法（AHP）确定各指标的权重。具体步骤为：

（1）建立层次结构模型，判断模型的一致性；

（2）构造金融生态指标空间的两两比较判断矩阵 A（见表 2）；

表 2　　比较判断矩阵 A

金融生态	A1	A2	A3	A4	A5	A6
A1	1	7	6	5	3	1/3
A2	1/7	1	1/3	1/5	1/6	1/9
A3	1/6	3	1	1/3	1/5	1/7
A4	1/5	5	3	1	1/3	1/6
A5	1/3	6	5	3	1	1/5
A6	3	9	7	6	5	1

注：若第 p 个指标相对于第 q 个指标的相对重要性为 a_{pq}，则第 q 个指标相对于第 q 个指标的相对重要性为$\frac{1}{a_{pq}}$。

其中，（A1，A2，A3，A4，A5，A6）＝（经济基础，政府公共服务，社会诚信，社会保障，法治环境，金融主体）。表中标度的含义见表3。

表3　　　　标度的含义

	取值规则
1	指标p和指标q同等重要
3	指标p比指标q稍微重要
5	指标p比指标q明显重要
7	指标p比指标q强烈重要
9	指标比指标q极端重要
2，4，6，8	上述判断值的中间值

（3）权值计算；

首先，将比较判断矩阵A的每一列归一化，得到判断矩阵$\overline{A}$：

$$\overline{a_{ij}} = \frac{a_{ij}}{\sum_{k=1}^{n} a_{kj}} (i,\ j=1,\ 2,\ \cdots,\ n);$$

其次，把$\overline{A}$按行相加：$\overline{w_i} = \sum_{j=1}^{n} \overline{a_{ij}} (i,\ j=1,\ 2,\ \cdots,\ n)$；

再次，对$\overline{w_{ij}}$（$i=1,\ 2,\ \cdots,\ n$）归一化：

$$w_i = \frac{\overline{w_i}}{\sum_{j=1}^{n} \overline{w_j}} (i=1,\ 2,\ \cdots,\ n)$$

得到指标的权重为：W（经济基础，政府公共服务，社会诚信，社会保障，法治环境，金融主体）＝（0.2594，0.0789，0.0436，0.0252，0.1434，0.4493）。

（4）一致性检验；

经计算判断性矩阵的一致性比例$C.R.=0.0792$（<1），通过

了一致性检验。

（二）数据的标准化处理

鉴于本文选用的指标在量纲和量级上存在较大差异，因此采用极差标准化法对原始数据进行标准化处理。

正指标标准化公式为：$x'_{ij} = \dfrac{x_{ij} - \min X_{ij}}{\max X_{ij} - \min X_{ij}}$ （2）

负指标标准化公式为：$x'_{ij} = \dfrac{\max X_{ij} - x_{ij}}{\max X_{ij} - \min X_{ij}}$ （3）

（三）综合指数的计算

将处于二、三因子层的标准化数据逐级计算算术平均值，然后将求得的指数值乘以各自的权重并求和得到金融生态系统指数。经济增长指数是由 GDP、人均 GDP 和 GDP 增长率的标准化值直接通过算术平均法求得的。部分年份的计算结果见表 2。

（四）综合指数分析

第一，分别计算 31 个省、区、市各年度金融生态指数和经济增长指数的均值（见表 4），趋势如图 2 所示。可以发现，就全国总体状况来看，经济增长指数呈现波动上升趋势。究其原因，2001 年我国经济遭受东南亚经济危机冲击后开始全面反弹，同时得益于 2001 年年底加入世贸组织，外向型企业迅速发展，出口显著提升，以至我国 2002 年经济增长实现一个大飞跃。其后经济保持了 5 年快速发展，但 2008 年由于受到全球经济危机的影响，经济出现了明显的下降，随后有所恢复。与经济发展状况相比，金融生态水平的发展显得较为平稳，说明金融体系保持了较好的发展状态，这可能得益于并未完全放开的金融体制。

表 4　部分年度各省区金融生态与经济增长指数

区域	城市	金融生态指数 年份						均值	经济增长指数 年份						均值
		2001	2007	2008	2009	2010	2011		2001	2007	2008	2009	2010	2011	
东部	北京	0. 20	0. 41	0. 44	0. 52	0. 56	0. 61	0. 39	0. 29	0. 57	0. 42	0. 51	0. 57	0. 53	0. 44
	天津	0. 15	0. 22	0. 23	0. 26	0. 27	0. 28	0. 21	0. 22	0. 36	0. 50	0. 44	0. 55	0. 57	0. 40
	上海	0. 23	0. 43	0. 44	0. 51	0. 54	0. 57	0. 39	0. 24	0. 53	0. 46	0. 51	0. 53	0. 50	0. 45
	河北	0. 17	0. 25	0. 28	0. 30	0. 29	0. 30	0. 24	0. 17	0. 30	0. 29	0. 28	0. 38	0. 40	0. 28
	山东	0. 21	0. 35	0. 39	0. 43	0. 46	0. 48	0. 34	0. 21	0. 42	0. 47	0. 46	0. 53	0. 55	0. 41
	江苏	0. 24	0. 43	0. 49	0. 53	0. 55	0. 58	0. 40	0. 23	0. 47	0. 49	0. 52	0. 63	0. 65	0. 44
	浙江	0. 22	0. 41	0. 44	0. 49	0. 53	0. 53	0. 37	0. 22	0. 43	0. 40	0. 42	0. 55	0. 52	0. 40
	福建	0. 17	0. 24	0. 25	0. 28	0. 29	0. 29	0. 23	0. 14	0. 33	0. 30	0. 37	0. 42	0. 41	0. 28
	广东	0. 30	0. 56	0. 65	0. 71	0. 71	0. 75	0. 52	0. 25	0. 52	0. 49	0. 53	0. 61	0. 62	0. 46
	海南	0. 10	0. 15	0. 16	0. 16	0. 17	0. 17	0. 14	0. 11	0. 18	0. 19	0. 19	0. 29	0. 27	0. 18
	均值	0. 20	0. 34	0. 38	0. 42	0. 44	0. 46	0. 32	0. 21	0. 41	0. 40	0. 42	0. 51	0. 50	0. 37
东北	辽宁	0. 18	0. 29	0. 31	0. 35	0. 36	0. 37	0. 27	0. 16	0. 32	0. 39	0. 35	0. 47	0. 47	0. 30
	吉林	0. 13	0. 20	0. 21	0. 22	0. 23	0. 24	0. 18	0. 18	0. 30	0. 29	0. 28	0. 32	0. 36	0. 25
	黑龙江	0. 13	0. 20	0. 23	0. 25	0. 25	0. 26	0. 20	0. 17	0. 20	0. 24	0. 16	0. 33	0. 34	0. 21
	均值	0. 15	0. 23	0. 25	0. 27	0. 28	0. 29	0. 22	0. 17	0. 27	0. 31	0. 26	0. 37	0. 39	0. 26
中部	河南	0. 15	0. 26	0. 28	0. 30	0. 33	0. 34	0. 24	0. 16	0. 31	0. 30	0. 28	0. 37	0. 35	0. 27
	山西	0. 13	0. 20	0. 22	0. 24	0. 28	0. 28	0. 20	0. 06	0. 29	0. 25	0. 12	0. 37	0. 34	0. 26
	湖南	0. 15	0. 23	0. 25	0. 27	0. 29	0. 30	0. 22	0. 10	0. 28	0. 29	0. 29	0. 38	0. 38	0. 25

续表

区域	城市	金融生态指数							经济增长指数						
		年份						均值	年份						均值
		2001	2007	2008	2009	2010	2011		2001	2007	2008	2009	2010	2011	
中部	湖北	0. 18	0. 25	0. 27	0. 29	0. 30	0. 31	0. 24	0. 16	0. 29	0. 28	0. 31	0. 40	0. 39	0. 26
	安徽	0. 14	0. 21	0. 23	0. 25	0. 27	0. 28	0. 21	0. 11	0. 24	0. 24	0. 27	0. 35	0. 35	0. 22
	江西	0. 15	0. 19	0. 20	0. 23	0. 24	0. 28	0. 19	0. 11	0. 23	0. 23	0. 21	0. 34	0. 34	0. 23
	均值	0. 15	0. 22	0. 24	0. 26	0. 28	0. 30	0. 22	0. 12	0. 27	0. 26	0. 25	0. 37	0. 36	0. 25
西部	四川	0. 17	0. 25	0. 28	0. 31	0. 33	0. 35	0. 25	0. 14	0. 26	0. 27	0. 26	0. 36	0. 37	0. 24
	重庆	0. 14	0. 20	0. 22	0. 25	0. 26	0. 29	0. 20	0. 18	0. 23	0. 28	0. 28	0. 33	0. 39	0. 24
	贵州	0. 12	0. 16	0. 17	0. 19	0. 20	0. 21	0. 16	0. 11	0. 20	0. 20	0. 17	0. 21	0. 27	0. 18
	云南	0. 13	0. 18	0. 19	0. 21	0. 21	0. 22	0. 17	0. 11	0. 19	0. 20	0. 15	0. 22	0. 29	0. 18
	广西	0. 15	0. 19	0. 21	0. 22	0. 23	0. 24	0. 19	0. 13	0. 24	0. 21	0. 23	0. 33	0. 31	0. 22
	西藏	0. 12	0. 15	0. 16	0. 17	0. 16	0. 16	0. 15	0. 20	0. 18	0. 14	0. 15	0. 19	0. 21	0. 18
	陕西	0. 14	0. 19	0. 21	0. 23	0. 24	0. 26	0. 19	0. 15	0. 25	0. 31	0. 24	0. 36	0. 36	0. 26
	甘肃	0. 12	0. 15	0. 17	0. 18	0. 18	0. 19	0. 15	0. 09	0. 18	0. 13	0. 11	0. 25	0. 24	0. 17
	青海	0. 10	0. 12	0. 13	0. 13	0. 13	0. 14	0. 12	0. 16	0. 21	0. 23	0. 09	0. 27	0. 26	0. 19
	宁夏	0. 10	0. 13	0. 13	0. 15	0. 15	0. 15	0. 13	0. 17	0. 27	0. 28	0. 20	0. 31	0. 29	0. 22
	新疆	0. 12	0. 16	0. 18	0. 19	0. 19	0. 20	0. 16	0. 14	0. 18	0. 19	0. 10	0. 35	0. 29	0. 21
	内蒙古	0. 13	0. 18	0. 19	0. 22	0. 23	0. 24	0. 18	0. 12	0. 39	0. 44	0. 37	0. 41	0. 46	0. 34
	均值	0. 13	0. 17	0. 19	0. 20	0. 21	0. 22	0. 17	0. 14	0. 23	0. 24	0. 20	0. 30	0. 31	0. 22
总体均值		0. 15	0. 23	0. 25	0. 28	0. 29	0. 30	0. 22	0. 16	0. 30	0. 30	0. 29	0. 39	0. 39	0. 28

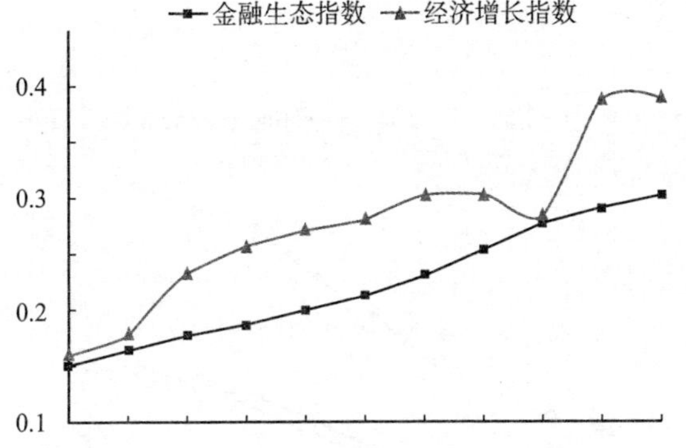

图 2　金融生态、经济增长全国均值

第二，将 31 个省、区、市划分为四大区域，分别计算各个区域的两指数均值（结果见表 4、趋势见图 3 和图 4）。比较两图发现，各区域两指数具有相似的变动趋势特征，均表现为东部最高，西部最差，而东北和中部在金融生态指数上的差异性比在经济增长指数上的差异性要小得多。就每种指数分区域的走势来看，四大区域的金融生态指数的走势基本相同，都表现为稳步上升的趋势；经济增长指数则都在增长的同时表现出更大的波动性。走势的具体成因与全国均值相似，不再赘述。

第三，分别计算 31 个省、区、市两指数 11 年的均值，并分别划分为四种类型，而后运用 Mapinfo 软件绘制各省区域两指数均值的空间分位图。首先，金融生态指数表现为东、中、东北、西部依次递减的阶梯形分布态势。具体来看，东部广东省的金融生态指数均值为 0.52，居全国各省之首。北京、上海、江苏、浙江、山东也位于分位图的第一级。中部 6 省除山西和江西位于第三级外，其余省份均位于第二级。东北地区辽宁位于第一级，其余两省位于第三级。西部 12 省位于三四级的省份有 11 个。其次，经济增长水平由东至西依次递减。东部除河北、福建、海南外全部位于第一级；中

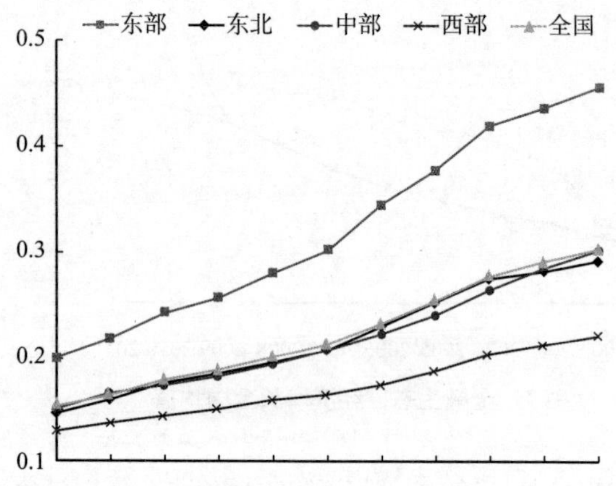

图3　金融生态指数均值

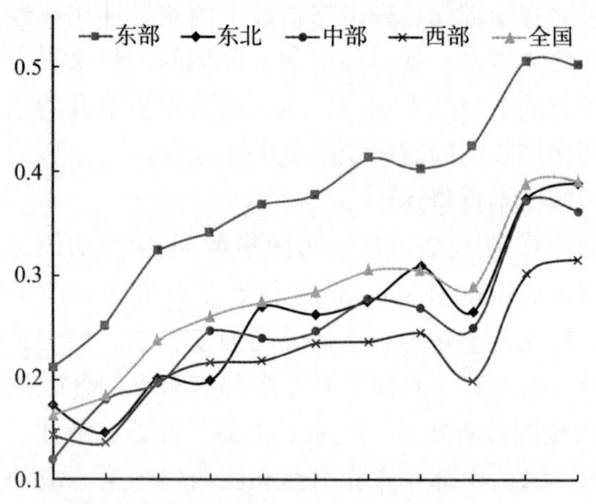

图4　经济增长指数均值

部地区主要分布在第二级；西部除内蒙古外，全部位于第三、四级；东北地区差异性较大，三省分别位居三个级别。此外，各省域两指数的分布状况具有空间上的一致性。金融生态指数位于第一级的省份（四川除外），经济增长指数也位于第一级；同样，金融生态指数位于其他级别的省份也都具有相似的对应关系。说明金融生态与经济增长协调发展，两者存在某种内在关联性。

上述分析仅从数据特征上研究了金融生态与经济增长各自的变化趋势，对两者的关联关系也只是从分位图的分布上做出了初步推测，如下引入耦合方法，进一步从协同共进视角考察二者的关系。

（五）耦合分析

应用前文提到的公式（1）分别计算金融生态和经济增长的协调度 C、综合指数 T 以及耦合度 D。限于篇幅原因，文中只列出耦合度的计算结果（见表 4）。耦合程度的判断标准见表 5（吴文恒，2006）。观察表 5、表 6 并结合图 5 可知耦合度具有如下特征：

表 5　　耦合度的判别标准及划分类型

负向耦合（失调发展）		正向耦合（协调发展）	
D 值	类型	D 值	类型
0.00～0.09	极度失调衰退	0.50～0.59	勉强协调发展
0.10～0.19	严重失调衰退	0.60～0.69	初级协调发展
0.20～029	中度失调衰退	0.70～0.79	中级协调发展
0.30～0.39	轻度失调衰退	0.80～0.89	良好协调发展
0.40～0.49	濒临失调衰退	0.90～1.00	优质协调发展

表 6　　中国省域金融生态与经济增长的耦合度

区域	城市	年份											均值
		2001	2002	2003	2004	2005	2006	2007	2008	2009	2010	2011	
东部	北京	0.47	0.51	0.55	0.58	0.60	0.61	0.67	0.66	0.72	0.75	0.75	0.63
	天津	0.41	0.42	0.42	0.43	0.43	0.47	0.49	0.49	0.53	0.54	0.55	0.47
	上海	0.49	0.54	0.56	0.58	0.60	0.62	0.68	0.67	0.71	0.73	0.73	0.63
	河北	0.41	0.40	0.45	0.47	0.48	0.49	0.52	0.53	0.54	0.57	0.57	0.49
	山东	0.46	0.47	0.53	0.55	0.58	0.60	0.61	0.65	0.67	0.70	0.71	0.59
	江苏	0.48	0.50	0.56	0.57	0.62	0.64	0.67	0.70	0.72	0.76	0.78	0.64
	浙江	0.47	0.52	0.55	0.56	0.58	0.61	0.65	0.64	0.67	0.73	0.73	0.61
	福建	0.38	0.40	0.44	0.45	0.47	0.49	0.51	0.52	0.56	0.56	0.57	0.49
	广东	0.52	0.56	0.62	0.62	0.66	0.69	0.73	0.73	0.77	0.81	0.82	0.68
	海南	0.32	0.35	0.35	0.36	0.37	0.39	0.40	0.41	0.42	0.43	0.44	0.38
	均值	0.44	0.47	0.50	0.52	0.54	0.56	0.59	0.60	0.63	0.66	0.66	0.56
东北	辽宁	0.41	0.43	0.45	0.44	0.51	0.53	0.55	0.58	0.59	0.63	0.64	0.52
	吉林	0.37	0.39	0.40	0.42	0.43	0.45	0.47	0.48	0.49	0.51	0.51	0.45
	黑龙江	0.38	0.25	0.41	0.43	0.44	0.44	0.45	0.48	0.42	0.53	0.54	0.43
	均值	0.39	0.36	0.42	0.43	0.46	0.47	0.49	0.52	0.50	0.55	0.56	0.47
中部	河南	0.39	0.39	0.44	0.47	0.49	0.50	0.52	0.54	0.54	0.59	0.59	0.50
	山西	0.26	0.36	0.41	0.42	0.44	0.45	0.47	0.48	0.36	0.55	0.55	0.43
	湖南	0.34	0.39	0.40	0.45	0.46	0.48	0.49	0.51	0.53	0.56	0.57	0.47

续表

区域	城市	年份											均值
		2001	2002	2003	2004	2005	2006	2007	2008	2009	2010	2011	
中部	湖北	0. 40	0. 39	0. 43	0. 45	0. 47	0. 48	0. 52	0. 52	0. 55	0. 58	0. 58	0. 49
	安徽	0. 34	0. 33	0. 40	0. 44	0. 42	0. 45	0. 47	0. 48	0. 51	0. 54	0. 55	0. 45
	江西	0. 35	0. 40	0. 41	0. 43	0. 44	0. 45	0. 46	0. 46	0. 47	0. 52	0. 55	0. 45
	均值	0. 35	0. 38	0. 41	0. 44	0. 45	0. 47	0. 49	0. 50	0. 49	0. 56	0. 57	0. 46
西部	四川	0. 38	0. 37	0. 44	0. 45	0. 47	0. 49	0. 51	0. 52	0. 53	0. 59	0. 60	0. 49
	重庆	0. 39	0. 38	0. 42	0. 42	0. 43	0. 42	0. 46	0. 49	0. 51	0. 53	0. 56	0. 46
	贵州	0. 34	0. 31	0. 39	0. 38	0. 40	0. 41	0. 42	0. 42	0. 42	0. 45	0. 47	0. 40
	云南	0. 34	0. 36	0. 35	0. 40	0. 40	0. 42	0. 43	0. 44	0. 41	0. 47	0. 49	0. 41
	广西	0. 37	0. 38	0. 41	0. 44	0. 43	0. 45	0. 46	0. 46	0. 47	0. 50	0. 52	0. 44
	西藏	0. 36	0. 38	0. 37	0. 39	0. 38	0. 40	0. 41	0. 39	0. 40	0. 42	0. 42	0. 39
	陕西	0. 38	0. 38	0. 42	0. 43	0. 44	0. 45	0. 46	0. 48	0. 49	0. 52	0. 53	0. 45
	甘肃	0. 31	0. 26	0. 38	0. 39	0. 39	0. 40	0. 40	0. 38	0. 35	0. 45	0. 45	0. 38
	青海	0. 33	0. 33	0. 34	0. 35	0. 36	0. 36	0. 37	0. 37	0. 32	0. 37	0. 38	0. 35
	宁夏	0. 33	0. 33	0. 34	0. 35	0. 36	0. 37	0. 37	0. 37	0. 40	0. 40	0. 41	0. 37
	新疆	0. 36	0. 27	0. 38	0. 40	0. 41	0. 42	0. 42	0. 43	0. 33	0. 45	0. 46	0. 39
	内蒙古	0. 35	0. 37	0. 40	0. 40	0. 40	0. 41	0. 43	0. 44	0. 49	0. 50	0. 50	0. 43
	均值	0. 35	0. 34	0. 39	0. 40	0. 41	0. 42	0. 43	0. 43	0. 43	0. 47	0. 48	0. 41
总体均值		0. 38	0. 39	0. 43	0. 45	0. 46	0. 48	0. 50	0. 51	0. 51	0. 56	0. 56	0. 48

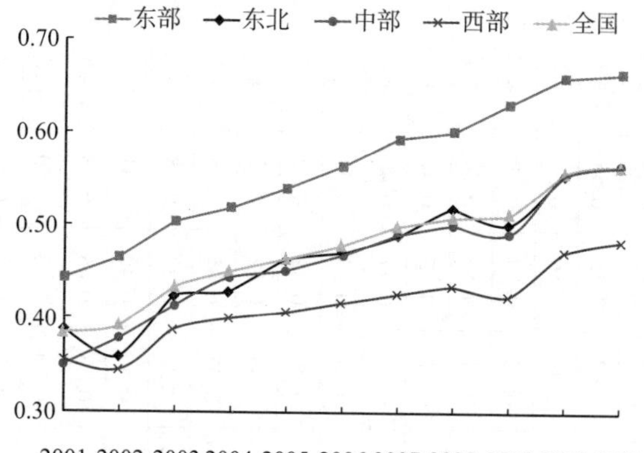

图 5　耦合均值

第一，分别计算所有省份各年度的均值，从总体上看，耦合度呈现逐年递增的态势，从轻度失调的 0.38 变动到勉强协调的 0.52。具体看，协调度的变动较小，维持在 0.90 ~ 0.95 之间，综合指数的变动较大，由 0.16 变动到 0.35，增幅为 118%。所以可以推断金融生态和经济增长两系统在各时点上具有较强的同步性，耦合度的改善主要源于两系统综合水平的提升。

第二，分区域看，四大区域的均值具有相似的变动规律（图 5），均表现为耦合度的不断优化。但区域间耦合度却呈现出明显的差异，表现为东部最高，西部最差，东北和中部相当。具体来看，东部在 2002 年已经实现了从负向耦合向正向耦合的跨越；而东北和中部到 2007 年才实现这一跨越；西部截止到 2011 年，还一直处于负向耦合区。从各区域耦合度的趋势线走势来看，东部呈现平稳上升趋势，东北、中部、西部则表现为波动上升的趋势。

第三，分省看，各省的耦合度差异性较大，2011 年广东省的耦合度为 0.82，属于良好协调发展型，而青海省的耦合度仅为 0.38，处在轻度失调衰退状态。但从耦合度的变动趋势看，各省份又表现出相似性。大多数省份均呈波动上升的态势。进一步求得各省 11

年的平均值（见表6），并绘制省域耦合度的空间分位图。结合表6可知，金融生态与经济增长的耦合度表现出明显的区域内趋同而区域间分异现象。东部10省份中有6省均值处于正向耦合阶段，但耦合的级别存在差异，山东省为勉强协调发展型，其余5省为初级协调发展型；中部和东北区域内的差异性均不大，且除辽宁和河南两省处于勉强协调发展状态外，其余省份都处在濒临失调衰退阶段。西部地区所有省份都处于负向耦合的轻度失调衰退和濒临失调衰退阶段。

总体看，我国省域金融生态与经济增长的协调发展水平还较低，但正处不断优化的进程中，具有较大的发展空间。同时，考虑到大多数省份的协调度较高（≥0.9），两系统在发展水平上表现出较强的正向互促关系，因此可以预知，今后通过不断优化金融生态系统，可有力带动经济的发展。

五、耦合度的Moran分析

前文证明我国各省区市金融生态与经济增长存在较强的关联性，同时四大区域内各省区耦合度变动存在很强的一致性。思量这两个结论，自然形成如下需要探讨的问题：各区域内不同省区间是否存在耦合的关系性？下文运用ESDA方法的局域Moran指数分析来讨论这一问题。

Moran指数分析通常将空间关联模式划分为四种类型：HH、LH、LL和HL，分别对应散点图中的四个象限。我国省域金融生态与经济增长的耦合度的空间关联模式可与上述四种类型相对应。其中，第一、三象限代表正的空间关联性，表现为HH（LL），即高（低）耦合度的省域被高（低）耦合度的邻近省域所包围，具有空间依赖性，可视为高（低）耦合度的空间集聚区；第二、四象限代表负的空间关联性，表现为HL（LH），即高（低）耦合度的省域，其周围邻近省域的耦合度较低（高），具有空间异质性，省域间的耦合度差异较大，可视为耦合度的空间离散区。另外，空间关联性的强弱由趋势线表示。

本文选用二阶邻近标准来设定空间权重矩阵，对 2001 ~ 2011 年耦合度均值的空间关联性加以测算，由图 6 可知，我国金融生态耦合度的全域 Moran I 值为 0. 1510 （ >0），即从区域空间的整体状况来看，呈现为正的空间关联性，故金融生态耦合度的典型区域位于一、三象限。具体特征有以下三方面。

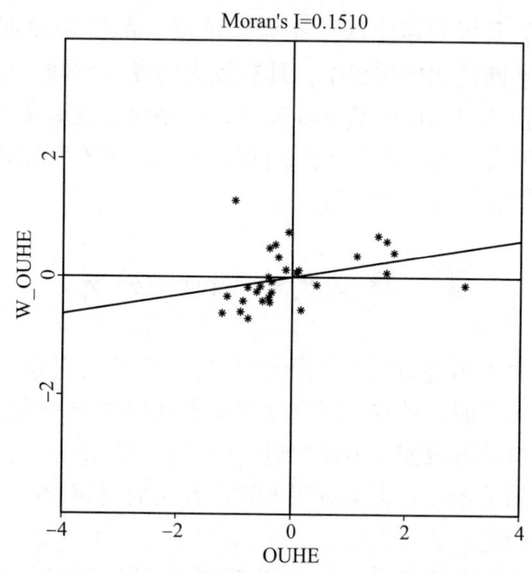

图 6　省域金融生态耦合度 Moran 散点图

第一，多数省份位于典型区域，其中位于第三象限的省份数量要多于第一象限。位于非典型区的省份较少，对应于表 7 的 HL 和 LH 两种类型。空间异质性通过 Moran 散点图中 HH、LL 两种空间分异区域鲜明地体现出来。

表 7　　金融生态耦合度 Moran 散点图对应省域

模式	对应城市
HH	上海、浙江、江苏、山东、北京、河南、湖北、河北
LH	福建、安徽、江西、天津、湖南、海南
LL	青海、宁夏、西藏、新疆、贵州、云南、吉林、黑龙江
	陕西、内蒙古、重庆、山西、甘肃
HL	四川、辽宁、广东

第二，分区域来看，东部省份一半以上位于第一象限，属于 HH 型；而西部大部分省份属于 LL 型。这从总体上揭示了我国金融生态耦合度在空间分布上的不均衡性。即高耦合度的省域主要位于东部地区，而低耦合度的省域主要位于西部地区。

第三，分省来看，东部广东省的耦合度虽位列各省之首，但其周边地区的金融生态耦合度相对较低，其向福建、广西等周边地区的扩散所用并未发挥出来，因此呈现 HL 类型的负空间自相关性；而西部的四川省则因其耦合度较周边的邻近省份具有明显的优势，也呈现 HL 类型的负空间自相关性；中部地区的空间关联性则表现出较大的差异，河南、湖北属于高值（HH）集聚区，而山西却属于低值（LL）集聚区。

表 8 给出了基于正态假设检验的省域金融生态耦合度的局部 Moran I 值及对应的 P 值。其中，Moran I 的负值对应 Moran 散点图中 LH 型和 HL 型，即位于非典型区，而正值对应的是典型区。当 P 值小于 0. 05 时，对应省份的空间关联性通过显著性检验。故达到高度显著性水平的省份包括东部的上海、山东、江苏、浙江、福建；中部的安徽、江西；西部的四川、重庆、西藏、陕西、甘肃、青海、宁夏、新疆。总体来看，显著性水平较高的省份大部分位于典型区。

表8　基于正态假设检验的省域金融生态的局部 Moran I 值

区域	省域	局域 MoranI	P 值	区域	省域	局域 MoranI	P 值
东部	北京	0.118	0.346	中部	湖北	0.006	0.230
	天津	-0.082	0.178		安徽	-0.157	0.004
	上海	1.001	0.038		江西	-0.194	0.004
	河北	0.001	0.444	西部	四川	-0.083	0.002
	山东	0.392	0.024		重庆	0.103	0.038
	江苏	0.733	0.050		贵州	0.139	0.186
	浙江	1.025	0.012		云南	0.155	0.134
	福建	-0.044	0.006		广西	0.002	0.498
	广东	-0.461	0.366		西藏	0.534	0.004
	海南	-1.294	0.070		陕西	0.150	0.004
东北	辽宁	-0.059	0.304		甘肃	0.367	0.004
	吉林	0.210	0.076		青海	0.763	0.002
	黑龙江	0.167	0.082		宁夏	0.379	0.016
中部	河南	0.011	0.250		新疆	0.537	0.002
	山西	0.029	0.318		内蒙古	0.094	0.130
	湖南	-0.013	0.324				

综上所述，我国省域金融生态与经济增长耦合度的空间关联特征呈现出 HH 型且通过 5% 的显著性检验的 4 省份全部位于东部沿海地区，该地区内的其他省份在高点省域的辐射带动作用下，协调发展程度也将不断优化，将会形成高值集聚区；空间关联特征呈现出 LL 型且通过 5% 显著性水平检验的 7 个省份全部位于西部地区，该地区已经成为低值集聚区，由于与高值集聚区在地理空间上不具有关联性，难以得到高值区的辐射带动作用，因此，短期内不进行内部调整，很难打破其低值的困境；中部的安徽省和江西省也通过 5% 的显著性水平检验，属于显著的 LH 型，这两个省份的耦合度也较低，但是与西部相比具有明显的地理优势，政府可以通过出台相关的保护金融业发展、刺激经济增长的政策，减少本地区经济、金

融资源的流失，加之源自高值区的辐射带动作用，短期内有望实现金融生态与经济增长协调发展。

六、结　论

本文构建了较为全面的金融生态与经济增长的指标体系，选用2001～2011年全国31个省域的面板数据分析了二者的关系。主要研究结论为：第一，从综合指数特征看，各省区金融生态和经济增长指数均表现出上升趋势，且经济增长指数高的省份其金融生态指数通常也较高，二者表现出一定的关联性。第二，从耦合关系的特征看，各省区金融生态与经济增长的耦合度呈逐渐上升的态势，但上升趋势的主要源于金融生态和经济增长综合水平的提升而非协调程度的提升。第三，无论是金融生态、经济增长还是二者的耦合度均表现出明显的区域间的差异性。因此，今后如何在保证金融体系与经济协调发展的基础上缩小区域差异，实现以强带弱，共同发展的目标，显得任重而道远。第四，经济增长与金融生态耦合度的空间关联性分析表明，金融生态与经济增长的耦合度表现出严重的地理空间上不平衡性，东部沿海地区已形成耦合度的高值集聚区，而西部地区则形成低值集聚区。且由于两区域间并不具有地理上的关联性，所以西部地区难以受到来自高值区的辐射带动作用，不易打破低点困境，只会引起东西部金融生态与经济增长协调发展程度差距的扩大，因此，国家应该进一步合理配置经济、金融资源，以此作为缩小区域发展差异的重要手段。

本文通过耦合方法验证了金融生态与经济增长的正向互促关系，虽为初步尝试，但研究的结果仍具有重要的理论和现实意义。然而，由于受数据可得性所限，加之缺乏对金融生态影响因素的定性分析，所构建的金融生态指标体系的完整性有待商榷。因此，后续还需在此基础上展开进一步研究。

附录一：

令：$H(x)=\left(\frac{x+y}{2}\right)^2-xy$ （4）

将式（1）等号右边式子展开得到：

$$H(x)=\frac{1}{4}(x^2+2xy+y^2)-xy$$

整理得：

$$H(x)=\frac{1}{4}(x-y)^2\geqslant 0 \quad (5)$$

由式（1）与式（2）可知：

$$\left(\frac{x+y}{2}\right)^2\geqslant xy$$

因此：$\dfrac{xy}{\left(\frac{x+y}{2}\right)^2}\leqslant 1$ 即：$C=\left\{\dfrac{xy}{\left(\frac{x+y}{2}\right)^2}\right\}^k\leqslant 1$

且由式（2）得，当 $x=y$ 时，C 取最大值为1。

附录二：

对$\overline{C}=\left\{\dfrac{xy}{\left(\frac{x+y}{2}\right)^2}\right\}^k$两边同时开$\dfrac{1}{k}$次幂，有：$\overline{C}^{\frac{1}{k}}=\dfrac{xy}{\left(\frac{x+y}{2}\right)^2}$

展开可得：$\dfrac{\overline{C}^{\frac{1}{k}}}{4}=\dfrac{xy}{x^2+y^2+2xy}$

右边分子、分母同时乘以$\dfrac{1}{xy}$得：$\dfrac{\overline{C}^{\frac{1}{k}}}{4}=\dfrac{1}{\frac{x}{y}+\frac{y}{x}+2}$，两边同时倒数得：$\dfrac{4}{\overline{C}^{\frac{1}{k}}}=\dfrac{x}{y}+\dfrac{y}{x}+2$

令：$a=\frac{x}{y}$　$b=\frac{4}{\overline{C}^{\frac{1}{k}}}$　得：$b=a+\frac{1}{a}+2$，两边同时乘以 a 整理得：$a^2+(2-b)\times a+1=0$

求解上式可得：$a=\frac{b-2\pm\sqrt{(b-2)^2-4}}{2}$

将 a、b 代入可得：$\frac{x}{y}=\frac{\frac{4}{\overline{C}^{\frac{1}{k}}}-2\pm\sqrt{\frac{16}{\overline{C}^{\frac{2}{k}}}-\frac{16}{\overline{C}^{\frac{1}{k}}}}}{2}$

上式右边分子、分母同时乘以$\overline{C}^{\frac{1}{k}}$可得：$\frac{x}{y}=\frac{4-2\overline{C}^{\frac{1}{k}}\pm4\sqrt{1-\overline{C}^{\frac{1}{k}}}}{2\overline{C}^{\frac{1}{k}}}$

令：$G=\frac{4-2\overline{C}^{\frac{1}{k}}\pm4\sqrt{1-\overline{C}^{\frac{1}{k}}}}{2\overline{C}^{\frac{1}{k}}}$，则有：$\frac{x}{y}=G$

其中，G 是依赖于$\overline{C}$的常数。

参考文献

[1] Schumpeter J. The theory of economic development [M]. New York: Oxford University Press. 1912.

[2] Gurley J., Shaw E. Financial aspects of economic development [J]. American Economic Review, 1955, 45 (2): 515-538.

[3] Levine, Ross and Zervos, Sara Stock Markets, Banks, and Economic Growth [J]. American Economic Review, 1998, 88 (3).

[4] 周立，王子明. 中国各地区金融发展与经济增长实证分析：1978-2000 [J]. 金融研究，2002 (10): 1-11.

[5] 冉光和，李敬，熊德平，温涛. 中国金融发展与经济增长关系的区域差异——基于东部和西部面板数据的检验和分析 [J]. 中国软科学，2006 (2): 102-108.

[6] 郑长德. 中国区域金融问题研究 [M]. 北京：中国财经经济出版社，2007: 60-86.

[7] Robinson J. The Generalization of General Theory [A]. The Rate of Interest and Other Essays [M]. London: Macmillan, 1952: 67 - 142.

[8] Lucas, R. E. Jr. On the Mechanics of Economic Development [J]. Journal Monetary Economics, 1988, 22 (1): 3 - 22.

[9] 朴松花，邵昱晔．黑龙江省经济增长与区域金融发展关系研究 [J]. 求是学刊，2009 (6): 59 - 64.

[10] Goldsmith, Raymond W. Financial Structure and Development, [M]. NewHaven, CT. : Yale University Press, 1969.

作者信息

朱顺杰：青岛大学经济学院研究生；

逯　进：青岛大学经济学院特聘教授。

产业转移背景下皖江示范区技术与人才的耦合与协同关系研究*

张藕香　高　亮　汪少良

摘要： 本文针对皖江示范区"承接产业转移"这一功能定位，运用熵值赋权法和耦合协调度模型，实证分析决定产业转移成败和示范效应大小的关键因素——技术与人才的耦合与协同关系。结果表明，国内学术会议次数对技术产出水平的贡献最大；研发人员数对技术产出水平的贡献并不明显，并且研发单位数与技术产出水平呈负向相关，说明目前示范区产业发展对人才的依赖程度较低；示范区的人才水平指数远大于技术水平指数，技术与人才的耦合还处在刚刚起步阶段，并且存在结构性的失衡问题，表现为耦合度与协调度的非协同效应；衡量技术和人才两大子系统的各项指标（包括水平指数、综合指数、耦合度和协调度）均存在地区差异；除耦合度外，合肥市的其他各项指标显著高于其他地区。

关键词： 产业转移　技术与人才　耦合与协同　皖江示范区

一、研究背景

进入21世纪以来，伴随着经济全球化的加速和全球产业分工的调整，我国面临产业结构调整和转型升级的压力与日俱增。经过30多年率先发展的东部地区，受资源环境约束加大、要素

* 本文受到安徽省自然科学基金项目"新生代农民工流动、人力资本再配置与城乡收入差距的联动机制研究——以皖江城市带为例"（11040606M23）和安徽省软科学研究计划项目"皖江城市带承接产业转移的技术植入与人才耦合研究"（10030503096）的资助。

成本上升、空间承载力下降、周边国家竞争加剧等因素的制约；而欠发达的中西部地区资源禀赋丰沛、要素成本低、环境承载能力高，但经济发展滞后、产业基础薄弱。皖江示范区正是在国内外产业转移的客观需要和东部地区产业转型升级的现实需求下产生的。作为我国第一个为促进中西部地区承接国内外产业转移而专门规划的示范区，其产业转移的成败和示范效应的大小，关键取决于能否拥有承接产业的相应技术以及与技术相匹配的人才。由于产业转移过程中，诸如资本、技术等要素流动的阻力远小于人才要素流动的阻力（张为付、张二震，2003），因此，技术与人才能否匹配、耦合，并产生协同效应也就成为产业转移的核心问题。

二、文献评述

有关产业转移的理论研究，早期较为典型的首推赤松要的雁行发展模式（Akamatus Kaname，1962）和弗农的生命周期理论（Raymond Vernon，1966）。这为20世纪70年代日本进行国际间的产业转移提供了理论依据。20世纪90年代后期，产业转移理论有了新的进展。一些学者强调产业转移理论与国际经济学等理论的联系，如牛丸元（1999）用国际贸易理论中的H－O－S理论模型解释了赤松要的雁行模式和弗农的生命周期理论，认为二者的实质是反映比较优势的转移以及与此相关的产业转移；小泽辉智（Terutomo Ozawa，2001）把国际产业转移的动因归纳为“比较优势再生”（comparative advantage recycling），即产业转移国由于某些原因失去了该产业的比较优势，而最终会使得该产业转移到具有比较优势的其他国家或者地区。另一些学者则关注与国际产业转移相伴随的技术转移。如布克雷（Peter J. Buckley，1997）分析了中小型企业在国际技术转移中的作用；阿尔伯特·胡艾（Albert Hu et al.，2005）认为中国大中型企业的自主 R&D 显著地补充技术转让，而 FDI 则是专利技术转让的重要渠道；郭斌（Guo Bin，2008）则认为行业间 R&D 和国外技术转移（溢出）对中国生产企业的劳动生产率和全要素生产率（TFP）贡献显著。然而，上述研究并未将技术转移与作为技术转移载体的人才联系起来。在仅有的研究中，珍·周等（Jane Zhou et al.，2001）认为可以通过全员学习或建立一种相互交流的平台获得相应技术；海勒和隆（Galina Hale & Cheryl Long，2006）利用世界银行在中国 5 个城市 1 500 个公司的调查数据分析发现，技术转移通常发生在高级技工在 FDI 公司向国内公司的流动上以及高级技工对外关系网络上。但这些研究都是针对跨国产业转移而言的，是否适用于国内产业转移目前尚未得到验证。

由于资本、技术等要素在国际间流动的难度要小于劳动力流动的难度，因而以资本、技术的跨国流动寻求廉价劳动力和原材料的国际产业转移成为实现国际分工的主要手段（张为付、张二震，2003）。中国恰恰因具有这方面的优势而成为承接国际产业转移的主要国家（国家统计局，2004），而最早开放的东南沿海以其绝对的区位和政策优势成为国际产业转移的桥头堡（Ting Gao，2002；顾朝林，2003；陈计旺，2007；赵峰、姜德波，2011）。随着经济的进一步发展，东部地区在要素成本、市场容量、环境承载力等方面的优势渐退，加上国际金融危机等因素的影响，国内迫切需要进行产业结构调整和转型升级。在这种特殊的经济环境下，东部地区开始加速向中西部地区转移产业，皖江示范区以其特有的区位优势和良好的发展条件，承载着产业“转移”和“示范”的要务。然而，有关皖江示范区的研究极为有限。忧惊宏等（2011）研究了示范区物流的可进出性和客流的可通畅性；项锦雯、陈利根（2012）以皖江示范区为例分析了产业转移与土地集约利用耦合机理及协调发展等问题。但这些研究均未涉及皖江示范区承接产业的技术与人才的耦合与协同问题。

三、示范区技术产出水平的人才因素分析

（一）示范区承接产业的技术与人才水平测度

为了考察示范区承接产业的实际技术水平，本文选取了代表技术产出水平的8个指标，分别是专利申请数、专利授权数、有效发明专利数、专利所有权转让及许可数、专利所有权转让及许可收入、形成国家或行业标准数、发表科技论文数、出版科技著作数，构建技术子系统指标体系。为了避免量纲或主观因素带来的偏差，我们将这8个指标按照熵值赋权法确定指标的权重（游达明、许斐，2005），然后将权重值乘以各指标的名义值得到各指标的实际值，再将每个市8个指标的实际值加总，得到各市的实际技术产出总水平。

设 X_{ij} 表示样本i的第j个指标值（i=1，2，…，m；j=1，2，…，n），其中m和n分别为样本数与指标数，按下列步骤计算各指标的权重。

①对指标做比重变换：$r_{ij} = \frac{x_{ij}}{\sum_{i=1}^{m}\sum_{j=1}^{n} x_{ij}}$

②计算指标的熵值：$h_{ij} = -\sum_{i=1}^{m}\sum_{j=1}^{n} r_{ij}\ln r_{ij}$

③将熵值标准化：$S_{ij} = \frac{\underset{ij}{Max} h_{ij}}{h_{ij}}, s_{ij} \geqslant 1$

④计算指标 x_{ij} 的权重：$\varpi = \frac{s_{ij}}{\sum_{i=1}^{m}\sum_{j=1}^{n} s_{ij}}$

根据上述公式，利用2011年《安徽统计年鉴》上提供的数据，经整理、计算得到皖江示范区所辖9个市技术产出水平各指标的权

重（见表1）。

表1　示范区技术产出水平各指标的权重

皖江九市	专利申请数	专利授权数	有效发明专利数	专利所有权转让及许可数
合肥市	0.0256	0.0234	0.0239	0.0180
滁州市	0.0148	0.0128	0.0138	0.0105
马鞍山市	0.0150	0.0175	0.0155	0.0151
巢湖市	0.0124	0.0112	0.0116	0.0144
芜湖市	0.0253	0.0194	0.0185	0.0178
宣城市	0.0142	0.0000	0.0130	0.0130
铜陵市	0.0131	0.0000	0.0123	0.0120
安庆市	0.0131	0.0105	0.0124	0.0113
池州市	0.0107	0.0000	0.0106	0.0000

皖江九市	专利所有权转让收入	形成国家或行业标准数	发表科技论文数	出版科技著作数
合肥市	0.0293	0.0193	0.0634	0.0251
滁州市	0.0143	0.0114	0.0166	0.0169
马鞍山市	0.0136	0.0146	0.0183	0.0129
巢湖市	0.0185	0.0115	0.0127	0.0133
芜湖市	0.0233	0.0145	0.0226	0.0197
宣城市	0.0152	0.0145	0.0107	0.0103
铜陵市	0.0000	0.0133	0.0128	0.0126
安庆市	0.0106	0.0147	0.0161	0.0157
池州市	0.0000	0.0105	0.0122	0.0110

由于X_{ij}代表的是各市技术产出水平指标的名义值，根据公式$u_{ij}=\sum_{i=1}^{m}\sum_{j=1}^{n}\varpi x_{ij}$，其中，$\sum_{i=1}^{m}\sum_{j=1}^{n}\varpi=1$，可得到各市技术产出水平指标的实际值$u_{ij}$（见表2）。将表2中每个市技术产出水平指标的实际值加总，即可得到每个市实际技术产出的总水平（见表2下半

部最后一栏斜体部分）。

表2　示范区技术产出水平的实际值

皖江九市	专利申请数（件）	专利授权数（件）	有效发明专利数（件）	专利所有权转让及许可数（件）
合肥市	98.8219	9.2217	60.8782	3.0605
滁州市	8.6186	0.0873	3.9293	0.0309
马鞍山市	9.5457	1.3354	8.0222	0.8623
巢湖市	3.1192	0.0220	1.2272	0.6017
芜湖市	94.8032	2.7992	19.9481	2.8400
宣城市	6.8900	0.0000	2.7340	0.2395
铜陵市	4.3640	0.0000	1.9361	0.1169
安庆市	4.4236	0.0103	1.9776	0.0663
池州市	1.1222	0.0000	0.6589	0.0000

皖江九市	专利所有权转让收入（万元）	形成国家或行业标准数（项）	发表科技论文数（篇）	出版科技著作数（种）	各市实际技术产出总水平
合肥市	106.8404	6.3498	1 073.8083	18.1698	1 377.1507
滁州市	3.4110	0.1110	19.0891	1.5858	36.8630
马鞍山市	2.4499	0.9304	30.3411	0.1629	53.6500
巢湖市	14.9403	0.1234	4.7038	0.2199	24.9574
芜湖市	43.7038	0.8823	71.5847	4.4143	240.9756
宣城市	4.9523	0.9143	1.5238	0.0206	17.2744
铜陵市	0.0000	0.4378	4.9078	0.1352	11.8978
安庆市	0.3809	1.0115	16.6165	0.8970	25.3838
池州市	0.0000	0.0515	3.6392	0.0321	5.5040

同样，我们将影响技术产出的人才及其相关指标定义为研发（R&D）单位数、研发（R&D）人员数（包括博士、硕士、本科及其他学历人员）、研发（R&D）经费、折合全时研究人员（包括基础研究、应用研究、试验发展研究）、国内学术会议次数、国内学

术会议人数，共6个指标，构建人才子系统指标体系，并按上述方法和步骤计算这6个指标的权重和实际人才总水平（具体见表3和表4）。

表3　　示范区人才水平及相关指标的权重

皖江九市	R&D 单位	R&D 人员	R&D 人员学历层次				国内学术会议人数
			博士毕业	硕士毕业	本科毕业	其他学历	
合肥市	0.0169	0.0265	0.0020	0.0054	0.0113	0.0079	0.0291
滁州市	0.0154	0.0167	0.0004	0.0022	0.0056	0.0087	0.0166
马鞍山市	0.0144	0.0169	0.0007	0.0023	0.0077	0.0063	0.0130
巢湖市	0.0144	0.0147	0.0004	0.0019	0.0091	0.0033	0.0157
芜湖市	0.0161	0.0205	0.0008	0.0031	0.0132	0.0033	0.0182
宣城市	0.0153	0.0158	0.0002	0.0006	0.0054	0.0095	0.0160
铜陵市	0.0130	0.0167	0.0002	0.0021	0.0072	0.0072	0.0176
安庆市	0.0159	0.0154	0.0004	0.0019	0.0101	0.0030	0.0210
池州市	0.0136	0.0130	0.0008	0.0026	0.0072	0.0022	0.0149

皖江九市	R&D 经费	折合全时研究人员	研究类型			国内学术会议次数
			基础研究	应用研究	试验发展	
合肥市	0.0768	0.0248	0.0034	0.0043	0.0172	0.0197
滁州市	0.0192	0.0159	0.0010	0.0015	0.0134	0.0158
马鞍山市	0.0295	0.0173	0.0006	0.0016	0.0151	0.0130
巢湖市	0.0170	0.0148	0.0005	0.0004	0.0140	0.0162
芜湖市	0.0365	0.0178	0.0011	0.0011	0.0156	0.0160
宣城市	0.0188	0.0147	0.0000	0.0010	0.0137	0.0144
铜陵市	0.0277	0.0170	0.0002	0.0005	0.0163	0.0146
安庆市	0.0182	0.0158	0.0015	0.0005	0.0137	0.0163
池州市	0.0130	0.0130	0.0020	0.0006	0.0104	0.0130

注：R&D 人员的权重等于 R&D 人员各学历层次权重的加总；折合全时研究人员的权重等于各研究类型人员权重的加总。

表4　　　　　　示范区实际人才及相关指标水平

皖江九市	R&D单位数（个）	R&D人员（人）	R&D经费（万元）	折合全时研究人员（人·年）	国内学术会议次数（次）	国内学术会议人数（人）	各市实际人才总水平
合肥市	36.0838	943.1676	44 234.2204	324.0858	4.0065	875.9088	46 417.4728
滁州市	17.9540	69.6319	828.4060	15.1519	0.3468	27.5449	959.0355
马鞍山市	10.1930	74.8777	4 249.1690	29.4857	0.0259	3.2893	4 367.0405
巢湖市	10.0952	27.4431	467.5934	8.3804	0.4866	18.0683	532.0671
芜湖市	24.9849	249.1378	8 089.7882	37.4387	0.4161	55.9985	8 457.7643
宣城市	17.1124	46.2789	747.4388	7.9467	0.1155	21.0594	839.9516
铜陵市	3.9368	70.1025	3 462.6278	26.5281	0.1312	43.0956	3 606.4221
安庆市	22.6596	39.5076	654.6601	14.4488	0.5043	143.1782	874.9586
池州市	6.1584	10.0104	105.0121	2.3569	0.0259	11.9565	135.5202

（二）影响示范区技术产出水平的人才因素分析

将表2下半部最后一栏斜体部分作为被解释变量 Y_i，将影响技术产出水平的各因素作为解释变量（X_i）建立回归模型。为了考察人才因素对技术产出的影响，除了R&D人员外，我们还增加了全时研究人员和参加国内学术会议人员两个变量。变量的定义及描述性统计分析见表5。

表5　　　　　　变量定义及描述性统计分析

变量	定义		指标的解释	最小值	最大值	均值	标准差
Y_i	被解释变量		实际技术产出总水平	5.50	1 377.15	199.30	447.65
X_i	解释变量	X_1	R&D单位数（个）	3.94	36.08	16.57	10.26
		X_2	R&D人员数（人）	10.01	943.17	170.02	298.21
		X_3	全时研究人员（人·年）	2.36	324.09	51.76	102.76
		X_4	R&D经费（万元）	105.01	44 234.22	6 982.10	14 209.65
		X_5	国内学术会议次数（次）	0.3	4.01	0.6732	1.27
		X_6	国内学术会议人数（人）	3.29	875.91	133.34	281.60

考虑到 X_i 各变量同时纳入模型有可能存在共线性问题，我们对各变量进行了相关性分析，其结果见表6。从表中可以看出，R&D 单位数、R&D 人员、全时研究人员与国内学术会议次数在5%的显著性的水平上相关；而 R&D 人员与全时研究人员、R&D 经费则在1%的显著性的水平上相关；全时研究人员与 R&D 人员、R&D 经费也在1%的显著性的水平上相关；国内学术会议次数与 R&D 单位数、R&D 人员、全时研究人员呈弱相关，但与国内学术会议人数高度相关。

表6　各变量的 Pearson 相关系数

变量	相关系数	R&D 单位	R&D 人员	全时研究人员	R&D 经费	国内学术会议次数	国内学术会议人数
R&D 单位	Pearson 相关系数	1	0.638	0.535	0.459	0.701*	0.603
	Sig.（2-tailed）	—	0.065	0.137	0.214	0.035	0.086
R&D 人员	Pearson 相关系数	0.638	1	0.964**	0.963**	0.691*	0.662
	Sig.（2-tailed）	0.065	—	0.000	0.000	0.039	0.052
全时研究人员	Pearson 相关系数	0.535	0.964**	1	0.970**	0.673*	0.661
	Sig.（2-tailed）	0.137	0.000	—	0.000	0.047	0.052
R&D 经费	Pearson 相关系数	0.459	0.963**	0.970**	1	0.545	0.539
	Sig.（2-tailed）	0.214	0.000	0.000	—	0.129	0.134
国内学术会议次数	Pearson 相关系数	0.701*	0.691*	0.673*	0.545	1	0.881**
	Sig.（2-tailed）	0.035	0.039	0.047	0.129	—	0.002
国内学术会议人数	Pearson 相关系数	0.603	0.662	0.661	0.539	0.881**	1
	Sig.（2-tailed）	0.086	0.052	0.052	0.134	0.002	—

注：*、** 分别表示5%、1%的显著性水平。

根据相关分析结果，我们将全部解释变量同时纳入模型，然后采用后退法逐个剔除掉与解释变量相关程度高、但对被解释变量的贡献较小、并且没有通过显著水平检验的因素，最终使模型中保留对被解释变量贡献大且全部通过显著性水平检验的因素，得到如表7的回归结果。

表7　　　　　　　　模型的回归结果

模型	模型Ⅰ		模型Ⅱ		模型Ⅲ		模型Ⅳ	
变量	系数	t值	系数	t值	系数	t值	系数	t值
R&D单位	-3.011 (2.390)	-1.260	-3.887* (1.290)	-3.012	-3.415* (0.983)	-3.475	-3.592** (0.871)	-4.124
R&D人员	0.836 (1.097)	0.762	1.308* (0.349)	3.748	1.119** (0.167)	6.711	1.131** (0.155)	7.281
全时研究人员	-2.265 (3.372)	-0.672	-0.904 (1.442)	-0.627	—	—	—	—
R&D经费	0.017 (0.037)	0.459	—	—	—	—	0.031 (0.001)	29.539
国内学术会议次数	111.127 (113.470)	0.979	80.213 (81.848)	0.980	72.961 (75.953)	0.961	108.693* (35.707)	3.044
国内学术会议人数	0.256 (0.432)	0.593	0.287 (.383)	0.751	0.170 (0.313)	0.543	—	—

注：①括号内的数字表示标准误；②*、**分别表示5%、1%的显著性水平；③斜体部分是指控制其他变量后的回归结果。

从表7可以看出，由于共线性问题，模型Ⅰ中各变量均未通过显著性检验；模型Ⅱ在剔除掉R&D经费变量后，R&D单位和R&D人员两个变量均在5%的显著性水平下通过检验；模型Ⅲ在模型Ⅱ的基础上进一步剔除掉全时研究人员变量，得到的结果仍然是R&D单位和R&D人员两个变量通过检验，但R&D人员变量的显著性水平有所上升；模型Ⅳ继续剔除掉国内学术会议人数变量后，不仅原来两个变量的显著性水平大大提高，而且国内学术会议次数也在5%的显著性水平下通过检验。所以最终模型有三个变量即R&D单位、R&D人员和国内学术会议次数通过了显著性检验。

回归结果显示：R&D单位数每增加1个百分点，技术产出水平下降近4个百分点。也就是说，R&D单位的增加或R&D机构的设立并不一定能够提高技术产出水平，可能是企业现有的R&D机构未能很好地发挥作用。虽然模型Ⅰ中同时加入了影响技术产出水平的R&D

人员、全时研究人员和参加国内学术会议人员“三个代表”人才的变量，但由于共线性的原因，最终在模型Ⅳ中只保留了对技术产出水平贡献最大的 R&D 人员这个变量。从回归结果来看，R&D 人员对技术产出水平的贡献并不大，说明目前示范区产业发展更多地依赖传统要素，对人才的依赖程度较低，人才对技术的投入产出效果不明显。令人意外的是，国内学术会议的次数对技术产出水平的贡献非常之大，国内学术会议每增加 1 个百分点，技术产出水平可提高 108.7 个百分点，可见，提高技术产出水平提高的主要渠道是会议交流。此外，研究经费对技术产出水平的贡献不显著，可能是样本量较少所致。在控制其他变量的情况下，研究经费每增加 1 个百分点，对技术产出水平的贡献率可提高 3 个百分点，说明研发经费的投入很有必要。

四、示范区承接产业的技术与人才耦合与协同关系分析

（一）耦合度模型

这里借助物理学中的容量耦合（Capacitive Coupling）概念，结合经济与环境耦合模型，分析决定示范区产业转移的关键因素技术与人才两大系统的耦合关系。从概念上来讲，耦合是指两个或两个以上系统通过相互作用而彼此影响以至协同的现象，是在各子系统之间的良性互动下，相互依赖、相互协调、相互促进的动态关联关系。耦合度则是系统由无序走向有序时对系统内部序参量之间协同作用的度量（吴玉鸣、张燕，2008）。基于此，我们将代表示范区技术产出水平 8 个参量指标和决定技术产出水平的人才及相关的 6 个参量指标作为两个子系统（前者为子系统Ⅰ，后者为子系统Ⅱ；其对应的各参量的综合水平指数分别用 U_i 和 U_j 来表示），探讨二者之间的相对运动和关联关系。

由于产业转移中的技术和人才是两个不同而又相互联系的子系

统，子系统中各个参量的作用大小 ϖ_{ij} 及其对系统有序程度贡献 u_{ij} 可通过下列公式来实现：

$$U_{ij} = \sum_{i=1}^{m} \varpi_{ij} u_{ij}, \quad \sum_{j=1}^{n} \varpi_{ij} = 1$$

式中，ϖ_{ij} 为子系统中各个参量的权重（见表1和表3），u_{ij} 为各个参量对子系统的名义贡献（变量的原值 X_{ij}），$\varpi_{ij}u_{ij}$ 为各个序参量对子系统有序度的实际贡献（见表2和表4），U_{ij} 为子系统对总系统有序度的实际贡献（见表2和表4最后一栏斜体部分）。

根据相关研究，子系统中各个参量相互作用的耦合度模型（Valerie Illingworth，1996）为：

$$C_n = \{(u_1, u_2, \cdots, u_n) / \Pi(u_i + u_j)\}^{1/n}$$

由于我们度量的是由技术和与技术相关的人才等相关评价指标构成的两个子系统，因而耦合度模型中 n 取 2。耦合度取值［0，1］，当 $C=0$ 时，耦合度最小，系统之间或内部要素之间处于无关状态，且无序发展；当 $C=1$ 时，耦合度最大，系统之间或内部要素之间达到良性共振，趋向有序结构。因此，根据 C 的取值大小来可判断人才与技术相互作用的强弱程度，并将整个耦合过程划分为低水平耦合、颉颃、磨合和高水平耦合四个阶段，即当 $C \in (0, 0.3]$ 时，技术与人才处于低水平耦合阶段，产业发展对人才的依赖较弱，人才的投入产出效果不明显；当 $C \in (0.3, 0.5]$ 时，技术与人才处于颉颃阶段，技术产出对人才的需求日益旺盛，人才对技术产出的作用显著；当 $C \in (0.5, 0.8]$ 时，技术与人才进入磨合阶段，技术需求的扩张与人才供给的潜力能进一步助推产业转移，促使承接地产业结构调整与产业集聚发展，承接产业后的技术与人才开始良性共振；当 $C \in (0.5, 0.8]$ 时，系统步入高水平耦合阶段，承接产业后的技术产出与人才供给达到良性耦合。

（二）协调度模型

为了考察示范区技术与人才在耦合过程中的协调性，我们用协调度来表达二者的关系：

$$C' = \{(u_i,\ u_j)/[(u_i + u_j)\ /2]^2\}^k$$

式中，C'为协调度，k 为调节系数（$k \geqslant 2$），$0 \leqslant C' \leqslant 1$，当 $C' = 1$ 时为最佳协调状态。

为了避免主观因素带来的偏差，我们用一种更为客观的方法来评判技术与人才耦合过程中的协调程度，进一步地将协调度模型调整为：

$$D = \sqrt{C' \times T} \qquad T = \varpi_i u_i + \varpi_j u_j$$

式中，D 为耦合协调系数，其中 $\varpi_i \varpi_j$ 为各子系统权数，T 为产业转移中技术与人才子系统协同效应的综合水平指数，其评判标准见表 8。

表 8　　子系统协调度的评判标准

协调度临界水平	协调程度	水平指数对比	子系统Ⅰ和Ⅱ协调情况
D≥0.8	高度协调	$U_i < U_j$	技术需求滞后于人才供给
		$U_i = U_j$	技术需求与人才供给同步
		$U_i > U_j$	人才供给滞后于技术需求
0.6≤D<0.8	中度协调	$U_i < U_j$	技术需求滞后于人才供给
		$U_i = U_j$	技术需求与人才供给同步
		$U_i > U_j$	人才供给滞后于技术需求
0.4≤D<0.6	初步协调	$U_i < U_j$	技术需求滞后于人才供给
		$U_i = U_j$	技术需求与人才供给同步
		$U_i > U_j$	人才供给滞后于技术需求
0.2≤D<0.4	低度协调	$U_i < U_j$	技术需求滞后于人才供给
		$U_i = U_j$	技术需求与人才供给同步
		$U_i > U_j$	人才供给滞后于技术需求
0≤D<0.2	系统失调	$U_i < U_j$	技术需求滞后于人才供给
		$U_i = U_j$	技术需求与人才供给同步
		$U_i > U_j$	人才供给滞后于技术需求

（三）示范区承接产业的技术与人才耦合与协同关系分析

根据上述模型和方法，运用2011年《安徽统计年鉴》上提供的数据，分别计算出皖江示范区9个市技术与人才两大子系统14个参量指标的水平指数 U_i 和 U_j、协同效应的综合水平指数T、技术与人才的耦合度C和协调度D（见表9）。从子系统水平指数的对比情况来看，皖江示范区9个市无一例外地均表现出 $U_i < U_j$，即技术需求不足，而人才供给充分，其中，合肥市的技术与人才水平指数 U_i、U_j 均位居第一，占示范区的比重分别高达84.5%、80.2%；芜湖市、马鞍山市依次位居其后，前三个市的两个水平指数占整个示范区的比重更是高达96.7%、93.7%；池州市的两个水平指数均为最低。平均而言，示范区的人才水平指数比技术水平指数高出近40倍。从综合水平指数来看，合肥市的技术与人才子系统的协同效应最显著；芜湖市、马鞍山市、铜陵市依次位居其后；滁州市、安庆市、宣城市、巢湖市居于第三层次；池州市的协同效应最低。

表9　　示范区产业转移技术与人才耦合度与协调度

皖江九市	U_i	U_j	T	C	D	耦合度与协调度
合肥市	4.9035	183.6492	13.7315	0.1570	2.1565	低度耦合与高度协调
滁州市	0.0640	1.9488	1.4187	0.1774	0.2517	低度耦合与低度协调
马鞍山市	0.1028	9.2664	3.0609	0.1026	0.3140	低度耦合与低度协调
巢湖市	0.0412	1.0079	1.0243	0.1946	0.1993	低度耦合与系统失调
芜湖市	0.6065	21.5997	4.7123	0.1541	0.7259	低度耦合与中度协调
宣城市	0.0245	1.6294	1.2861	0.1318	0.1695	低度耦合与系统失调
铜陵市	0.0142	7.8486	2.8041	0.0536	0.1502	系统无序与系统失调
安庆市	0.0415	1.8319	1.3687	0.1554	0.2127	低度耦合与低度协调
池州市	0.0047	0.2222	0.4764	0.1820	0.0867	低度耦合与系统失调
均值	0.6448	25.4449	3.3203	0.1454	0.4741	低度耦合与初步协调

在耦合度方面（见表9），依据表8的评判标准，皖江示范区承接产业的技术与人才基本处于低度耦合阶段，耦合度分布在0.1026～0.1946之间，而铜陵市则处于无序状态（耦合度为0.0536），说明目前示范区的产业发展对人才的依赖程度较低，人才对技术的投入产出效果不明显。在协调度方面，示范区的技术与人才耦合协调系数地区间差异较大，其分布范围在0.0867～2.1565之间，基本以低度耦合协调和系统失调为主。从协调层次来看，合肥市处于高度协调层次，芜湖市处于中度协调层次，马鞍山市、滁州市、安庆市处于低度协调层次，其他地区则处于系统失调层次。平均而言，示范区承接产业的技术与人才处于低度耦合与初步协调阶段。

由此可见，皖江示范区承接产业转移的技术与人才耦合还处在刚刚起步阶段，并且存在结构性的失衡问题，表现为耦合度与协调度的非协同效应，如合肥市和芜湖市。此外，衡量技术和人才两大子系统的各项指标（包括水平指数、综合指数、耦合度和协调度）均表现明显的地区差异；除耦合度外，合肥市的其他各项指标系数显著高于其他地区。

五、结论与政策启示

本文针对皖江示范区“承接产业转移”这一功能定位，运用熵值赋权法和耦合协调度模型，利用2011年《安徽统计年鉴》上的数据，通过构建决定产业转移成败和示范效应大小的关键因素——技术与人才两大子系统14个指标体系，在分析影响技术产出的人才及相关因素的基础上，对示范区承接产业的技术与人才的耦合与协同关系进行了分析。结果显示：在影响技术产出的因素中，国内学术会议次数对技术产出水平的贡献最大，说明提高技术产出水平的主要渠道是会议交流；R&D人员对技术产出水平的贡献并不大，而R&D单位则与技术产出水平呈负相关，说明目前示范区产业发展对人才的依赖程度较低，人才对技术的投入产出效果不明显；目前研发经费的投入也很有必要。在技术与人才的耦合与协同方面，示范区的人才水平指数远大于技术水平指数，说明示范区技术需求不足，而人才供给充分；技术与人才的耦合还处在刚刚起步阶段，并且存在结构性的失衡问题，表现为耦合度与协调度的非协同效应；衡量技术和人才两大子系统的各项指标均存在地区差异；除耦合度外，合肥市的其他各项指标显著高于其他地区。

基于上述结论，本文认为示范区要承载"产业转移"的功能定位，完成产业"转移"和"示范"的要务，在充分利用区位优势、资源优势、政策优势的基础上，应重视产业转移过程中技术与人才的匹配问题，使二者的耦合度与协调度在空间上达到良性共振。为此，示范区首先要做的不是增加 R&D 单位或设立 R&D 机构，而是提高现有 R&D 单位（或机构）的利用率，提高在研人员的技术产出水平和研发经费的投入；积极创造条件，为各层次 R&D 人员提供学术交流和自我发展的机会；以现有产业为基础，以转移产业为载体，通过科学的制度设计和政策导向，促进作为技术载体的各层次人才区域内外的合理流动，消除技术与人才的地区差异。

参考文献

［1］陈计旺．影响东部地区产业转移的主要因素分析．生产力研究，2007（5）.

［2］国家统计局国际统计信息中心课题组．国际产业转移的动向及我国的选择．统计研究，2004（4）.

［3］顾朝林．产业结构重构与转移——长江三角地区及主要城市比较研究．江苏人民出版社，2003.

［4］牛丸元．日本企业国际经营行动．同文馆，1999.

［5］忧惊宏，陆玉麒，段保霞．承接长三角产业转移背景下皖江示范区通达性分析．经济地理，2011（11）.

［6］吴玉鸣，张燕．中国区域经济增长与环境的耦合协调发展

研究．环境科学，2008（1）．

[7] 项锦雯，陈利根．产业转移与土地集约利用耦合机理及协调发展研究——以皖江示范区为例．农业经济问题，2012（6）．

[8] 游达明，许斐．基于熵值法的区域旅游业经济效益比较分析．数理统计与管理，2005（3）．

[9] 张为付，张二震．世界产业资本转移与“长三角”制造业的发展．上海经济研究，2003（7）．

[10] 赵峰，姜德波．长三角地区产业转移推动区域协调发展的动力机理与区位选择．经济学动态，2011（5）。

作者信息

张藕香：安徽农业大学经济管理学院；

高　亮：安徽农业大学经济管理学院；

汪少良：安徽农业大学经济管理学院。

经济换挡背景下快速工业化地区工业区转型的紧迫性及路径选择

——以东莞市为例

陈端计　袁荫贞

摘要：我国经济已从过去30年间10%以上的高速增长回落到6%～7%的中速增长水平阶段，即开始处于换挡前行的发展阶段。快速工业化地区的东莞尤为典型。而在当今世界，工业区已成为各国工业经济发展的最重要的空间载体。无论是在发达国家，还是在发展中国家，推进工业区的经济发展趋势仍在继续。在快速工业区地区，这种趋势则更为明显和强烈。工业区曾为东莞的经济社会发展做出了巨大的贡献，但目前也面临产业升级和城市升级的双重挑战，从而影响本地区的经济增速。东莞的高水平崛起离不开工业区的转型升级。

关键词：经济换挡　快速工业化地区　东莞的工业区　转型升级　路径选择

我国经济已从过去30年间10%以上的高速增长回落到6%～7%的中速增长水平阶段，即开始处于换挡前行的发展阶段。快速工业化地区的东莞尤为典型。改革开放以来，东莞曾取得了“富可敌省”的经济奇迹，但继2009年后，东莞已连续三年未完成GDP增长预定目标，增速全省垫底，2012年仅达6.1%。中国经济虽然在“换挡”，但是“换挡”不能失速，必须保持一个合理的增速。换挡背景下如何培育新的增长极现已成为政界、学界及实践部门研究的重大热点问题之一。在当今世界，工业区已成为各国工业经济发展的最重要的空间载体。无论是在发达国家，还是在发展中国家，推进工业区的经济发展趋势仍在继续。在快速工业区地区，这种趋势则更为明显和强烈。改革开放以来，作为我国工业区发展最早、发育也较为成熟的东莞，工业区曾为东莞的经济社会发展做出了巨大的贡献。但是，目前东莞工业区的发展也面临产业升级和城市升级的双重挑战，从而影响本地区的经济增速。东莞的高水平崛起离不开工业区的转型。换言之，东莞再创辉煌的实质就是工业区的整体转型和功能再造。

一、经济换挡背景下东莞工业区面临的发展瓶颈

工业区是工业文明时代的产物。据考证，工业区的起源最早可追溯到466年前的欧洲。我国的工业区则是改革开放的产物。从1979年1月31日蛇口工业区建立起，经过35年的发展，我国工业区的建设已经形成了全方位、多层次、纵深展的新格局。据相关调查显示，截至2011年4月，经国务院批准的国家级经济技术开发区122个、国家设立的高新技术开发区67个、国家级保税区15个、国家级出口加工区60个、省级经济开发区1 237个以及数量众多的其他类型经济园区。这些工业区分布在我国31个省市区，并构成了我国经济发展的强大引擎。

改革开放以来，东莞凭借毗邻港澳、交通便利、以外开放、旅外商梓众多的区位优势和人文优势，大力发展外向型经济，走出了一条独特的工业化道路。自1878年8月底，港商张子弥在东莞太平镇（后改为虎门镇）建立我国第一家港资企业——太平手袋厂后，东莞工业区的发展，从无到有，从小到大，从少到多，截至2013年7月，东莞已建立起503个工业区。伴随着工业区的兴起，东莞也演绎出了被世人称之为“富可敌省”的东莞奇迹。东莞的GDP也从1978年的6.11亿元，增加到2012年的5 010.14亿元，34年间，东莞的经济总量增长了819.99倍，堪称经济奇迹。

东莞奇迹的取得与东莞工业区的贡献是息息相关的。比如，随着工业区的建立，东莞的工业企业迅速增长。1978年，东莞工业企

业1 290家，1997年发展到16 857家，2011年全市企业单位数发展到46 413家。而501个工业区（关于此问题的有效问卷是501份）现共有进驻企业14 422家，占全市（2011年）的31.1%。平均每个工业区进驻的企业数为28.8家。工业区内企业数在20个以下的工业区就有291个，占了我们调查的工业区（有效问卷501个）数的58.1%。进驻企业数最多的虎门镇大板地工业区，一个工业区拥有企业数多达276家。从工业区的总产值来看，2012年，157个工业区（关于此问题的有效问卷只有157份）的总产值总计达2 300.855亿元，占同期全市的25.7%（2012年东莞市的工业总产值为8 950.18亿元）。平均每个工业区的总产值达14.655亿元。其中，最小的是黄江镇的英利工业园，其总产值只有0.005亿元。而最大的是麻涌镇的新沙工业园，其总产值高达334亿元，占同期全市的3.7%。

在清楚地看到东莞工业区发展取得一系列成绩的同时，我们也不能忽视东莞工业区的发展正面临一系列的挑战与困境。尤其是在“双转型”（指经济、社会转型）和“双升级”（指产业升级与城市升级），特别是经济换挡的背景下，加上国际金融危机，导致国际市场的萎缩、市场竞争的加剧、区位优势的减弱等因素，使得东莞工业区的发展面临一系列困境。

（一）空间布局问题：无序、缺乏协调发展

由于东莞原本是一个农业县，1988年才升格为地级市，而且继续实行市直接管辖32个镇街。因此，这种特殊的行政管理体制，导致东莞在工业化和城镇化过程中，采取市镇村组“四轮驱动”招商建设的办法，以充分调动基层积极性，大力发展外源型经济。由于缺少统一规划，各镇街在相对封闭的体系中各自为政招商引资，各自为“引凤”而大肆“筑巢”，大搞工业区建设，从而形成了多层次的开发，厂房建设遍地开花（邓念武，2013）。并最终导致东莞市不同层级的工业区泛滥，其建设规模和标准远远超出实际需

求，往往造成盲目重复建设或低水平建设，布局无序，缺乏协调发展。调查数据显示，截止到 2013 年 7 月，我市共建成 503 个工业区。排名居前三位的五个镇（其中，长安、企石、樟木头并列第一，数量均为 33 个，其他依次为桥头、虎门）共拥有 151 个工业区，占比 30%，接近 1/3；排名居前 7 位的 10 个镇（长安、企石、樟木头、桥头、虎门、茶山、大朗、凤岗、望牛墩、石排）共拥有 253 个工业区，占比 50.3%；排名居前 10 位的 14 个镇（长安、企石、樟木头、桥头、虎门、茶山、大朗、凤岗、望牛墩、石排、大岭山、东坑、石碣、横沥）共拥有 322 个工业区，占比 64%，接近 2/3。而超过 10 个（包括 10 个）的工业区的镇达 26 个。10 个以下的则仍有 6 个镇，占比 18.8%。具体见表 1。对于涉及工业区选址的调查数据显示，在所有有效问卷中，有 64.1% 的工业区表示工业区的选址经过论证，位置合适。但还有 35.9% 的工业区认为规划滞后，表示当时来不及论证或说不清楚。

表 1　　东莞各镇区工业区数量排序

排序	镇区	工业区数量	排序	镇区	工业区数量
1	长安、企石、樟木头	33	12	道滘、东城	14
2	桥头	28	13	厚街	13
3	虎门	24	14	南城	12
4	茶山	22	15	洪梅、清溪、中堂	11
5	大朗	21	16	常平、黄江、麻涌	10
6	凤岗、望牛墩	20	17	高埗	9
7	石排	19	18	沙田	8
8	大岭山、东坑	18	18	寮步	7
9	石碣	17	19	塘厦	6
10	横沥	16	20	石龙	3
11	万江、谢岗	15	21	莞城	2

资料来源：东莞理工学院调查队调查数据。

（二）产业结构层次偏低，特色不突出，发展后劲不足

产业是工业区发展的灵魂，产业的选择特别是主导产业的选择直接关系着工业区未来发展的效益和成败。长期以来，东莞工业区在承接国际产业转移时承接的大都是低附加值的制造业，尤以低加工度和加工装配为主的加工贸易，产业结构层次偏低，特色不突出，发展后劲不足。

首先，工业区主导产业定位模糊，产业同构现象严重。在东莞 503 个工业区中，以区域特色经济专业优势为基础的工业区较少，一般性的工业区较多。几乎所有的工业区的主导产业都是以电子制造装配、五金加工、塑料制品为主，出现主导产业趋同的现象。在针对工业区主导产业的调查中，共收回有效问卷 384 份。其中，企业数量居三位的分别是：电子（20%）、五金（17.8%）和塑料（12.3%）。即电子、五金和塑料三种产业占据了工业区产业中的半壁江山（其他产业占 49.9%）。而在关于纳税总额的产业分布中，纳税总额居前三位的产业（问卷有效份数为 321 份）也分别是：电子（16.9%）、五金（16.4%）和塑胶（12.2%）（其他产业占 54.5%）。从业人员居前三位的产业（有效问卷份数为 351 份）则分别是：电子（17.9%）、五金（17.1%）和塑胶（9.5%）（其他产业占 55.5%）。由此可见，在东莞工业区中，无论是企业数量，还是纳税总额及从业人员，数量最多的产业都是电子，其次是五金，第三是塑胶。

其次，产业布局分散，产业集聚效应不强。由于同一类型的企业分散布局在星罗棋布的工业区内，不利于实现空间的相对集中以及发挥规模集聚效应，从而使得工业区产业难以形成真正意义上的产业集群，并最终影响工业区的规模效益。比如，在涉及“进驻工业区的企业数量及构成”的设问中，在 501 份有效问卷中，共有进驻企业 14 422 家，平均每个工业区进驻的企业数为 28.8 家。工业区内企业数在 20 家以下的工业区就有 291 个，占了我们调查的工

业区（有效问卷501个）数的58.1%。进驻企业仅一家的共有5个工业区。它们分别是高埗镇的低涌工业区、企石镇的东部工业园南城园区、桥头镇的洛定工业区、茶山镇的第八工业区和凤冈镇的官井头布心基工业园。而进驻企业数最多的虎门镇大板地工业区，一个工业区拥有企业数多达276家。由此可见，东莞大多数工业区的规模比较小。

最后，创新能力不足，“三重项目”缺乏，产业竞争力较弱，发展后劲不足。比如，在涉及工业区的创新能力的调查中，在“工业区内国家级企业技术中心或研发机构数量”的设问中，仅收回6份有效问卷。即只有6个工业区拥有国家级企业技术中心或研发机构，各为1个。它们分别是横沥镇的六甲工业区、企石镇的东平村九龙工业区、麻涌镇的大步工业大道西区、寮步镇的华南工业园、寮步镇的大进工业区和南城区的高盛科技园。在“工业区内省级企业技术中心或研发机构数量”的设问中，仅收回26份有效问卷。从已收回的26有效问卷来看，26个工业区共拥有的省级企业技术中心或研发机构数量为48个，平均1.85个。其中，有15个工业区均只有一个省级企业技术中心或研发机构。最多的是莞城的莞城科技园，数量为6个。而在“2012年工业区内科技人员占工业区就业人员的比重”的设问中，从已收回的121有效问卷来看，121个工业区内科技人员占工业区就业人员的比重的平均值仅为4.2%。其中，最少的是石排镇的石崇工业园，为0.002%。最大的则是长安镇的新安工业园，比重为23%。在“工业区建成以来，‘三重项目’的引进情况”的设问中，从已收回的54份有效问卷来看，54个工业区共引进的“三重项目”总数为106个。平均不到2个。其中，有30个工业区引进的“三重项目”仅1个。最多的是横沥镇的桃子园工业区，其引进的“三重项目”有10个。而在“您认为目前在工业区引进重大项目的难易程度如何?”的设问中，在调查的503个工业区中，有80.7%的工业区表示引进重大项目存在一定的难度。而表示容易或比较容易的只占5.2%，不清楚的也占了

14.1%。这说明东莞工业区的综合竞争力水平还不高，发展后劲不足，不利于转型升级。

（三）基础设施建设相对滞后

基础设施先行是工业区发展的共识。但东莞星罗棋布的众多工业区中，基础设施差异很大，不少工业区的基础设施建设仍相对滞后。一方面，部分工业区建筑质量差。一些早期工业区部分厂房建筑年代较早，建设年代跨度大，质量差，同时由于部分工业厂区已经或正在升级改造，街道内新旧建筑混杂明显，工业区面貌参差不齐影响城区整体景观品质；另一方面，一些工业区各类配套设施不太完善。比如，工业用地内生活配套、生产配套和市政配套等各类配套设施均不太完善。其中，在生活配套方面，大多数工业区内以“厂房+宿舍”的建筑功能为主，其他生活配套设施主要通过周边配套就近满足，但往往布局混乱，造成工业、商业混杂；在生产配套方面，大部分工业厂房集中分布片区缺乏金融、银行、物流、检测等生产性服务设施；在市政设施配套方面，则普遍存在消防、环卫、绿化和停车缺乏的问题，部分工业区或厂区内路面积水、电线乱拉、交通微循环不畅等现象严重。比如，就“工业区存在的问题”这一选题（多选题）的调查数据显示，认为“基础设施不完善，服务配套跟不上工业区的发展”的工业区所占比例最大，出现97次，占24.4%。排在第五位的是卫生环境差，共出现33次，占8.3%。排在第六位的是治安差，共出现26次，占6.5%。

（四）承受土地资源不足和环境污染的双重压力

首先，土地资源的开发已经到达极限。“30%”是国际公认的土地开发强度临界点，但东莞却远超这一警戒线。据统计，截至2011年年底，全市的建设用地达161.8万亩，开发强度为43.8%，此外还有十几个镇街的开发强度甚至超过了50%。导致许多有潜力的新增项目和扩展项目用地需求无法满足。比如，就“工业区存在的问题”这一选题（多选题）的调查数据显示，认为工业区“土地开发饱和、土地审批难”的，排第三位，共出现42次，占10.6%。在“您认为目前企业在工业区落户的难易程度如何?”的设问中，在503个工业区中，认为目前企业在工业区落户有困难的占了30.6%，说明企业要想在东莞的工业区落户是存在一定困难的。说不清楚的占了17.4%，这也可以看出相关部门对工业区缺乏管理和规划，因为连企业在工业区内是否存在落户困难这一简单问题，也有将近两成的受访者表示不清楚。而认为容易和比较容易的占52%。

其次，土地资源的利用效率有待提高。由于各镇区空间规模小，又缺乏横向协调，导致各类设施重复建设，利用效率不高，造成土地资源浪费。投资强度是衡量开发区土地利用率的重要标准。根据《东莞市土地利用年度计划量化考核办法》，原有建设用地单位投资强度每亩不得低于100万元人民币。新增建设用地单位投资强度每亩不得低于150万元人民币，且应当比上一年有所提高。而在关于“工业区投资强度”的设问中，共收回有效问卷85份。85个工业区的平均投资强度仅为78.9万元/亩。其中，投资强度最小的是石排镇的沙角工业区，其投资强度为0.6万元/亩。而投资强度最大的则是企石镇的上洞工业区，其投资强度为500万元/亩。

最后，资源环境的瓶颈制约日益突出。东莞的工业区建设在东莞经济快速发展的历史时期承担着不容置疑的重要作用，但随着工业化和城市化的推进，伴随着工业用地的迅速扩张，与土地资源、生态环境的矛盾也在日趋突出。尤其是人口的膨胀和用水需求的增长，东莞人均水资源逼近严重的缺水线，城市供水安全面临巨大挑战。而且工业区以粗放型企业为主导，耗能高、污染重，未转变先污染后治理的发展方式，从而为经济的发展付出了沉重的环境和生态代价。比如，就“工业区存在的问题”这一选题（多选题）的调查数据显示，有8.3%的工业区认为其周边卫生环境差，出现水体环境遭到破坏等现象。

（五）管理体制不完善

东莞特殊的行政管理体制，导致东莞在工业区建设中，各镇、村各自为政，缺乏全市一盘棋、镇（区）一盘棋的统一规划。而且政府行政行为比重过大，导致在开发的过程中，政企不分，缺乏效率和激励机制。改革开放初期，东莞绝大部分的工业区是由村，或者生产队划出地块，进行招商引资办企业而形成的，故东莞工业区村级以下的管理层级占据了绝大部分。比如，在 503 份问卷中，关于工业区管理层级分布的回答有 4 份的数据缺失。从 499 份有效问卷可以看出，由于历史原因，东莞工业区的管理层级中，有接近八成的工业区归村级管理，而归村级以上管理的只占二成左右。村级管理虽然方便根据本村实际情况进行管理、企业之间联系紧密，但管理能力和水平较低，缺乏宏观规划，不利于产业升级与城市升级。相对于市级及以上的管理层级，村级管理的能力和水平较低，且管理缺乏统一规划和宏观调控。如前所述，有 35.9% 的工业区的选址是没有经过具体考察和论证的，造成规划滞后。导致工业区后期的企业分布散乱，部分工业区内甚至穿插有民房，企业空间距离大且产业关联度低，难以形成空间集聚现象，造成土地利用率低。

虽然归村级管理的工业区方便根据本村实际情况进行管理，但由于相当部分工业区并没有明确的负责人或管理部门，从而使东莞工业区的管理缺乏翔实、统一的工业区基础信息数据。到目前为止，在全市工业区建设中，仍缺乏翔实、统一的工业区基础信息数据。即便是东莞市对外贸易经济合作局，也基本上是空白。

政府在制定工业区转型升级的评价指标过程中，只重视短期的效果，忽略工业区长期的发展，从而容易形成一些片面的评价指标。比如，简单重视招商引资的数量、工业区的产值、工业区的出口总额等，而忽视工业区内在的核心竞争力的培养、发展的可持续性、创新能力、产业集群的培养等，从而进一步为工业区的转型升级带来困难。在一些政府的理念中，工业区的转型升级就是招商引资，政府为相关部门下达了招商引资的“硬指标”，这些指标都以数量为主，而没有重视工业区转型升级内在的质量。（刘涯）在“目前工业区的考核指标是以什么指标为主（多选题）”的设问中，东莞工业区目前的主要考核指标依次为税收（29.5%）、租金（29.3%）、企业发展潜力（27.6%）、GDP（7.9%）、其他（7%）、技术创新（6.6%）、企业数量（5.7%）。这表明东莞大多数工业区重税收和租金这些比较近期的利益的考核，而较少考虑到长远的利益和长远发展，诸如企业发展潜力，这一指标还没有达到三成。而技术创新只有6.6%。

二、东莞工业区的转型升级路径

（一）加快产业结构调整，合理引导优势产业的集群化发展

产业的发展是经济发展的基础和关键。工业区的转型升级不可能一味求新、饥不择食，而是一定要首先盘算一下家底，选择并找到“合脚”的产业转型路径。

一是重视提升传统产业。传统产业的提升是工业区转型升级的重点和着力点。为此，首先，要重视通过创新经营理念来提升。换言之，工业区的企业经营者应树立强烈的自主创新意识，并增强转型升级的紧迫感。其次，要重视走产业价值链升级的道路。按照“关联性强、集中度大、集约度高”原则，招商引资、产业立项都应围绕着产业链的上下游构成来做“填空题”，以科学、完整的产业链条提升整体竞争力。即从研发、设计、委托制造、品牌和销售等价值链环节来看，要注重从微笑曲线的价值低端向高端转变，换言之，要由委托加工向自主设计制造再向自主品牌制造转变，实现自主创新之路升级。最后，要重视走技术装备改造提升之路。比如，管理部门要加强对企业技术改造的引导和鼓励，提高企业提升

产品层次的积极性。在工业区一些重点产业中，着力推进企业研发中心和技术中心建设，并增强企业的自主创新和研发新品种的能力等。此外，要重视通过政策支持，建立劣势产业的退出机制，以加大产业发展的空间。

二是重视培育战略性新兴产业，努力提升产业结构层次。走新兴产业的培育之路是推进工业区转型升级的一个重要着力点。根据我市工业区产业发展现状以及国内外市场的变化趋势，适宜东莞工业区经济发展实际的新兴产业选择是高端新型电子信息、LED产业、新能源汽车、太阳能光伏、生物产业、新材料、节能环保等。当然，在新兴产业的培育过程中，还必须重视坚持外引内育并重的原则。包括积极发展“三重”项目、培育创新型企业、培育新兴产业链等。

三是重视培育工业区特色产业，强化品牌建设。工业区能否持续健康发展的关键，在于对工业区进行准确定位，充分发挥本地的资源优势，规避产业雷同倾向，努力提高工业区的产业特色化程度。在工业区的转型升级中，东莞应重视以特色为导向，以特色产业作为载体，尤其要大力发展玩具及文体用品制造业、家具制造业、化工制造业、包装印刷业四大特色产业，以及电子信息制造业、电气机械及设备制造业、纺织服装鞋帽制造业、食品饮料加工制造业、造纸及纸制品业五大支柱产业，促进资源聚集，带动工业区其他产业发展。在具体操作过程中，一方面，围绕特色优势产品，培育龙头企业。对区域特色明显、经济效益高、创新能力强、发展潜力大、带动作用广的企业，要进行重点培育扶持，并鼓励支持其充分发挥比较优势，实现做大做强；另一方面，要重视强化企业的特色经营优势。因为特色经营是保持特色产业优势的重要方略。为此，企业应主动转变经营理念，根据产业发展特点、产品需求状况等，精准制定生产营销策略。

四是不要刻意发展原定主导产业。尽管各工业区事先都已明确设定所要发展的主导产业，但不要刻意去发展原定主导产业。事先确定的主导产业，往往具有人为的性质，未必完全符合产业发展的规律，不一定切合当地的具体实际。从近年来各园区产业发展的具体情况来看，也很少有哪个产业园区是完全按照原定主导产业来发展的。在工业区产业选择上，政府的适度干预是必要的，但应尽量减少政府的干预，最大程度发挥市场的引导作用。主导产业是在发展中逐渐形成的。适合发展什么产业就发展什么产业。一般来说，一种产业，有资源，有市场，有竞争力，就适合发展，也能够发展起来；一种产业，没有资源，没有市场，或者没有竞争力，就不适合发展，也发展不起来。

五是做好战略规划，谋求集群发展。发展产业集群是区域经济发展的重要途径，也是现代工业区发展的一个显著特征。产业集群是指在特定区域中，由那些具有竞争与合作关系以及有交互关联性的企业、专业化供应商、服务供应商、金融机构、相关产业的厂商及其他相关机构等组成的群体。产业集群有其自身的演化规律，一般可通过“自下而上”、“自上而下”两种模式以及这两种模式的混合形成。东莞工业区的转型升级更应注重企业集群的培育，努力真正做到不仅从地域空间方面的集聚，而且还要从企业的内涵入手，做好战略规划，并深入细致研究各企业之间的有机联系，引导专业产业链的发育，利用地理上接近的便利条件，在知识、信息、技术、资金、人才交流等方面扩展渠道，从而最终形成具有东莞特色的专业化产业网络，使工业区更具整体竞争力优势。

（二）整合资源，错位发展

为更好地发挥工业区作为东莞产业发展的引擎作用，有必要对现有工业区的资源进行整合，实现错位发展。

一是先摸清家底，建立翔实、统一的工业区基础信息数据（库）。改革开放以来，东莞建立了大量的工业区。工业区也为东莞经济发展做出了巨大的贡献。然而，目前工业区也面临产业升级和城市升级的挑战。为此，我们需要彻底摸清东莞市工业区的基本情况，总结工业区发展的成绩与问题，探寻工业区转型升级的路径。其中的基础前提就是首先要摸清家底，建立翔实、统一的工业区基础信息数据（库）。为此，建议东莞市对外贸易经济合作局以本次合作开展的东莞工业区摸底调查数据为基础，尽快建立完善东莞市翔实、统一的工业区基础信息数据（库）。

二是将工业区的升级改造与空间整合有机结合，引导零散工业企业进工业区内发展，促进资源的集约利用和共享。比如，要加大对工业区的升级改造。可将周边若干小工业区整合为具有一定规模的工业区，通过完善工业发展所需要的各类配套设施，提高工业区的建设水平，为现代工业的发展创造一个高效便捷的环境。如上所述，这次调查的数据显示：24.4%的工业区认为区内的“基础设施不完善，服务配套设施跟不上”。就“工业区发展建议”这一选题（多选题）的调查数据也显示，认为应“完善基础设施”的工业区所占比例排在第一位，共出现69次，高达18.8%。可见，基础设施与配套服务是工业区转型升级亟待解决的问题。比如，要完善和维护好工业区周边的路网；要完善好工业区周边的公交系统，方便工人上下班。除此之外，工人每天的生活都是厂房、宿舍、饭堂这样三点一线，相当乏味。应该在工业区内增设图书馆或一些运动场所，供工人读书运动，丰富业余生活。也可以在工业区周边兴建休闲公园或购物广场，完善工业区周边的配套服务，使工人能真正喜欢上东莞这座城市。此外，还应重视实行差异化的调控政策，引导零散分布的工业企业逐渐向集中成片的工业区集中，共享工业区的各类设施。

三是重视园区与工业区的整合。从工业区走向园区，并不是完全替代工业区，而是相互之间形成明确的生产层次与市场区隔。目前，无论是工业区与园区之间，还是四大园区之间，或工业区之间，都不同程度地存在着定位模糊化、生产制造的高度相似性等问题，从而容易产生市场恶性竞争及重复投资等问题，造成整体产业发展速度减慢，或是丧失竞争优势，从而最终严重影响地区经济竞争力。必须重视通过产业分工、生产层面、科研层级及伙伴关系等新发展定位来进行工业区与园区的整合，重新建构园区与工业区在经济体系中制造环境与生产空间布局形式，形成具备市场综合效益与高附加价值的经济活动主体。为此，必须根据东莞发展高新技术产业的需求和实际情况，重新明确东莞高新区的功能定位，并根据四大园区不同的区位优势、发展程度等特点，重新明确四大园区各自的发展定位、发展功能和产业选择，实现四大园区之间、四大园区与镇街之间的错位发展、功能互补。

（三）加快政府职能转变

工业区的形成和发展与政府积极提供服务、公共产品的有效供给和公共政策的有力支持密不可分。就“工业区发展建议”这一选题（多选题）的调查数据显示，认为“简化行政手续，提供政策支持”排在第二位，共出现56次，占15.2%。因此，适度的政府支持是工业区产业集群发展的催化剂。促进工业区的持续健康发展，增强工业区经济发展的创新驱动，既要充分发挥市场的作用，又不能忽视政府的作用。

一是设立专门的工业区管理机构。在这次东莞市工业区摸底调查中，有8.6%的工业区认为工业区缺乏管理规划，企业分散、规模小。就“工业区发展建议”这一选题（多选题）的调查数据也显示，认为“合理规划”排在第五位，共出现30次，占8.2%。为了解决这一问题，最好的办法就是设立专门的工业区管理机构，比如建立和完善各村委会、居委会的工业办；还要对工业办的工作人员进行培训，提高其办事效率，使他们能切实地解决好工业区存在的实际问题。最好是设立“一站式”的工业区服务站，使工业区能够在一个地方办好各种事务，不用在多个部门间回旋。这样一来，就可以节约工业区和办事人员双方的时间，提高工作效率。

二是准确把握工业区发展的内在规律性。在工业区形成、成长、成熟和转型升级的不同阶段，重视合理发挥政府效用，为其提供相应的服务、创造良好的环境，引导和推动工业区健康、稳定和可持续发展。

三是明确政府的职能在工业区发展产业集群中的地位。比如，通过政府的产业引导和科学规划来进行重点产业选择，并促其向集群式发展；通过政府的介入和干预来控制产业集群的外部负效应，实现资源的有效配置；通过政府建立一个行之有效的市场运行和调节的规则体系，在规范人们行为的基础上，建立社会信用，保护包括私人财产在内的各类资源产权，消除市场进出壁垒，制定进入工业区企业规则，为各类经济主体创造自由选择、公平竞争和安全有效的生产和工作环境，维护必要的市场秩序；重视改进工业区的考核办法。为引导工业区的健康发展，应弱化数量和速度指标，增加质量和效益指标，并延长一些变量或指标的考核时限。具体说来。工业区的考核指标应把产业发展、就业创造、就业人员市民化作为硬指标来考核，引导各级政府按照工业化与城镇化协调发展的思路来发展工业区、推进新型城镇化。

四是政府应通过规章制度的建立加强对工业区的管理、引导、服务和培育。具体应包括制定工业发展政策、法规和工业区规划、投入适当的资金用于市政与公共服务配套设施的建设、搭建信息平台等方面。其中，尤其是应进一步完善市政公共配套服务体系，再造区位优势。只有做到全方位的管理、配套服务才能使工业区的竞争力始终处于高位。

五是加强环境保护，走工业区生态化发展之路。生态工业区是一种追求最大限度地仿效自然，没有任何废物产生，强调环境资源成本的削减和工业区内部成员的合作无间的工业区。因此，生态工业区不仅仅要体现工业区内生产、生活的舒适性和良好环境景观的塑造上，而且要追求工业区作为一个独特的生态系统，使工业区内的物质、能量能充分利用，最大限度的不产生废弃物，并且适合生活、生产的良好区域，达到经济、社会和环境效益的相统一。调查显示，有8.3%的工业区认为亟待解决的问题是改善周边的卫生环境。而在“工业区发展建议”这一选题（多选题）的调查数据显示，认为“改善卫生环境”的排在第四位，共出现 36 次，占 9.8%。在人们心中，工业区一度与治安差、卫生环境恶劣相挂钩。基于此原因，有不少外来务工人员不愿到工业区去工作，而选择卫生条件相对较好的服务行业。为了改善这一问题，需要各方一起努力。第一，出台完善的法律法规，对破坏环境的企业和个人从重处罚；第二，拨出专项资金用于工业区周边环境的综合治理；第三，要加大宣传力度，使工业区内人人养成良好的卫生习惯，不乱扔垃圾、不随地吐痰等。只有改善好工业区周边的卫生环境，才能还工人们一个祥和舒适的家，从而吸引更多的人到工业区去工作，为东莞经济的腾飞作贡献。

六是社会治安常抓不懈。就“工业区存在的问题”这一选题（多选题）的调查数据显示，有 6.5% 的工业区认为当地的治安环境差；相应地在“工业区发展建议”这一选题（多选题）的调查数据中，有 4.9% 的工业区建议要搞好社会治安。而要实现东莞的长治久安，必须建立长效管理机制。东莞社会治安的实践证明，社会治安综合治理的难点和重点是流动人口的管理，而流动人口管理的关键是流动人口的暂住地、出租屋的治安管理。此外，政府抓社会治安还必须持之以恒，常抓不懈，从严整治，从重治罪，从而不断提升市民的安全感。

参考文献

[1] 余实. 区域经济一体化背景下经济园区产业选择与布局研究. 兰州大学硕士论文，2011.

[2] 东莞市对外贸易经济合作局网站，及 http://baike.baidu.com/view/26226.htm?fromId=8053.

[3] 赵明. 关于加快庐阳工业区转型升级的思考. 中共合肥市委党校学报，2012 (3).

[4] 庄志勇. 深圳老工业区未来走向及出路. 特区实践与理

论，2012（4）.

［5］文聪，秦小辉．东莞土地开发强度破国际警戒线．羊城晚报，2012-7-12.

［6］田志明．资源型地区转型要选择“合脚”的产业路径．人民日报，2013-5-3.

［7］赵明．关于加快庐阳工业区转型升级的思考．中共合肥市委党校学报，2012（3）.

［8］吴雄兵．产业园区特色化建设策略探讨．现代经济信息，2013（3）.

［9］田秋生．粤东西北产业园重点要发展产业而不是增加数量．南方都市报，2013-8-14.

［10］王靖，王波．如何发展中国园区经济？http：//www. ftchinese. com/story/001029141.

作者信息

陈端计：东莞理工学院社会发展研究院；

袁荫贞：东莞理工学院工商管理学院。

加强粤琼区域合作，提升区域经济竞争力

李　峰　郑景元

摘要：经济全球化背景下，区域合作已成为区域经济一体化的核心之一，合作各方通过区域间信息、技术等的流动，达到资源有效配置，最终促进合作各方经济在新形势下健康快速增长。本文通过具体分析和对比海南省与深圳特区的经济发展模式和途径的分析与对比，指出在资源禀赋、经济运行机制、对发展工业类型重视程度、对外向型经济定位以及产业结构等方面的差异，提出加强琼粤两地区域合作，提升区域经济竞争力的观点。

关键词：区域合作　经济竞争力　资源互补　融合发展

海南是中国面积最大的经济特区，有着独特的资源优势和地理优势，在旅游业、热带农业和油气资源开发产业方面竞争优势突出。自1989年建省办特区以来，海南积极融入世界竞争与合作，不断扩大开放程度，实现从封闭、半封闭经济到开放型经济的重大转变。产业结构发生根本性变化，新型工业省雏形日益形成，热带高效农业基地不断壮大。生态省建设成效显著，已成为国内旅游度假胜地，并着力于国际旅游岛的建设。基础设施日趋完善，新型市场体系初步形成，社会事业全面进步，直至2010年全省GDP总量由1989年的91.32亿元跃升至1 052.43亿元（数据为剔除通货膨胀率后的GDP平减指数），约是建省初期的11.5倍，经济与社会发展迅猛。

广东省是我国区域关联度最强的地区之一。毗邻香港、澳门，

交通便利，具有良好的地缘优势；自从经济特区设立以来，广东省在金融财政事务、对外贸易投资、商业流通、物资调配、劳动制度和价格等方面拥有更广泛的自主权，在产出和外汇收入上，也比其他省份占有更大份额；各项体制的率先改革使得作为经济特区的广东在金融投资、价格、劳动工资、社会保险等方面的体制得到不断完善，教、科、文、卫事业得到明显促进。高速的经济增长也让广东经济尤其是工业占全国经济的比重不断上升，2012 广东省 GDP 总量达 57 067.92 万亿元，总量继续居全国首位，具有明显优势地位。

一、两省比较

从两省悬殊的 GDP 看来，较之广东，海南仍是“欠发达地区”。比较二者的经济发展模式和途径发现，两地的较大差距主要由发展方向、产业结构等方面存在的较大不同所致。

（一）两省资源禀赋不同

海南省土地面积 35 354 平方公里，占全国热带土地面积的 42.5%，人均土地约 0.47 公顷。地处热带北缘，热带季风气候使得海南冬季温暖，升温快，全年无霜冻，水稻一年三熟，是发展热带农业的理想基地。南渡江、昌化江、万泉河是海南的三大河，集水面积均超过 3 000 平方公里，水库面积 5.6 万公顷。海南省不仅拥有丰富的水资源，其矿产资源也较为丰富，主要包括能源、黑色金属、有色金属、贵金属、稀有金属等。另外，环岛沿海有不同类型滨海风光，有山岳有热带原始森林，有颇具特色的民族风情文化，具有独特的旅游观光价值。除物质资源外，人力资源以及文化政策方面两省也有所不同。截至 2010 年，海南省人口数量为 867 万人。拥有普通中学 100 多所，高校 15 所。海南省还积极推出五项政策着力培养符合国际旅游岛建设规划、对地方经济社会发展和文化繁荣发展具有较大带动作用的文化产业园区、示范基地和文化主题公园以及在海南举办的国内一流、国际著名的大型文化活动、体育赛事等文化产业，优先保证文化产业重点项目用地。而广东人才聚集，高校121所，科研机构众多，虽资本资源较为稀缺，但结合其GDP可以看出，广东的资本利用率高，市场体系相对发达，市场引导下的资源配置和经济运行体系良好，在经济增长中发挥着良好的弥补作用。

（二）改革开放初期，两省经济运行机制不同

广东省的经济体制改革是在党的十一届三中全会后启动的，与计划经济时代的僵化体制造成的长期落后的经济状况形成了鲜明对比。在改革开放初期经济体制改革的探索阶段，广东省以发展商品经济为经济体制改革的基本思想，随着广东继续扩大对外开放，1989年起工业已开始成为广东的支柱产业。2001年我国加入世界贸易协定后，更加扩大了广东在海外市场发展的机遇，新兴的经济体制不断取代着原本落后陈旧的经济体制，广东省积极抓住我国加入世贸协定的新机遇，实行“引进来”与“走出去”相结合，对外经济贸易持续发展，使得出口商品结构得到优化，高新技术产品、机电产品和高附加值产品出口比重提高，加工贸易健康发展，多元化出口市场的格局初步形成。境外加工贸易、对外承包工程和劳务合作进一步拓展。与港澳台经贸合作再上新台阶，其经济制度不断完善，抗危机性也在不断加强。截至2006年，广东省人均GDP翻了一番，广东省已步入高速发展阶段，开始更加注重科技创新、社会协调发展的新阶段。同时，网络经济也得到快速发展，2006年12月广东省电子信息产业利润总额达365.2亿元。30年经济体制改革成就显著，但同时诸如对外依赖程度加深之类的问题也日益明显，2008年对外贸易依存度高达130%，调整不合理的生产结构促使广东率先进入工业转型期。而海南自1988年建省以来，忽略工业发展，加之20世纪90年代的房地产“泡沫经济”以及接

踵而至的金融信用危机等使海南经济陷入困境之中，但是缺乏产业支撑和最终消费需求的房地产热使得海南经济增长率跌入全国倒数。1996 年海南提出“一省两地”发展战略，即：努力把海南建设成为我国新兴工业省和热带高效农业基地、海岛休闲度假旅游胜地。海南经济由此开始进入恢复性增长阶段，其中第三产业贡献率最大，第一产业也是经济增长的主要来源，劳动力对经济的增长贡献较大，说明海南不仅产业格局还处于较低的阶段而且经济受劳动力因素影响仍然较大。相对全国而言，海南省是人才欠发达的地区，人才资源匮乏、创新能力低，也是造成海南科技发展滞后的主要原因。第一产业专业技术人员比重低，与发展热带高效农业的产业布局不相适应，支柱产业的高层次人才短缺，制约着海南工业结构的调整。

（三）经济发展初期，对发展工业的类型重视程度不同

海南建省较晚，经济总量低，工业基础薄弱。建省初期，海南更加着眼于生态旅游产业的大力发展，短期消费产业的发展使得投资纷纷涌入，短期经济迅速繁荣，长期来看造成了海南经济发展后劲不足的局面，外来投资力度大大降低。但随着一些工业省份的迅速崛起，工业在国民经济中的地位日益显现，海南在发展消耗少量资源的绿色工业方面具备一定条件。而广东积极发展“三来一补”和轻工业，同时不断加大资金和技术密集型重工业项目的投资和布局力度，特别是国际金融危机以来，广东将刺激经济的资金重点投向基础设施、基础产业、重化工业、民生工程，日益突出了工业程度适度重型。近年来，广东的装备制造业发展战略收效甚好。这也为广东日后发展打下良好基础。

（四）两省对外向型经济定位不同

海南省在旅游方面的优势十分突出，但由于开辟为特区时间较短，发展外向型经济起点低，经济的外向型发展存在较大障碍。近

几年虽有所努力，对外贸易发展缓慢的局面有所改善，但外资企业数量仍然较少，对外资的利用力度仍显不够，对外贸易发展依旧缓慢，海南经济快速进步陷入困境。与海南相比，广东选择了外向型经济发展的道路，积极发挥自身各方面优势，深化粗加工贸易，并把对外开放区域由经济特区逐渐向沿海开放城市、珠江三角洲及山区推进，形成多层次开放格局。外贸主体以外资企业为主力军，对外贸易规模迅速扩大，外贸出口连续十多年来一直占全国外贸出口总额的1/3 以上。

（五）两省产业结构不同

生产总值中第二产业的比重比第一和第三产业比重高是海南非常独特的产业结构。从海南的自然条件看，作为我国最大的热带宝岛，发展热带高效农业和旅游业具有得天独厚的优势。随着社会经济的发展产业结构也不断变化，趋向于产业高级化，向高附加值的方向发展。而广州自改革开放以来，经济总量不断扩大，第二、第三产业在调整中快速发展。随着产业结构优化升级加快，产业结构的调整直接影响劳动力结构的变化，就业结构不断趋于合理，促进了广东经济显著增长，劳动力密集型产业比重持续降低，在第二、第三产业持续上升。随着耕地的减少，工业化、城市化的推进，其从业人员比重直线下降，从农业中退出的劳动力大部分进入第二、第三产业，而且不同经济所有制主体呈现多元化发展，2004 年年末私营企业、港澳台投资企业、外商投资企业法人单位共236 530 个，占全部投资主体的54.4%，广东的产业环境正在不断优化，各种经济类型的企业纷纷在广东投资、发展。直至目前，制造业仍是广东经济发展的基础，而高新技术产业特别是电子信息产业已成为广东经济支柱，民营经济在广东产业结构优化中发挥越来越重要的作用，其第三产业在国民经济中也占有重要地位。但就广东省目前的情形来看，首先产业结构比重仍是“二三一”，仍处于工业化中期。为适应广东飞速发展的经济，必须升级优化产业结构，达到“三二一”比重分布；其次高新技术产业大多从事低端产品的加工装配，产品附加值低，支柱产业缺乏核心技术，处于产业链低端。

二、合作方法

从更大的区域来看，实现琼粤融合发展，对提升整体经济竞争力有着重要意义，具体可以从以下几方面入手：

（一）优势资源互补

分析对比之后不难看出，琼粤两区域间虽然存在诸多发展模式、产业结构等方面的不同，但经济互补性较强，具有良好的合作基础，通过区域间的协作，大力实施两地人才互补战略。拓宽人才渠道，促进人才流动，鼓励企业、团体等积极对外交流、办学培养人才，提高高校教育质量，加快人才市场培育和信息流通，适时储备人才。加强两地协同合作，实现优势互补，加快工业化步伐，提升两地整体竞争力以实现两地共同繁荣，最终带动全国经济发展。海南省劳动力充裕，配套设施较为完善，但远离内陆省份，虽拥有一定的自然资源，但从全球范围来看其优势不够突出，旅游业尚待大力开发，促使其形成支柱型产业。广东具有临近海南，毗邻港澳的地理优势，市场广阔，政策优惠，外向型的经济道路使得其贸易环境不断优化，对外来投资的吸引力较强，加之本土产业结构不断优化升级的需要，两区域在经济发展的各方面具有很强的互补性。实施区域经济合作，既有利于广东劳动密集型工业转移，加速产业结构优化转型，也有利于海南一、三产业的快速发展。

（二）建立琼粤两地共同发展协作机制

建立健全两地协同发展机制，相互协作由点到线到面完善各方面政策法规，尽快建立琼粤两地共同协作发展机制，关乎琼粤两地经济结构转型和可持续发展。规范行政体制，形成统一协调的行政意志，至关重要。广东应鼓励和引导企业加大创新投入，推动企业成为科技投入、研究开发、风险承担、应用收益的主体，建立健全自主创新体系和机制。加强对外技术交流与合作以及知识产权保护力度，为琼粤合作奠定良好的保障。加快海南与广东人才、信息、技术、资本等方面的流动，促进两地共同发展。

（三）核心技术

大力巩固核心技术，创新高新技术，加强传统产业技术改造，促进广东省工业转型和工业结构升级，加快劳动密集型工业向内地转移；提高工业信息化水平，促进琼粤协作，海南应积极创新发展清洁工业，减少物料消耗，同时实现废物减料化、资源化和无害化，推进两地得以共同发展。

（四）加快两地融合速度，着力培养特色产业

以优势产业为核心，完善基础设施建设，加快配套服务业的协调发展，形成优势互补的产业集群。突出特色产业，树立品牌效应，促进与其他产业，如旅游业的融合，最终实现利益联动。

（五）加快两地金融、资本市场的建设

深化金融体制改革，提高两地资金投资效率和使用率，加大市场化程度。优化两地资源配置，有效利用和创新现有资源。规范市场操作和信息流动，保证资金质量和安全，拓宽信息流通渠道。争取广东金融支持，加大热带高效农业项目的建立和投入和海南作为国际旅游岛的现代事业投入，形成支柱型产业，扩大对两地市场的开放程度，促进琼粤经济健康、持续、稳定发展。

作者信息

李　峰：湖北文理学院教授、博士生导师；

郑景元：湖北文理学院学生。

中国东部地区开放型经济的转型升级研究*

——基于对外贸易的视角

卜　海

摘要： 中国东部地区的对外贸易经过跨越式的发展，2012 年进出口总额为 3. 2708 亿美元，约占全国 GDP 总额的 40%。但同时也存在着服务贸易发展滞后、贸易结构失衡、贸易增值率不高等问题，亟须转型升级。当前全球经济正在进入新的调整期，经济增长动力不足、债务危机可能再起波澜、国际商品市场持续动荡、贸易投资保护主义加剧等将对东部地区开放型经济转型升级加快发展产生影响。加快东部地区的外贸转型发展，必须在科学认识外贸增长速度和规模的基础上，采取有效措施努力扩大国际市场占有率，加快推进贸易便利化和不断提高外贸增值率。

关键词： 开放型经济　对外贸易　转型升级　外贸增值率

在开放型经济中，对外贸易是最直接最重要的载体，它首先体现为国家或区域在对外开放过程中形成和确立各类进出口商品的市场布局，同时又会以贸易投资一体化的发展，带动国家或者区域的对外直接投资和“走出去”战略的实施，以更大的力度支撑和稳定国民经济的增长。因此，研究中国东部地区开放型经济的转型升级，首先必须对其外贸发展的转型升级进行研究。

* 本文为国家社会科学基金 2012 年重大项目“中国东部地区开放型经济转型升级研究——基于江苏实践的视角”（12 & ZD103）的阶段性研究成果。

一、中国东部地区外贸的转型发展势在必行

世界经济的发展表明，国际贸易的水平和方式要与不同国家的经济和社会发展阶段相吻合。改革开放以来，中国外贸已经实现了跨越式发展，全国外贸总额从 1978 年的 355 亿元人民币，提高到 2012 年的 38 667.6 亿美元，增长了 108.92 倍，而东部地区的外贸发展更快（见表 1）。

表 1　　东部地区外贸总额的增长发展情况

	1978 年（亿美元）	2012 年（亿美元）	增长倍数
北京市	3.0	4 079.2	1 368.86
天津市	9.9	1 156.2	117.02
河北省	3.0	505.5	168.50
上海市	30.3	4 367.6	144.15
江苏省	4.3	5 480.9	1 274.63
浙江省	0.7	3 122.4	4 460.57
福建省	3.5	1 559.3	445.51
山东省	8.7	2 455.4	282.23
广东省	15.9	9 838.2	618.75
海南省	—	143.3	—

注：①海南于 1988 年建省，1978 年数字空缺，无法计算增长倍数。②根据各省市的经济年鉴数据计算，外贸总额保留一位小数。

从表 1 中可以看出，除海南建省较迟无法计算外，东部地区各省市的外贸增长倍数全部超过全国平均水平，特别是江苏、北京、浙江、广东等省市的增长发展速度更是数倍甚至十数倍于全国平均水平。但是，包括东部地区在内的我国外贸规模的迅速扩大，主要建立在强化面向出口的战略基础上。这种粗放型内生增长的外贸发展到了一定程度，就会凸显结构失衡、增值率不高等问题而难以为

继，不适应我国现阶段转变发展方式的要求，甚至严重制约开放型经济的转型升级发展。当前东部地区外贸发展所存在的制约开放型经济进一步优化升级的主要问题有：

（一）服务贸易发展滞后

20世纪70年代以来，世界经济已经进入服务经济的时代。在这样的背景下，中国的服务贸易发展迅速，2002~2011年，中国服务进出口总额从855亿美元增长到4 191亿美元，增长了3.9倍，年均增长19%，2012年的全国服务贸易总额进一步提高到4 706亿美元，在全球服务贸易中的地位也从过去的第10名左右上升到了第4名。

东部地区的服务贸易发展领先全国，2012年全国各省服务贸易进出口总额排名，上海、北京、广东、江苏、浙江、山东、天津、福建等全部进入前10名，其中上海的服务贸易进出口总额为1 515.6亿美元，同比增长17.2%，约占全国服务贸易总额的32.21%，是公认的全国服务贸易第一强省。广东省则以1 064.76亿美元的服务贸易总额紧随其后，而同比增长速度达到了20.33%。

但是，东部地区的服务贸易同其货物贸易的发展相比，仍然有着较大的差距：一是总量规模差距大，例如江苏省2011年外贸进出口总额已经高达5 397.6亿美元，但服务贸易的总额才刚刚突破300亿美元，货物贸易与服务贸易之比接近18:1。二是服务贸易的结构不尽合理，以上海为例，其服务贸易主要以进口为主，2012年的服务贸易总额中进口约占66.8%，特别是服务贸易项目中仍然以传统服务项目为主，新兴服务贸易项目占比只有24.9%。三是服务贸易的逆差扩大快于全国水平。2011年全国服务贸易逆差由上年的219.3亿美元扩大至549.2亿美元，同比增长了1.5倍；而同期东部地区的服务贸易逆差则提高了2.7倍。

（二）一般贸易与加工贸易的差别明显

贸易结构中最重要的内容之一是加工贸易和一般贸易的比值，其理想的状态则是两者应当协调发展。但是，目前东部地区开放型经济中的一般贸易与加工贸易之比存在着较大的差别（见表2）。

表2　东部地区部分省市2011年贸易方式情况　单位：亿美元

项目	贸易总额	加工贸易总额	一般贸易总额	其他贸易总额
北京市	3 895.83	366.15	3 274.64	67.84
河北省	535.99	62.17	459.38	0.24
上海市	8 123.14	2 795.17	4 250.28	91.39
山东省	2 359.92	834.23	1 303.12	222.07
福建省	1 435.22	418.08	934.26	74.12
广东省	9 134.80	5 077.12	3 208.80	848.62
江苏省	5 397.60	2 714.54	2 143.30	539.76

资料来源：根据商务部门公布的数据计算，保留小数后两位。浙江、天津、海南暂缺。

根据表2可以看出，东部地区南方省市开放型经济中的一般贸易与加工贸易之比差别不大，但北方省市开放型经济中的一般贸易与加工贸易之比差别则明显偏大，如河北省为7∶1，而北京市达到了9∶1。因此，继续推进加工贸易的发展的同时做强一般贸易，对于东部地区开放型经济转型升级意义十分重大。

（三）出口产品中低附加值的劳动密集型产品多

东部地区开放型经济中，广东省的加工贸易最为发达，从事外贸的技术密集型、资本密集型企业的占比不断增加。2011年全省从事加工贸易业务的企业中，技术密集型企业占23.0%，资本密集型企业占36.1%，两项合计59.1%，通过“ODM + OBM”混合生产方式加工贸易出口已经占全省加工贸易出口总额的45.4%，但仍然有近半数的外贸企业属于低附加值的劳动密集型企业，生产效率不高。江苏省的加工贸易目前主要以中低端加工和组装为主，只能赚取少量的加工费用和微薄的利润；其一般贸易产品的生产和贸易中，具有核心技术和自主知识产权的产品还不多。正是由于这样的原因，尽管目前东部地区的对外贸易规模较大，但从总体上看，仍然处在世界产业链的中低端，外贸出口产品的科技含量较低、增值率不高，大量取得的是转移价值与低技术含量的附加值。特别是那些被归类为复杂度相对高、增长较快的行业，如电脑和其他电子产品，国内附加值的比例仅有10%～25%，一个最著名的例子是中国生产的iPod用于出口，在美国的售价为420美元，但其中仅有4美元的价值来自中国。

（四）出口市场拓展不均衡

东部地区作为全国外贸发展最重要的区域，在实施市场多元化战略，积极拓展出口市场空间方面做了大量的工作，并且成效斐然。但是，综合东部地区各省市拓展出口市场的实际，也存在着一些迫切需要解决的问题：一是传统贸易伙伴的出口市场稳定存在隐忧，例如广东省对于亚洲的出口从1997年以来，份额已经逐步下降到目前的占比54%左右；海南省2012年对欧、美、日的市场依存度下降，欧、美、日三大传统市场出口额占海南外贸总额的比重下降了3.9个百分点，降至3成以下。二是对新兴市场的开发不够均衡。江苏省2011年对新兴市场国家的出口额占全省外贸总额的比重提高了1.9个百分点，对非洲、拉美和大洋洲出口增速高达30%。但细分的数据表明，江苏省对大洋洲出口的增速高达45.7%，而对非洲和拉美的出口增速分别只有29.5%和20.1%。海南省的情况更为突出，2012年海南全省对外贸易额143.3亿美元，同比增长12.3%，再创历史新高，很大程度上得益于其大力拓展以空间，但其对于东盟、非洲、中东等新兴国家为代表的市场出口增速分别为89.8%、29.1%、21.5%，差异显然。

（五）外贸发展的区域不平衡性明显

东部地区外贸发展的区域不平衡性，目前大体可以归结为三点：一是省际间总量规模严重不平衡，既有规模超过5 000亿美元以上的外贸大省，如广东省、江苏省，同时也有规模尚未达到千亿美元的外贸小省，如河北省、海南省等。最高的广东省与最少的海南省外贸规模的差额相差9 000亿美元之多。二是省际增长速度存在不平衡。2011年东部各省市外贸虽然都实现了正增长，但增长幅度不一，最快的福建省和最慢的江苏省增幅相差16.2个百分点。2012年由于受国际市场的影响，全国进出口增幅6.2%，而东部地区只有天津市、福建省、广东省、海南省超过全国水平，其他省市都出现了大幅度下降，河北省、上海市甚至出现了负增长。三是东部各省市内部区域的外贸发展也存在着明显的不平衡，例如同为省辖地级市，广东的梅州、云浮、阳江等地2012年的外贸规模分别是15亿美元、14.6亿美元、22.2亿美元，而东莞、佛山则达到了1 444.1亿美元、610.6亿美元；再如江苏省的外贸发展南北梯次分布特征明显，苏南地区的进出口总额约占全省的近90%，而苏中和苏北地区的外贸总量仅为全省的10%稍多。

二、当前国际贸易环境对东部地区外贸发展的影响

全球经济开始进入新的调整期后，世界经济的低增长高风险态势不会明显改观。因此，当前及今后一段时期的国际贸易环境只能处于“微”乐观的状态，并将对东部地区的外贸发展带来明显的影响。

第一，世界经济的稳步复苏有利于东部地区扩大出口。

国际经济的复苏，意味着各国经济将从基于危机进行的应急调整，转变为常态的政策促进，逐渐步入正常的增长和发展轨道，国际贸易也必然会随着国际经济的复苏和发展而相应地增长和扩大。

国际经济的复苏还意味着投资的增大，而投资的增大会带动国民收入的成倍数提高。国民收入的增长，必然会通过初次分配和再分配，提高民众的收入水平。而民众收入水平的提高，又会在一定程度上刺激其消费支出的增加。因此，为了满足人们的消费增长需要，各国既可能扩大国内生产规模和加快产品升级换代，也会进口更多的国外产品，这就有可能使得国际贸易的规模有所扩大。

另一方面，中国东部地区各省市的经济基础不一，出口贸易的竞争优势各不相同，只要抓住世界经济稳步复苏和国际贸易企稳回升的有利时机，完全能够有所作为。例如广东省毗邻港澳，加工贸易领先；福建省由于大量闽籍华人华侨旅居东盟地区，又与东盟国家邻近，发展与东盟的经贸关系得天独厚；江苏制造业基础雄厚，纺织品与服装、机电产品、高新技术产品、名优产品等都具有较强的竞争优势，加上与中国台湾地区的特殊联系，扩大出口有着较大空间。特别是东部地区目前正在全力推进发展的新能源、生物技术和新医药、新材料、节能环保、软件和服务外包、物联网等新兴产业产品，更有可能在不同程度上受益于各国经济复苏引起的进口需求增加。

第二，贸易方式的创新调整有利于东部地区拓展外贸空间。

当前，全球经济中的贸易方式调整主要体现为各国在深化发展服务贸易的同时，强调并全力促进实体经济回归；同时不断创新国际贸易的手段和工具，在国际贸易流程和环节中采取了一系列促进和便利贸易发展的举措，以至于国外采购商的行为已悄然变化，从大额采购变为小额采购，从集中采购变为零散采购，从派员采购变为电子网购，贸易方式出现一系列创新调整。

这一发展趋势在一定程度上非常契合我国当前外贸转型升级，加快服务贸易发展的目标，同时也有利于我国制造业承接先进发达国家的制造业转移，利用智能化、信息化和数字化技术等，进一步向制造业高端发展。特别是我国东部地区开放型经济的发展水平最高，能够迅速适应发展变化了的世界经济和国际贸易新情况新要求，充分利用国际经济贸易的变化倒逼发展方式转变，不再是简单地纳入全球分工体系，片面地追求出口规模的扩大，就会有可能实现又好又快的外贸发展。例如广东省通过开发自主知识产权产品、加快技术创新改造、转移低端制造生产环节等，加快向品牌化、高端化、标准化、绿色化发展，2011 年加工贸易实现进出口额 5 078 亿美元，转型升级绩效总指数达到 83.5%，得以在更高层次进一步参与全球化的国际分工合作。再例如江苏省依据 EDI、小额批发、BtoB、BtoC 方式等新型国际贸易方式活跃的情况，先后开通江苏省中小企业国际电子商务平台、江苏省工业网、江苏省农产品电子商务网等，为外贸企业直接面对终端市场进行销售提供便利，不但节省了企业贸易的成本，提高了对外贸易的效率，而且能够迅速有效地拓展和扩大外贸的市场空间，对确保全省贸易增长发挥了重要作用。

第三，绿色低碳的要求将会提高东部外贸产品的市场门槛。

随着低碳经济的发展，绿色贸易成为国际贸易的主流并迅猛发展，碳关税也随之开始成为国际贸易中的绿色壁垒新形式。由于目前我国出口贸易额中近 47% 来自美、欧、日等发达国家，并且 84% 的荷兰人、90% 的德国人、89% 的美国人在购物时会考虑消费品的环保标准，85% 的瑞典人愿为环境清洁支付较高的价格，80% 的加拿大人愿付出多于 10% 的钱购买对环境有利的产品，77% 的日本人只挑选和购买有环保标志的产品，这就意味着包括东部地区在内的中国出口产品，都将会面临越来越高的市场门槛。

第四，贸易保护强化导致东部外贸发展遭遇严重壁垒。

由于世界经济的复苏缓慢，当前国际贸易领域中保护主义强盛。2008 年 10 月以后，G20 国家采取大量的贸易保护措施，并且半数以上都是非关税措施，如出口限制、出口补贴、进口限制、技术性贸易壁垒、动植物检疫措施、延迟通关手续等。尤其是一些国家为缓解就业压力，对外采取部分关闭国内市场的办法，扶持本土产业，阻碍了正常的国际贸易投资活动；有些国家在推进绿色低碳发展和培育新兴产业方面，采取内外有别的非国民待遇措施；甚至还有一些国家在选举政治的催化下，主动实施的“去全球化”的贸易政策，更加不利于国际贸易的扩大和发展。

在这种情况下，东部地区的外贸发展必然会遭遇严重的贸易壁垒：一是数量性壁垒会明显增加。数量壁垒是进口国针对某种进口产品的数量异常增长而设置和采取的贸易救济措施。东部地区的出口规模大，各种产品的出口量增加较快，这就有可能引起一定的数量壁垒。二是复合性壁垒越来越多。复合性壁垒是指由两种或者两种以上贸易救济措施叠加而形成的贸易壁垒。例如，把反倾销和反补贴合并进行的“双反调查”、把技术标准和知识产权保护结合起来的复合性技术贸易壁垒等。复合性壁垒的使用，由于难以有效应对，更容易对东部地区的外贸出口产生严重的不利影响。例如2011年江苏省共遭遇15个国家和地区发起的各类贸易摩擦案件94起，涉案企业1991家，分别比2010年同期增长77%和45%。尤其是其中新发起的10起反倾销与反补贴合并进行的“双反”调查，涉案金额16.8亿美元，约占全省总涉案金额的59%，影响全省100多家企业出口，后果相当严重。

三、加快东部地区外贸转型发展的政策建议

根据东部地区开放型经济目前的发展水平，以及当前国际贸易环境对东部地区外贸发展的影响，特提出以下加快东部地区外贸转型发展的政策建议。

1. 积极引导加工贸易转型升级

第一，要积极引导加工贸易延长产业链，逐步改变目前的以组装加工为主的状态，逐步向研发、设计、核心元器件制造等环节升级，使得东部地区的加工贸易企业的产业链能够适度延长，具有较多的增值环节。

第二，进一步优化东部地区的加工贸易发展环境，通过加工贸

易转型升级和梯度转移重点承接地的认定，加速推进东部地区区域内部的加工贸易梯度转移。

第三，创新加工贸易的监管模式，对加工贸易的重点行业和企业采取“一企一策”的方式，有效帮助其解决转型升级的困难，促进其实现可持续发展。

第四，运用环保杠杆推动加工贸易企业转型升级，可以把节能减排、洁净生产等要求作为对加工贸易企业的环保评价，并以此评审企业类别和确定企业能否优先返税，从而鼓励企业重视环保，实现企业环境成本内部化。

2. 有效提升一般贸易增值率

第一，培育和发展具有竞争力的新兴工业体系。产业是外贸发展的基础，做强做好做优一般贸易，必须具有强大的产业支持。因此，要通过加快培育和发展新兴工业体系，为做强做好做优一般贸易奠定坚实的基础。

第二，深入实施品牌培育战略。品牌具有无形资产和价值创造的双重功能，在国际贸易中，具有自主知识产权的品牌出口产品通过市场销售网络和消费者的认可，能够形成绝对竞争优势而极大地提高出口商品的增值率。特别是在软件技术、电子技术等关键领域，品牌及其核心技术更是企业实现可持续发展的命脉。因此，要积极推动出口品牌与名牌战略、商标战略的融合发展，逐步形成以自主品牌建设为主要内容的商标品牌战略实施体系，形成一批具有国际市场竞争力和影响力的本土品牌，增加出口商品的含金量，提高一般贸易的增值率。

第三，充分发挥出口基地的示范引领作用。出口基地是贸易与产业有效结合的载体，也是加快一般贸易发展的重要平台。加强出口基地建设，可以有效推动特色产业、新兴产业在参与国际市场竞争中提高产业层次，并将产业优势转为出口优势，从而实现产业支撑外贸做强、外贸促进产业升级的良性互动。

3. 促进和加快服务贸易的发展与转型

第一，加大对服务贸易发展的投入。东部地区各省市的服务贸易发展水平不尽一致，但投入总体上不多。因此，应当根据区域服务贸易的实际发展需要，加大对服务贸易发展的投入。可以按省设立区域性国际服务贸易发展专项资金，用于资助服务企业开拓国际市场，支持企业出国参加国际服务贸易展览、设立海外分支机构、国际认证等活动。必须搭建多种形式的国际服务贸易促进平台，运用现代市场组织形式和现代交易方式，为服务贸易企业拓展海外市场提供必要的便利和支持。

第二，着力抓好现代服务业的培育和发展。现代服务业是现代通信、信息技术与现代经营管理方式相结合的产物，不但能够为传统服务业发展提供支撑，而且还衍生出许多新的需求，已经为现代经济增长的新引擎。因此，要抓好电子商务、软件服务、金融保险业等现代服务业的培育和发展，同时大力促进科技咨询、工业设计、信息发布、创意产业等现代服务业充分发挥其带动经济增长的作用。

第三，积极发展技术贸易。基于东部地区发展技术贸易的实际，当前应该采取以下措施：一是要加大技术引进的力度，重点引进软件开发、生命医学科学、高端制造装备等前沿技术，助推战略性新兴产业发展。二是加强技术人才的引进和储备，既要大力引进发展技术贸易所急需的海外高知识、高技术人才，又要加大区域内人才培养力度。三是鼓励和支持企业建立境外研发机构，加强国际技术、信息和人才的交流。四是搭建技术出口公共服务平台，为技术出口企业提供有效服务。做大做强服务外包，既要积极拓展服务外包领域，又要注意提高服务外包的发展层次。

第四，提升传统服务贸易企业的专业化水平。要通过多种措施促进传统服务贸易企业改善服务模式，增强人性化、便利化、信誉化的服务特色，依靠互联网运行平台，增加新的服务门类和业务，进行网上设计、供给、营销，改善服务贸易企业的内部结构。要充分利用信息技术和高科技手段对传统的服务贸易进行流程再造，开拓新的服务运营方式和服务品种，使其逐渐实现专业化、连锁化、联盟化，最终有效地提高服务贸易的增值率。

4. 努力扩大国际市场占有率

第一，努力巩固传统市场，特别是在美国、日本、欧盟等目前处于缓慢且不稳定的复苏状况，国际进口需求不旺，对东部地区实现外贸稳定发展影响极大，这就更需要对症下药，采取有效措施，确保对传统贸易伙伴国家的市场出口份额稳中有增。

第二，加大对新兴经济体市场的开拓力度。世界经济发展格局将在今后一段较长时期内，维持主要经济发达国家增速缓慢、“金砖五国”和其他新兴经济体国家增速较快的态势。新兴国家的市场比较繁荣，贸易发展也会出现比较大的增长。因此，加快对新兴国家市场的开拓力度，应当成为我国努力扩大国际市场占有率的重要举措。要着力改变中国出口工业制成品、其他金砖国家对中国出口原材料和矿产品的贸易结构，尽力避免相互抑制和恶性竞争的状态，努力实现双赢发展。

第三，通过产品升级换代深度拓展市场。在努力扩大国际市场占有率的过程中，巩固传统外贸市场的占有份额具有保存量的性质，而加大对新兴国家市场的开拓力度则具有扩增量的性质。但是，无论是保存量还是扩增量，最终都要依托具体的进出口产品进行。因此，必须适应当代各国的市场消费需求，依靠产品的推陈出新和升级换代吸引市场需求，拓展既有外贸市场的深度。

第四，建设和拓展多种形式的外贸发展平台。在这一方面，一是可以按省为单位建立商务发展基金，发挥财政资金对中小企业开拓国际市场引导和扶持作用。二是针对外贸企业在拓展国际市场过程中急需解决的重大疑难问题进行专题指导。三是依托区域内的特色产业园区、重点出口基地、重点出口企业等，规划建设具有区域特色的外贸产品集散中心，加强对本区域特色外贸出口产品的宣传营销。四是适时组织各类国际市场宣传推介、境外市场考察等活动，帮助出口企业选准拓展国际市场的方向。

第五，建设与外贸发展密切相关的国际品牌中心、国际会展中心、国际商务中心等，为出口企业拓展国际市场提供尽可能多的便利等。

5. 充分发挥进口的综合效应

第一，加大对战略性资源要素的进口。目前国际原材料及大宗商品的价格明显回落，能源、石油、煤炭的价格开始回归正常，这对于资源要素紧缺，每年都要大量进口战略性资源要素的东部地区，无疑是十分利好的消息。因此，要抓住有利时间扩大进口，补充储备战略性资源要素，以便有效缓解区域外贸发展的能源和原材料的瓶颈约束。

第二，鼓励高端制造装备和技术的进口。积极进口节能环保、新一代信息技术、高端制造装备、新能源汽车、新材料等新兴产业发展所需要的技术和产品，特别是重点进口战略性新兴产业、传统产业技术改造、节能减排和低碳经济、高新技术和高附加值产业急需的先进技术、关键设备和稀缺资源性产品，进一步提升我国新兴产业的生产技术能力。

第三，扩大服务进口。根据发展现代服务业的需要，坚持进出口并重，协调推进服务贸易。加快发展与新一代信息技术、生物、高端装备制造、新能源、新材料、新能源汽车等产业相配套的生产性服务贸易进口。充分发掘消费者在教育培训、养老服务、医疗保障等生活服务方面的需求潜力，有序扩大相关高端生活性服务进口。

第四，积极培育发展各类进口主体。推动出口型企业向进出口并重转型，鼓励和扶持内资企业提升进口能力和份额，支持外商投资企业扩大进口。建立重点进口企业联系制度，提高企业的进口议价能力，支持企业做大做强。特别是注意促进进口与国内流通相衔接，支持有实力的外贸企业整合进口相关环节，打造“国际采购—进口—自营销售”一体化平台，发展自营销售，减少中间环节。

6. 千方百计降低贸易成本

第一，积极采用和推广新的贸易方式。目前，B2B 外贸、外贸小额批发、B2C 外贸、无税贸易等新的贸易方式方兴未艾。要适应这些新的变化，积极采用新的贸易方式，直接面对终端市场，拓展出口产品市场空间，并最大限度地节省外贸成本，提高对外贸易效率。

第二，继续推进贸易便利化。东部地区各省市出口规模大，外贸渠道多，加快推进贸易便利化，将会有利于其外贸的转型发展，同时也能够大大提高其外贸的效率。在继续推进贸易便利化的过程中，当前应该特别关注进口便利化。特别是在实施扩大进口战略后，东部地区将会加快引进各类先进技术、关键零部件、高端制造装备、紧缺要素和物资，无论是进口的种类还是进口的数量都会明显增加，这就更要加快推进进口的便利化。

第三，加快大通关和商务信用体系建设。一是要在货物通关、出口退税、信用保险、收结汇等方面取得新的突破。二是要积极推进跨境贸易人民币结算工作，进一步改进和完善直接投资项下外汇管理方式和手段，加快企业外汇资金周转。三是完善信用风险评估和控制机制，进一步加强知识产权保护，营造公平的可预见的法制环境。

第四，发挥和放大促进外贸政策的功能效应。首先，要对现有促进外贸发展的政策措施进行梳理和完善，强化外贸促进政策的针对性。财税政策方面，要重点支持外贸结构调整和转型升级。货币政策方面，要根据人民币汇率变动情况，努力保持区域内部的资本货币市场稳定，推动跨境贸易人民币结算工作。金融政策方面，要继续扩大出口信用保险规模，降低具有竞争优势的出口产品信用保险费率水平，扩大对风险国别和市场的承保范围等。其次，要建立外贸促进政策的信息通道。构建必要的政策信息发布平台，互通东部地区各省市之间的促进贸易发展政策，确保各省市区域内促进贸易发展政策畅通到外贸出口企业。再次，应当适时出台具有前瞻性的外贸促进新政策，尤其是在目前国际市场需求严重不足、贸易保护措施趋于强化，外贸发展面临压力走势趋软的境况下，要在着力保持外贸政策持续性和稳定性基础上，充分利用 WTO 规则，适时推出更具有前瞻性和针对性的政策措施，帮助出口企业减轻压力，促进外贸实现平稳发展。最后，应当采取有效措施，避免已经出台的政策实施出现时滞，确保外贸扶持政策的及时到位。

7. 全面积极应对贸易摩擦

第一，密切关注贸易壁垒发展的最新态势。在这一方面，既要关注各国实施贸易壁垒的可能性，又要密切关注各国可能推出的新型贸易壁垒，如反规避、世界气候谈判、碳关税、ISO26000 标准等，防范因新贸易壁垒实施所引起的措手不及，影响外贸转型发展。

第二，建立联合性的贸易摩擦应对机制。在这一方面，首先应当建立东部地区区域性的贸易摩擦预警机制，及时发布有关贸易摩擦的预警信息，实现信息共享。其次完善政府、企业和中介组织三者分工合作的贸易摩擦联合应对机制，各司其职，各负其责地进行贸易摩擦的应对。

第三，设立省级贸易壁垒应对基金，帮助和支持资金暂时有困难的涉案企业积极应对贸易摩擦。这一基金可以按照外贸企业出口总额或者享受出口退税数额的一定比例进行提留，最初的启动资金则由财政投入或者垫付。

第四，逐步建立和完善公平贸易的组织指导机构。要以省为单位，在外贸重点市县，配备专人开展并抓好公平贸易工作。切实增强商会和行业协会的组织化程度、专业化水平和服务企业的能力，充分发挥商会和行业协会在应对贸易摩擦中的作用。

参考文献

[1] Yanina Yin, Kai and Yu Luo. A Demonstrational Analysis of Relationship between FDI and Industrial Structure Upgrading in Chi-

na. Communications in Computer an Information Science, 2011, 209: 370 - 377.

[2] i-Wen Shang, Li-Juan Zhao and Mei-Lan Cui. The Empirical Research of Hebei Province's Foreign Trade's Effect on Upgrading the Industrial Structure. Intelligent and Soft Computing, 2012, 136/2012: 115 - 120.

[3] MingHua Han. Emperical Study for the Development of Producer Services and Upgrading of Manufacturing from the Perspective of Industrial Interaction. Intelligent and Soft Computing, 2011, 136/2012: 115 - 120.

[4] 迈克尔·波特著. 李明轩, 邱如美译. 国家竞争优势 [M]. 北京: 华夏出版社, 2002.

[5] 中国社会科学院工业经济研究所课题组. "十二五" 时期工业结构调整和优化升级研究 [J]. 中国工业经济, 2010 (1).

[6] 查日升. 加工贸易转型升级的核心因素: 粤省证据 [J]. 改革, 2011 (4).

[7] 国务院发展研究中心产业经济研究部课题组. 中国产业振兴与转型升级 [M]. 北京: 中国发展出版社, 2010.

[8] 曾贵, 钟坚. 全球生产网络中加工贸易转型升级的路径探索 [J]. 中国软科学, 2011 (2).

[9] 戴翔. 中国出口市场选择与贸易转型升级——基于分类市场的比较研究 [J]. 世界经济, 2011 (6).

[10] 张曙霄, 张磊. 中国对外贸易结构转型升级研究——基于内需与外需的视角 [J]. 当代经济研究, 2013 (2).

作者信息

卜海：南京师范大学商学院教授、博士生导师。

“金砖国家”服务贸易竞争力研究

凌晓清　黄晓凤　陈丽羽

摘要： 21 世纪以来，伴随着全球服务贸易的蓬勃发展，服务贸易已成为推动“金砖国家”经济高速增长的动力。通过 CA 指数、SRCA 指数、Lafay 指数以及 ES 指数对“金砖国家”服务贸易整体竞争力、行业竞争力、产业内贸易程度以及出口商品相似度进行了深入分析，研究结果表明：“金砖国家”服务贸易整体竞争力呈现“一强四弱”、服务贸易行业优势集中于传统行业、服务贸易产业内贸易明显以及“金砖国家”之间相互竞争较为激烈等特征。

关键词： “金砖国家”服务贸易　国际竞争

一、引　　言

20 世纪 90 年代以来，全球服务贸易显现出旺盛的生命力，步入了高速发展时代。至 2011 年 12 月，全球服务贸易进出口额占全球进出口总量的 18.1%。服务贸易的飞速发展成为影响着各国经济发展的重要力量，不仅在各国的经济活动中扮演着主要角色，而且在国际收支平衡中起着巨大的作用，成为衡量国际竞争力的重要标准。因此，研究服务贸易竞争力对经济发展具有重要的理论价值和现实意义。

“金砖国家”（巴西、俄罗斯、印度、中国和南非）是新兴经济体的代表。据相关资料显示，21 世纪以来，“金砖国家”经济经历了高速增长时代。其中，中国经济年均增长率保持在 8% 左右，成为全球最受瞩目的发展中国家；印度经济年均增长率保持在7%左右，略低于中国；俄罗斯经济保持4%～6%的年均增长率，接近世界的平均水平；巴西经济年均增长率保持在3%～4%之间；南非经济年均增长率则在2%～4%之间。与此相对的是，以美国为首的发达国家经济体年均增率仅为3%左右。总而言之，“金砖国家”经济增长在全球经济中表现较为突出。

随着经济的发展，“金砖国家”的贸易结构不断升级，服务贸易呈现加速发展趋势，在全球对外贸易中的作用日益显著。服务贸易已经成为推动“金砖国家”经济强劲增长的动力。然而，“金砖国家”服务贸易正面临着“大而不强”的尴尬境遇，其国际竞争力与欧美等发达国家差距明显，均未形成强大的竞争性服务贸易产业。因此，探索影响“金砖国家”服务贸易竞争力的因素，寻求提升服务贸易竞争力的路径，成为“金砖国家”急需解决的重大现实问题。

二、“金砖国家”服务贸易竞争力分析

（一）“金砖国家”服务贸易整体竞争力分析（CA指数）

本文选取显性竞争优势指数（Competitive Advantage Index，简称CA指数）对“金砖国家”服务贸易整体竞争力进行全面评价。

根据CA指数计算公式，测算出“金砖国家”的服务贸易显性竞争优势指数。总体上，除印度和南非的部分年份外，所有的CA指数均是小于0的，表明了“金砖国家”中除了印度的服务贸易具有显性竞争优势外，其余四国均处于竞争劣势，表现出明显的“一强四弱”的特征，具体见表1。

从表1可以看出，只有印度的CA指数在2003年之后出现正值，南非的CA指数在2003～2006年曾出现正值，但是之后回落，其他国家的CA指数均为负值。

表 1　　2000 ~ 2011 年 "金砖国家" 服务贸易显性竞争优势指数分析 (CA 指数)

年份	巴西	俄罗斯	印度	中国	南非
2000	-0.4231	-1.0518	-0.0386	-0.1942	-0.1486
2001	-0.4736	-0.9403	-0.0794	-0.1768	-0.1079
2002	-0.4924	-0.8862	-0.0149	-0.1724	-0.1141
2003	-0.5965	-0.8543	0.0951	-0.1436	0.0553
2004	-0.5221	-0.8502	0.2626	-0.1359	0.0157
2005	-0.6727	-0.8150	0.4095	-0.1656	0.0246
2006	-0.6481	-0.7082	0.5186	-0.1849	0.0438
2007	-0.5629	-0.6180	0.5669	-0.1976	-0.0273
2008	-0.4360	-0.6252	0.6384	-0.2030	-0.0911
2009	-0.5529	-0.6193	0.4941	-0.2259	-0.0688
2010	-0.6260	-0.7108	0.4745	-0.1616	-0.1387
2011	-0.6818	-0.7446	0.5095	-0.2155	-0.1147

资料来源：根据 WTO，International Trade Statistics2000 ~ 2012 计算整理得出。

从数值变化趋势来看，印度的 CA 值在 2000 ~ 2008 年间出现上升趋势，在 2009 年、2010 年有较大幅度的回落，在 2011 年开始恢复上升，CA 指数的正值说明印度服务贸易有相对的竞争优势，但由于正值的数值较小，所以只能说其具有竞争优势，但国际竞争力不强。

南非 CA 值总体上先升后降，到 2006 年后又开始回落，其服务贸易未能成功扭转劣势地位，但相较于其他三国，其劣势地位不明显。

2000 ~ 2004 年，中国的 CA 指数有变大趋势，但随后迅速回落，并于 2009 年达到最小值 -0.2259，说明中国服务贸易竞争力有继续降低的趋势。

巴西的 CA 指数下降趋势明显，竞争劣势将会更加明显。

俄罗斯的 CA 值在 2000 ~ 2007 年一直呈现上升趋势，但 2008 年后出现明显下降，总体上其服务贸易竞争力在 "金砖国家" 中是最低的。

因此，在 "金砖国家" 中，印度的服务贸易国际竞争力最强，南非紧跟其后，接着是中国、巴西和俄罗斯。

CA 指数的结果印证了我们的推断：服务贸易竞争力的大小不能单从规模、增长速度及差额等直观的数据来衡量，应该运用更加科学的指标来测度。

（二）"金砖国家"主要服务行业贸易竞争力分析（SRCA 指数）

一个国家的服务贸易整体竞争力较强，不代表其所有的服务贸易部门均处于竞争优势地位，要清楚地了解每个部门的优劣势状况，就要对其行业竞争力进行分析，本文选取对称性显示性比较优势指数（Symmetry Revealed Comparative Advantage Index，简称 SRCA 指数）对"金砖国家"服务贸易行业竞争力评价。

根据 SRCA 指数公式可以测算出 2000 ~ 2011 年"金砖五国"服务贸易各部门的对称性显示性比较优势，结果显示"金砖五国"服务贸易的竞争优势部门呈现多样化、分散化的趋势。各国的优势部门分布在不同的行业和部门，具体见图 1 ~ 图 5。

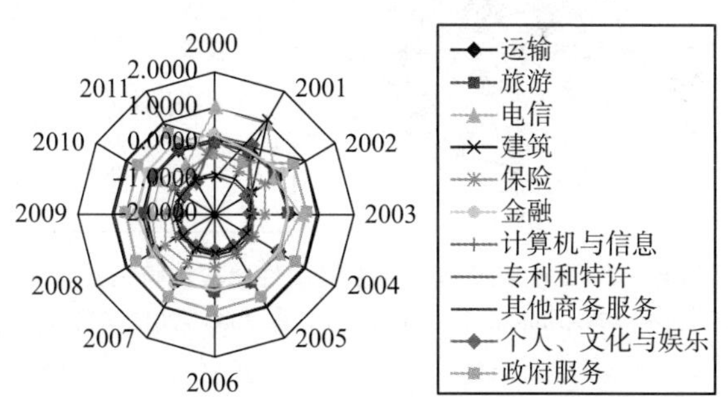

图 1　2000 ~ 2011 年巴西对称性显示性比较优势指数（SRCA）

资料来源：根据 WTO，International Trade Statistics2000 ~ 2012 计算绘制得出。

从图 1 可以看出，巴西的其他商务服务和政府服务两部门的 SRCA 指数均值分别为 0. 825 和 0. 498，表现较为稳定，表明这两部门在巴西的服务贸易行业中具有较为明显的长期比较优势；运输业、旅游业、电信业以及金融服务业的SRCA均值在［0，0.2］之间，表明这四个部门在巴西的服务贸易中具有一定的比较优势，但是稍弱于其他商务服务和政府服务部门；建筑、计算机与信息、专利和特许、个人文化与娱乐这四个部门的SRCA指数均值分别为-0.739、-0.614、-0.814和-0.775，比较劣势显著。

从图2可以看出，俄罗斯服务贸易整体发展水平较弱，但其多个服务贸易部门却呈现出较弱的竞争优势，其中运输、旅游、电信、建筑和其他商务服务等部门多年来SRCA指数一直为正，尤其是其他商务服务，其SRCA指数均值保持在0.88左右，其次是运输和建筑部门，其SRCA指数均值保持在0.4以上；保险、金融、计算机与信息、专利和特许、个人文化与娱乐、政府服务等部门的SRCA指数均值一直为负，说明这些部门在俄罗斯发展相对滞后。

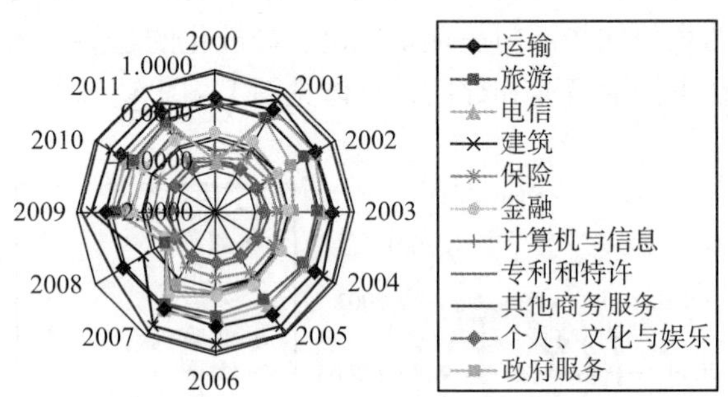

图2　2000~2011年俄罗斯对称性显示性比较优势指数（SRCA）

资料来源：根据WTO，International Trade Statistics2000~2012计算绘制得出。

印度是承接离岸服务外包规模最大的国家，其外包业务主要集中于IT领域。从图3可以看出，自2000年以来，印度的计算机与信息服务部门的SRCA指数均在0.8左右，说明印度的该服务贸易部门有显著的比较优势，具有极强的国际竞争力；此外，印度的政府服务SRCA指数均值达0.637，表明印度的政府服务部门具有较显著的比较优势；印度涉及基础设施建设的建筑业SRCA指数均值

在 -0.3 左右，该部门发展相对滞后；保险服务、专利和特许、其他商务服务、个人文化与娱乐等部门的比较劣势更加明显，SRCA 指数均值分别为 -0.499、-0.981、-0.706 和 -0.934。

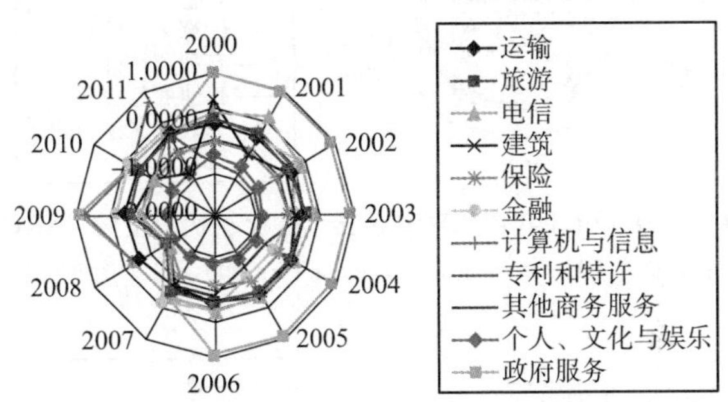

图 3　2000～2011 年印度对称性显示性比较优势指数（SRCA）

资料来源：根据 WTO，International Trade Statistics2000～2012 计算绘制得出。

从图 4 可以看出，劳动力和资源密集型的部门是中国的传统优势部门，如建筑和旅游部门，其中建筑和其他商务服务部门的 SRCA 指数均值分别为 0.358 和 0.918，表明这两个部门具有显著的长期比较优势，运输、旅游两部门则表现出比较弱的竞争优势；在对资本和技术依赖程度较高的服务部门，如电信、保险、金融、计算机与信息、专利和特许、个人文化与娱乐、政府服务等部门则呈现显著的比较劣势，尤其是金融、专利和特许以及个人文化娱乐这三个部门的 SRCA 指数均值都在 -0.9 左右，说明中国的服务贸易仍处于国际分工及产业链的底端和价值链的低端，优劣势部门两极分化。

从图 5 可以看出，南非有着丰富的旅游资源，依靠生态旅游和民俗旅游的南非发展迅速，其旅游业和其他商业服务的 SRCA 指数均值一直保持在 0.46 左右，其次是电信业具有微弱的比较优势。除此之外，南非其他服务贸易部门 SRCA 指数均呈现负值。南非服务贸易整体竞争力薄弱，在国际竞争中处于劣势地位。

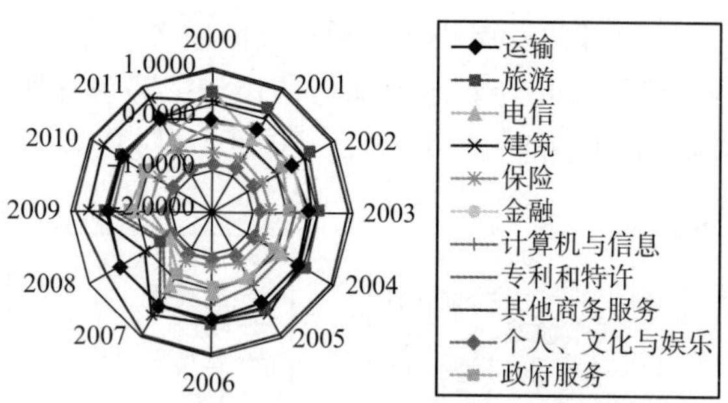

图4　2000～2011年中国对称性显示性比较优势指数（SRCA）

资料来源：根据WTO，International Trade Statistics2000～2012计算绘制得出。

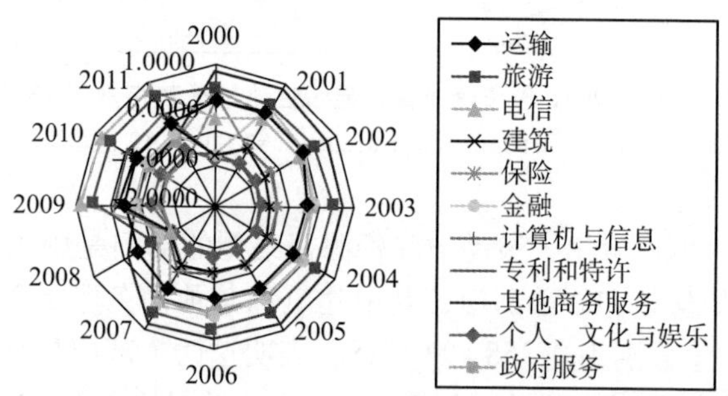

图5　2000～2011年南非对称性显示性比较优势指数（SRCA）

资料来源：根据WTO，International Trade Statistics2000～2012计算绘制得出。

由此可见，“金砖五国”各服务贸易部门竞争力强弱不同，具体表现为：其他商业服务和政府服务是巴西的两大主要优势部门，建筑、保险、计算机与信息、专利和特许、个人文化与娱乐部门竞争劣势明显。

俄罗斯的运输、旅游、电信、建筑和其他商务服务等服务贸易部门表现良好，其余部门竞争力偏弱。总体上，传统服务贸易强于新兴服务贸易。

印度的计算机与信息服务行业竞争力位居“金砖国家”首位，表现出极强的国际竞争力，运输、金融等行业长期以来都是印度的劣势部门。

中国服务贸易行业中最具竞争力的是其他商业服务，旅游服务、运输服务在服务贸易总额中占了较大的份额，但其竞争力相对较弱。

南非旅游业是其传统优势部门，其他部门竞争优势不明显。

总体上，"金砖国家"的主要优势部门集中于其他商务和旅游等传统服务部门，五国的优势部门之间存在一定程度上的竞争。

（三）"金砖国家"服务贸易产业内贸易评价（Lafay 指数）

产业内贸易模式对一国产业竞争力的影响也是不可忽视的，它可以反映国家与国家之间在服务贸易领域的竞争性和互补性。各国产业内贸易水平越高，则说明国家与国家之间贸易的竞争性越强；各国产业内贸易水平越低，则说明彼此之间贸易的互补性越强。本节运用 Lafay 指数来评价"金砖国家"之间服务贸易产业内贸易情况。

从拉菲指数所反映的贸易模式结构来看，"金砖五国"服务贸易模式以产业内贸易为主，这种贸易模式在短期内无法根本改变。根据拉菲指数公式测算的结果见表 2 ~ 表 6。

表 2　　2000 ~ 2011 年巴西拉菲指数

年份	运输	旅游	电信	建筑	保险	金融
2000	-5.060	-1.962	-0.078	1.113	0.644	-0.022
2001	-4.765	-0.069	0.586	0.088	-0.334	-0.115
2002	-3.827	2.418	0.284	0.059	-1.032	-0.109
2003	-2.280	4.357	0.886	0.046	-1.182	-0.659
2004	-3.013	4.384	0.713	0.009	-1.427	0.230
2005	-0.637	2.244	0.480	0.024	-0.980	0.064
2006	-2.337	1.149	0.309	0.050	-0.445	0.402
2007	-2.702	-0.667	0.396	0.029	-0.596	1.135
2008	-2.049	-2.026	0.409	0.027	-0.387	0.781
2009	-1.109	-1.891	0.390	0.020	-1.175	1.043
2010	-1.163	-3.403	0.371	0.036	-0.507	1.715
2011	-1.509	-4.530	0.215	0.017	-0.416	2.049

续表

年份	计算机与信息	专利特权	其他商务	个人文化娱乐	政府服务
2000	-3.010	-3.314	12.780	-0.699	-0.393
2001	-2.898	-2.778	11.376	-0.692	-0.398
2002	-3.631	-3.496	9.962	-0.731	0.469
2003	-3.196	-3.348	5.355	-0.806	0.827
2004	-3.415	-2.941	5.921	-0.974	0.511
2005	-3.106	-2.456	5.357	-0.720	-0.270
2006	-3.055	-2.374	6.479	-0.679	0.501
2007	-2.594	-2.261	8.454	-0.689	-0.503
2008	-2.523	-2.000	8.737	-0.744	-0.225
2009	-2.425	-1.765	8.111	-0.817	-0.382
2010	-2.207	-1.476	7.274	-0.755	0.115
2011	-2.081	-1.240	8.026	-0.707	0.176

资料来源：根据 WTO，International Trade Statistics2000 ~ 2012 计算整理得出。

从表2可以看出，在巴西的服务贸易中，其他商业服务的 Lafay 指数是最高的，均值高达8.153，远远高于其他部门，说明巴西的其他商业服务部门具有明显的比较优势，并且该部门的拉菲指数远离零值，说明该部门是以产业间贸易为主，与其他四国存在较大程度的互补性。

其次，电信、建筑和金融服务三大部门的拉菲指数在总体上呈现正值，但是均值较小，说明这三个部门具有微弱的专业化优势，且产业内贸易明显。

最后，运输、旅游、保险、计算机、专利和特许费、个人文化与娱乐以及政府服务等部门的拉菲指数值基本呈现负值，说明这些部门在巴西的服务贸易中处于劣势地位，其中以运输服务劣势最为明显，需要说明的是巴西的旅游业虽然处于竞争劣势，但是其远离0轴线，表现出较明显的产业间贸易模式。

总体而言，除了其他商业服务以外，巴西其他服务贸易部门的竞争力均比较弱，产业内贸易程度较高；从动态发展的角度来看，2000～2011年间，金融和专利特权两部门的Lafay值一直呈现比较稳定的上升态势，说明这两个部门的发展潜力较大，尤其是代表知识技术密集型服务的专利特权的优势能够在较大程度上带动其他贸易部门的协同发展，促进巴西服务贸易的总体竞争力提升。

从表3可以看出，俄罗斯服务贸易各部门的拉菲指数变动可以从三个方面进行分析：

表3　　2000～2011年俄罗斯拉菲指数

年份	运输	旅游	电信	建筑	保险	金融
2000	11.183	12.053	1.050	-0.322	-1.022	0.401
2001	12.053	13.145	0.594	-1.060	-0.568	0.043
2002	13.145	12.326	0.561	-1.178	-0.566	0.020
2003	12.326	12.375	0.323	-1.215	-0.910	-0.034
2004	12.375	11.095	0.081	-0.706	-1.087	-0.367
2005	11.095	-10.090	0.299	-0.743	-0.242	-0.352
2006	8.438	-7.713	0.265	-0.228	-0.187	-0.060
2007	6.791	-5.959	0.402	-1.105	-0.235	0.223
2008	5.888	-4.016	0.142	-1.247	-0.190	-0.084
2009	6.931	-5.530	0.062	0.313	-0.230	0.031
2010	7.933	-7.411	0.014	-0.032	-0.174	0.011
2011	7.014	-6.749	-0.041	0.168	-0.292	0.068

年份	计算机与信息	专利特权	其他商务	个人文化娱乐	政府服务
2000	-1.081	0.259	-1.004	—	—
2001	-0.729	-0.525	-2.628	-0.029	-0.772
2002	-0.702	-0.166	-2.186	-0.091	-0.729
2003	-0.286	-0.726	0.462	0.036	-0.693
2004	0.133	-1.032	0.907	-0.062	-1.232
2005	0.213	-1.464	2.198	-0.184	-0.730
2006	0.322	-1.701	1.930	-0.225	-0.752
2007	0.556	-1.836	2.203	-0.266	-0.775

续表

年份	计算机与信息	专利特权	其他商务	个人文化娱乐	政府服务
2008	0.641	-2.506	2.152	-0.168	-0.611
2009	0.376	-2.647	2.191	-0.228	-1.205
2010	0.226	-2.552	2.884	-0.138	-0.761
2011	0.229	-2.340	2.611	-0.110	-0.558

注：-表示相关数据缺失。
资料来源：根据 WTO，International Trade Statistics2000～2012 计算整理得出。

第一，与中国、印度有较大差异的是俄罗斯的运输服务部门一直是其优势部门，其 Lafay 指数虽然有较大的波动，但依然是俄罗斯所有服务部门中最高的，其优势地位是其他部门暂时无法取代的；同时其 Lafay 指数远离零值，表明其产业间贸易程度很高，而产业内贸易程度较低。

第二，旅游业的拉菲指数值在 2000～2011 年间均呈现较大的负值，说明俄罗斯旅游产业处于竞争劣势，且产业内贸易程度较低，以产业间贸易为主。

第三，电信服务、建筑服务、保险服务、金融服务、计算机和信息服务、专利特权服务、其他商业服务、个人文化娱乐以及政府服务等部门的拉菲指数均在［-2.647，2.611］区间内围绕零值上下波动，说明这些部门在俄罗斯的服务贸易产业中比较优势不明显或者呈现比较劣势，仍未改变产业内贸易为主的基本格局。

从表4可以看出，印度是一个依靠服务业来推动经济发展的新兴国家，其计算机信息产业在过去十多年间已经成为印度增长最快的行业，在计算机信息产业的带动下，印度已经成为世界上最大的软件接包国和全球第二大的软件出口国。表4的结果显示：印度计算机和信息服务 Lafay 指数从 2000 年的 12.601 跃升至 2011 年的 24.634，增幅高达 95.49%，展现出强劲的国际竞争力；同时 Lafay 指数日益偏离零值，说明印度计算机和信息服务部门产业间贸易的程度越来越高，有较强的竞争性。

表 4　　2000～2011 年印度拉菲指数

年份	运输	旅游	电信	建筑	保险	金融
2000	-16.671	3.339	1.511	1.169	-1.341	-2.488
2001	-15.140	1.741	2.511	-0.982	-1.221	-3.530
2002	-13.890	0.841	-0.379	-0.830	-1.270	-1.866
2003	-12.390	2.134	0.801	-1.850	-1.493	-0.210
2004	-12.840	1.321	0.621	-0.488	-1.354	-0.661
2005	-16.342	0.593	1.050	-0.308	-1.560	0.171
2006	-15.642	0.363	1.040	-0.227	-1.472	0.029
2007	-16.410	0.364	0.731	-0.077	-1.370	-0.341
2008	-18.262	0.266	0.571	-0.075	-1.670	-0.051
2009	-15.733	0.432	-0.027	-0.270	-1.631	-0.495
2010	-18.231	0.511	0.502	-0.198	-1.505	-3.727
2011	-22.979	2.101	—	—	-2.160	-1.425

年份	计算机与信息	专利特权	其他商务	个人文化娱乐	政府服务
2000	12.601	-0.490	—	1.211	1.160
2001	18.989	-0.678	—	0.780	-2.502
2002	20.640	-0.772	—	0.280	-2.767
2003	23.461	-1.051	—	0.155	-9.550
2004	20.009	-0.790	-0.029	-0.030	-5.751
2005	19.429	-0.510	-0.013	-0.181	-2.317
2006	19.051	-0.674	0.128	-0.210	-2.403
2007	18.823	-0.722	0.174	-0.108	-1.061
2008	21.354	-0.810	0.152	-0.121	-1.380
2009	24.290	-1.043	0.110	-0.220	-5.370
2010	24.135	-0.653	0.124	-0.327	—
2011	24.634	—	—	0.338	-0.509

注：-表示相关数据缺失。
资料来源：根据 WTO，International Trade Statistics2000～2012 计算整理得出。

旅游以及其他商业服务两个部门的 Lafay 指数连年下降，尤其是其他商业服务的 Lafay 指数由 2000 年的 1.160 降至 2011 年的

-0.509，从比较优势部门转变为比较劣势部门，且均以产业内贸易为主。

运输部门的拉菲指数值在印度所有的服务部门中是最低的，并有继续下降的趋势，运输有可能成为印度服务贸易发展的"瓶颈"。需要注意的是，尽管运输服务贸易竞争劣势明显，但其产业间贸易程度是很高的。印度其他的服务部门拉菲指数值均较低，并且围绕在零值周围，以产业内贸易为主。

从表5可以看出，中国服务贸易各部门的拉菲指数主要表现为以下三种情况：

表5　　2000～2011年中国拉菲指数

年份	运输	旅游	电信	建筑	保险	金融
2000	-8.336	8.410	1.861	-0.388	-3.229	-0.006
2001	-7.423	8.920	-0.012	0.175	-3.092	0.054
2002	-7.386	9.042	0.186	0.528	-3.205	-0.032
2003	-7.968	4.858	0.294	0.308	-3.764	-0.048
2004	-7.310	7.302	0.025	0.245	-3.919	-0.020
2005	-6.584	6.680	-0.034	0.774	-3.913	0.003
2006	-5.610	6.376	0.022	0.479	-4.073	-0.362
2007	-3.809	3.784	0.065	1.081	-3.724	-0.120
2008	-2.773	2.502	0.059	2.135	-3.534	-0.071
2009	-5.496	1.549	0.081	1.788	-2.911	-0.059
2010	-6.346	-0.811	0.062	2.911	-3.557	0.030
2011	-6.835	-2.428	0.202	3.081	-3.294	0.010

年份	计算机与信息	专利特权	其他商务	个人文化娱乐	政府服务
2000	0.216	-1.635	2.913	-0.033	0.227
2001	0.261	-2.292	3.109	-0.019	0.354
2002	-0.412	-3.159	4.529	-0.065	-0.025
2003	0.241	-3.071	9.204	-0.028	-0.026
2004	0.440	-2.913	6.303	-0.089	-0.065

续表

年份	计算机与信息	专利特权	其他商务	个人文化娱乐	政府服务
2005	0.267	-3.059	5.907	-0.002	-0.039
2006	0.744	-3.172	5.517	0.014	0.064
2007	0.928	-3.005	4.834	0.070	-0.103
2008	1.127	-3.048	3.604	0.062	-0.063
2009	1.481	-3.281	6.797	-0.049	0.101
2010	1.929	-3.119	8.979	-0.060	-0.018
2011	2.346	-2.828	9.863	-0.043	-0.073

资料来源：根据 WTO，International Trade Statistics2000 ~ 2012 计算整理得出。

第一，中国旅游业的 Lafay 指数在 2000 ~ 2011 年间呈现明显的下降趋势，在 2009 年之前一直是优势部门，但 2010 年之后竞争劣势开始出现，其拉菲指数由 2000 年的 8.41 下降至 2011 年的 -2.428。同时，其拉菲指数偏离零值的幅度缩小，表明旅游业的贸易方式由产业间贸易为主向产业内贸易转变，产业集中度逐渐增高；其他商业服务后来居上，其拉菲指数由 2000 年的 2.913 上升至 2011 年的 9.863，取代旅游业成为中国服务贸易中最具竞争力的优势部门，且产业间贸易明显，专业化程度提高。

第二，电信、建筑服务、金融服务、计算机与信息服务、个人文化娱乐服务以及政府服务等部门的 Lafay 指数值都比较小，一直围绕零值波动，说明这些部门的比较优势不明显，且主要以产业内贸易为主。

第三，运输服务、保险服务、专利和特许服务三大部门的 Lafay 指数呈现为较大的负值，说明这三个贸易部门的比较劣势是明显的。其中，运输部门的拉菲指数最小，但近年来有一定幅度的上升，从 2000 年的 -8.336 上升至 2011 年的 -6.835，这可能得益于中国运输服务贸易的逆差状况改善而使得比较劣势逐渐减弱；虽然竞争劣势明显，但中国运输业远离零轴线，说明其进出口额有较大差距，产业间贸易程度较高。

从表 6 可以看出，旅游业是南非的绝对优势部门，其拉菲指数值从2000年的8.589稳步上升至2006年的21.284，此后五年虽然有所下降，但截至2011年仍以17.270位居南非服务贸易之首，且产业间贸易程度很高。

表6　　2000～2011年南非拉菲指数

年份	运输	旅游	电信	建筑	保险	金融
2000	-9.202	8.589	-0.165	—	1.201	—
2001	-8.220	8.575	0.276	0.136	-1.402	1.751
2002	-10.558	12.861	0.282	0.113	-1.510	1.583
2003	-12.261	15.901	0.181	0.100	-1.390	1.115
2004	-14.136	17.718	0.233	0.118	-1.357	1.437
2005	-15.180	19.358	0.144	0.130	-1.422	1.605
2006	-17.087	21.284	0.327	0.100	-1.431	2.260
2007	-16.239	19.746	0.100	0.173	-1.125	2.560
2008	-15.977	17.782	0.043	0.202	-0.725	2.720
2009	-14.083	17.556	-0.395	0.170	-0.475	2.537
2010	-13.212	16.966	-0.246	0.200	-0.446	2.547
2011	-14.117	17.270	-0.011	0.201	-0.338	2.733

年份	计算机与信息	专利特权	其他商务	个人文化娱乐	政府服务
2000	-	-1.620	1.058	-	0.140
2001	0.064	-2.936	1.379	0.353	0.023
2002	0.052	-3.864	0.635	0.354	0.052
2003	0.024	-3.675	-0.162	0.337	-0.170
2004	0.044	-4.128	-0.274	0.422	-0.077
2005	0.012	-4.216	-0.847	0.472	-0.057
2006	0.082	-4.291	-1.712	0.388	0.037
2007	0.287	-4.618	-1.263	0.294	0.084
2008	0.218	-4.637	-0.224	0.351	0.247
2009	0.395	-5.346	-0.733	0.268	0.107
2010	0.522	-4.962	-1.770	0.198	0.204
2011	0.573	-4.928	-1.821	0.180	0.258

注：-表示相关数据缺失。

资料来源：根据WTO，International Trade Statistics2000～2012计算整理得出。

由于南非的银行业监管良好，在过去十多年其银行业得到迅速的发展，使得金融服务部门成为南非的第二大优势部门，其拉菲指数值从2001年的1.751上升至2011年的2.733，增长了56.092%，但以产业内贸易为主；此外，与巴西、中国、印度一样，运输服务也是南非的劣势部门，其拉菲指数值在统计年间一直是所有部门中最低的，说明其运输服务逆差较大，竞争劣势明显，同样是以产业间贸易为主。

综上所述，巴西的其他商业服务具有较强的出口优势，旅游业具有明显的竞争劣势，且这两个部门均以产业间贸易为主；其他部门产业内贸易程度较高。

俄罗斯旅游和运输以产业间贸易为主，与中国不同的是，俄罗斯的运输部门出口优势明显，旅游则高度依赖进口，表现为明显的劣势。

印度的计算机信息服务表现出很强的竞争优势，运输服务则劣势明显，这两个行业主要以产业间贸易为主，其他行业产业内贸易程度较高。

旅游和其他商业服务是中国的出口优势部门，运输表现为明显的劣势，这三个部门产业间贸易程度较高；其他产业主要以产业内贸易为主。

南非的旅游具有较强的出口竞争优势，而运输则依赖进口，表现为劣势，但与中国一致的是南非的运输和旅游部门都是以产业间贸易为主。

尽管"金砖五国"服务贸易规模发展迅速，但行业内部结构失衡，优劣势部门两极分化，服务贸易产业国际竞争力水平普遍偏低；服务贸易竞争优势集中于传统服务贸易部门，表现为明显的产业内贸易模式。

（四）"金砖国家"出口相似性指数分析（ES指数）

我们已经得出"金砖国家"服务贸易产业内贸易的专业化程

度、行业的竞争性和互补性，那么到底哪些国家的服务贸易存在竞争性？哪些国家的服务贸易存在互补性呢？服务贸易出口相似性将会对这个问题进行进一步的分析。“金砖国家”服务贸易出口相似度指数显示：“金砖国家”出口到世界市场的产品相似度均较高，这五个国家之间在出口商品上存在不同程度的竞争，具体见表7。

表7　2000~2011年“金砖五国”出口相似性指数分析（ES指数）

项目＼年份	2000	2001	2002	2003	2004	2005	2006	2007	2008	2009	2010	2011
巴中ES	66.4	65.8	71.0	88.4	86.3	86.4	83.1	83.8	84.7	86.3	88.8	89.0
巴印ES	96.6	95.1	89.0	86.7	78.82	78.3	80.1	82.7	83.1	85.0	86.4	90.7
巴俄ES	62.9	62.8	68.4	78.9	83.2	84.3	85.8	85.5	85.7	82.7	82.3	81.2
巴南ES	57.0	57.2	59.1	56.8	60.1	57.9	55.9	56.9	55.9	54.7	52.8	53.0
中印ES	67.7	63.1	62.9	77.1	66.9	64.9	63.2	66.5	67.8	74.7	75.2	79.8
中俄ES	75.0	72.6	73.7	79.0	81.4	84.0	87.6	93.6	95.5	88.3	86.7	87.2
中南ES	87.1	89.2	85.2	68.4	73.9	71.6	69.0	65.6	63.7	65.4	60.2	60.2
印俄ES	60.9	57.9	57.4	65.7	62.7	64.8	65.9	68.2	68.8	71.1	68.7	71.9
印南ES	55.0	52.3	48.0	47.3	45.5	43.4	42.7	44.5	45.2	46.6	43.7	47.5
俄南ES	81.1	77.5	70.9	58.8	59.4	55.7	56.6	59.2	59.2	57.3	53.4	55.3

资料来源：根据WTO，International Trade Statistics2000~2012计算整理得出。

由表7可以看出，巴西—中国、巴西—印度、巴西—俄罗斯、中国—印度、印度—俄罗斯和中国—俄罗斯这六组国家的出口相似度指数较高，说明巴西、中国、印度、俄罗斯这四个国家之间服务贸易出口相似性水平较高，特别是巴西和印度服务出口相似度甚至高达90%以上。这表明巴西、中国、印度和俄罗斯在向世界市场输出的服务产品上具有很大的重复性和可替代性，相互之间存在较大的竞争。

巴西—南非、中国—南非、印度—南非和俄罗斯—南非这四组国家的出口相似度指数较低，说明南非与“金砖五国”中的另外四个国家（巴西、中国、印度、俄罗斯）的服务贸易出口商品相似度处于较低的水平，南非与其他四国出口的商品结构有较大的差异，彼此之间互补性更强，相比而言，有更强的竞争优势。

三、结　论

本文采用服务贸易规模、服务贸易进出口增长率、服务贸易差额及服务贸易进出口行业结构四个指标对"金砖国家"服务贸易竞争力做出直观分析，利用 CA 指数测算了"金砖国家"服务贸易整体竞争力，运用 SRCA 指数评价了"金砖五国"服务贸易行业竞争力；采用 Lafay 指数测量服务贸易产业内贸易的发展程度；ES 指数则测度了"金砖国家"服务贸易产品出口流向和相互竞争的程度，并借助主成分方法探索了"金砖国家"服务贸易的影响因素。研究结论如下：

第一，"金砖国家"服务贸易整体发展势头良好。总体上来说，"金砖国家"服务贸易发展迅速，贸易规模较大、增长速度较快，成为世界服务贸易中不可或缺的重要组成部分。通过对五国的比较分析可知，印度在"金砖国家"当中表现优秀，其次是中国，俄罗斯和巴西水平相当，南非无论在规模还是增速上都处于落后地位。尽管"金砖国家"服务贸易整体发展势头良好，但是基本上还处于服务贸易进口阶段，短期内服务贸易逆差会有进一步扩大趋势。

第二，"金砖国家"服务贸易整体竞争力呈现"一强四弱"的局面。运用 CA 指数测量的结果显示："金砖国家"中只有印度的服务贸易竞争力表现出正值，并有不断增长的趋势，CA 指数的正值表明印度服务贸易有一定的竞争优势，且优势地位越来越强；"金砖国家"中其余四国的服务贸易显性竞争优势指数均表现为负值，即此四国服务贸易表现出竞争劣势，其中南非的 CA 指数在零值上下波动，竞争劣势较小；中国次之，巴西和俄罗斯竞争劣势较为明显。

第三，“金砖国家”行业服务贸易竞争优势集中于旅游、运输等传统部门，保险、金融、电信等新兴服务贸易部门劣势明显。通过 Lafay 指数测度的“金砖国家”服务贸易行业竞争力结果显示，“金砖国家”服务贸易结构不平衡导致各部门竞争力存在较大差异：巴西服务贸易的优势集中于政府服务和其他商业服务部门；俄罗斯的传统服务贸易强于新兴的服务贸易，运输和旅游部门占优势地位，其他部门劣势明显；印度的计算机与信息服务竞争优势明显，在“金砖国家”中占有绝对的优势地位；中国其他商务服务和旅游服务部门优势较为突出，其他部门竞争力较弱；旅游部门是南非的传统优势部门，也是南非服务贸易中唯一的一个具有相对比较优势的行业。

第四，“金砖国家”服务贸易以产业内贸易为主。随着国际分工的日益加深、世界产业结构的不断调整，产业内分工和产业内贸易日益取代产业间分工和产业间贸易，成为当今世界贸易的主要贸易内容和贸易形式。产业内贸易表明一国在出口某一产品的同时，也会从其他国家进口同类产品。本文通过 Lafay 指数偏离零值的程度分析了金砖国家服务贸易的产业内贸易程度，实证结果显示：“金砖国家”服务贸易以产业内贸易为主，产业间贸易主要集中在运输、旅游等传统部门，“金砖五国”之间服务贸易的竞争性大于互补性。

第五，“金砖国家”出口商品相似度高，存在较为激烈的竞争。从出口相似度的角度来分析，“金砖国家”之间的服务贸易出口产品竞争性大于互补性，存在既合作又竞争的关系。中国与巴西、俄罗斯、印度的服务贸易出口相似度很高，与南非的出口相似度最低。这说明，在服务贸易领域，中国与巴西、印度、俄罗斯向世界市场输出的产品有很强的可替代性，存在较为激烈的竞争，中国与南非之间则不存在激烈的相互竞争关系。

根据上述结论，借鉴"金砖国家"其他四国服务贸易发展的经验，提升中国服务贸易竞争力的对策和建议是：保持现有优势，实施创新驱动型战略；充分发挥相关支持产业的带动作用；高效利用外资，整合资源优势；增加居民收入，推动居民消费能力；推动城镇化与城市化发展；培养符合现代服务贸易竞争力发展的高素质人才。

参考文献

[1] B. hagwatti J. Why is services cheaper in the poor countries? The Economic Journal, 1984 (7): 279 -286.

[2] Deardoff A. comparative advantage and international trade and investment in services, Canada/US perapectives, Toronto, Ontario Economic council, 1985: 39 -71.

[3] D. F. Burgess. Services as Intermediate Goods: The Issue of Trade Liberalizational. Basil black Well. The Political Economy of International Trade. 1990: 122 -139.

[4] Mahesh C. Gupta, Anthony Czernik, Ramji D. Sharma. Operations Strategies of banks Using New Technologies for Competitive Advantage [J]. Teehnovation, 2001, 21 (12): 775 -782.

[5] 杨圣明，刘力. 服务贸易的兴起和发展 [J]. 经济学动态，1999 (5).

[6] 郝玉柱，田磊. 北京市国际服务贸易竞争力影响因素分析 [J]. 经济纵横，2012 (3).

[7] 宋丽娜. 基于"钻石模型"的服务贸易竞争力影响因素研究 [J]. 经济问题，2012 (01). 合作研究 [J]. 亚太经济，2012 (3).

[8] 辛仁杰，孙现朴. 金砖国家合作机制与中印关系 [J]. 南亚研究，2011 (3).

[9] 邢孝兵，张清. 我国服务贸易竞争力的实证分析 [J]. 经

济问题，2010（7）.

[10] 李玲慧. 发达国家服务贸易竞争力比较及对中国的启示. 西南交通大学硕士论文，2011.

作者信息

凌晓清：广东财经大学国民经济研究中心硕士研究生；

黄晓凤：广东财经大学国民经济研究中心常务副主任、教授；

陈丽羽：广东财经大学国民经济研究中心硕士研究生。

中国特色城镇化路径研究

宋圭武

摘要：中国的城镇化应有自己的道路。在制度层面，城镇化需要更加注重制度的公平建设；在产业层面，推进我国城镇化应以现代农业产业为主动力；在生产组织形式选择上，落后地区建设现代农业尤其要注重发展国营农场；在人文层面，城镇化要注重培育城市精神；在社会层面，城镇化过程需要大力加强法治建设。

关键词：中国　城镇化　道路

城镇化是文明和进步的支点之一。100 多年前恩格斯说过，250 万人集中于伦敦，使每个人的力量增加了 100 倍。城镇化发展，无疑是经济繁荣的象征，也是其强大的动力。改革开放以来，我国的城镇化水平有了很大程度提高。城镇化也为我国现代化提供了强大动力。目前，我国城镇化如何进一步发展，下面笔者谈谈一些自己的思考和看法，供大家讨论商榷。

一、在制度层面，城镇化需要更加注重制度的公平建设

制度的善，是社会最大的善，而制度的善，核心是公平。另外，公平的制度，也是提高幸福度的有效途径。人的本质是社会属性，而社会属性更多体现在公平性方面。满足了公平性，也就更多

满足了人的社会属性，从而也就让人在本质层面更有了成就感，这比非本质层面的满足会让人更幸福。但公平的实现也是一个过程，不可能一蹴而就。目前，推进中国城镇化建设，公平制度建设首先涉及户籍制度改革。如何改革户籍制度，城镇应有一套独特的模式。各地应根据实际探索多元模式。要渐进推进户籍制度改革。另外，公平的就业制度建设也是一个很重要的方面。还有，城镇的管理制度也要更加民主化。要尽可能让城镇的有关决策多一些协商化和公开化，要让更多城镇居民有参政议政和表达权利的机会。

二、在产业层面，推进我国城镇化应以现代农业产业为主动力

产业是城镇的经济动力，没有产业，城镇化就是空壳化。在我国，笔者认为，应以建设现代农业产业为主动力推动我国城镇化建设，也就是说，我国未来的城镇类型，应以现代农业型城镇为主。

（1）我国的城镇化不能走西方发达国家的老路，因为二者的历史起点不同。西方发达国家城镇化的历史起点是海外广大的殖民地以及技术革命与工业革命，是基本与工业化并行的产物，是工业化推动城镇化，城镇化又进一步推动工业化。而我国的城镇化，并不具备与发达国家相同的历史起点，所以，我国的城镇化建设，需要走出一条特殊的路子。前车之鉴仅仅是“之鉴”，并不一定要沿着前车之辙前进。

（2）我国的城镇化也不能走一些发展中国家失败的路子。我国的城镇化需要吸取发展中国家城镇化失败的教训，需要在城乡协调、工业和农业协调中推进城镇化。一些发展中国家，如一些拉美国家，之所以会产生过度城市化，产生所谓“拉美陷阱”，就是因为农业发展与城市化之间没有形成良性互动和良性循环，没有积极推动农业现代化，片面将工业化等同于现代化，在农业生产力没有得到提高的情况下，盲目推进工业化，导致城市人口爆炸，粮食供

应不足，城市贫困加剧，国内购买力难以提升。事实证明，在农业相对停滞的基础上加速进行的拉美国家城市化，不仅使农村在发展中日益贫困，而且也导致了城市的贫困和危机，使城市化走入歧途。我国的城镇化建设，应尽可能要避免这种情况。

(3) 我国的城镇化需要符合我国的国情。我国是一个人口大国，发展需要实现发展与稳定的有机统一。如何实现发展与稳定的有机统一，建设现代农业是关键。建设现代农业，可以有效保障粮食的供给，这是国家稳定的重要基础。国中有粮，民众不慌，一个人口大国，没有粮食的充分自给，是十分危险的。同时，有了现代农业，工业化的发展也就有了雄厚的基础。现代农业建设可以从多个方面促进工业的发展。从需求方面看，现代农业建设可为工业化提供更广阔的市场需求空间；从供给方面看，现代农业可为工业化提供更稳定的原料供给渠道和更低廉的供给成本。

(4) 是应对人口红利减少的需要。国家统计局最近公布的数据显示，2012 年我国 15 ~59 岁劳动年龄人口在相当长时期里第一次出现了绝对下降，比上年减少 345 万人，这意味着中国人口红利消失的拐点已在 2012 年出现，这将对经济增长产生显著影响。如何面对这种人口红利减少情况，客观需要我们有新的发展思路。一是工业化的劳动力低成本扩张已经没有什么优势，工业化需要更加注重技术红利和制度红利；二是要更加注重农村和农业的现代化建设，应通过建设现代农业应对人口红利减少。

(5) 是我国农业自身发展的需要。目前，我国农业比较效益低下，农民不愿从事农业，一些村庄土地撂荒严重，大量农民工进城，这既造成了城市发展的压力，也影响和制约了农村的进一步发展。要转变这一状况，要转变农业的弱势地位，就需要建设现代农业。

(6) 是保护环境的需要。目前，我国农村的污染问题已十分严重，要改变这一状况，就需要实现一些农村乡镇的产业转型，要淘汰一些高污染的企业，少发展工业，多建设现代农业。

（7）是推动我国城市健康发展的需要。以现代农业为主动力推进城镇化建设，有利于我国城市工业的健康发展。农村少些工业，可以减轻与城市工业争原料争资源的压力，这对提升我国城市经济发展水平十分有利。另外，建设现代农业，提高农业效率，有利于农民从城市到城镇的回流，这样可以减少城市的拥挤和农民的无序流动，对减轻运输压力（比如春运）以及加强城市社会的安全规范管理等，都十分有利。

（8）是真正发挥城镇化带动经济增长潜力的需要。城镇化若不以现代农业为主动力，城镇化对国民经济的推动作用就只有短期效应而没有长期效应。城镇化很可能就只有土地的城镇化而没有人口的城镇化，或者是有了人口的城镇化，但由于没有坚实的产业基础来支撑，最终导致城镇发展“空心化”，就像“拉美陷阱”一样，城镇化就会成为我国发展的“中国陷阱”，而非增长的潜力，最终城镇化就是“人去楼空一场梦”。

（9）有利于保护传统文化。在农村，建设现代农业，不同于进行房地产开发等，由于着眼点主要在土地的利用效率上，这对保护农村的古迹十分有利。在城市，由于农村得到发展，也减轻了城市扩展的压力，这对保护好城市文化古迹也提供了十分有利的环境。

（10）是城乡协调一体化发展的需要。笔者认为，未来我国发展格局，应体现如下特点：在城市这块，可考虑以工业化和信息化为主，同时，城市的工业应以无污染或少污染的企业为主；在一些无人居住的边缘地区，应主要布局一些重污染企业，这样虽然不利于经济效益增加，但大大增加了社会效益；而农村城镇化，应以现代农业为主要产业，最终形成城乡互补、城乡协调、城乡一体化发展的新格局。

（11）提倡以现代农业为主动力推进城镇化，并不排除其他推进城镇化建设的动力，比如第三产业、第二产业等。在建设城镇化的过程中，各地要根据实际，宜农则农，宜商则商，宜工则工。但从全国层面看，则必须要以现代农业为主动力。国家要对农村城镇发展现代农业产业进行各种形式的重点鼓励和扶持，对发展其他产业要积极进行规范和引导。

（12）在现代农业产业选择上，应大力建设循环农业、高产优质高效农业、休闲农业等。要让农村成为生态保护区和环境优美区，也要让农村成为一个休闲社区。和谐社会应是一个休闲社会，建设和谐社会，需要更加注重休闲。目前，我国已进入老龄化社会，建设休闲社会尤显重要。人的本质是追求闲，而不是追求忙。科学发展观，以人为本是实质和灵魂。建设休闲文明，更符合科学发展观的本质要求。

三、在生产组织形式选择上，落后地区建设现代农业尤其要注重发展国营农场

（一）落后地区发展国营农场的必要性

建设现代农业，由于基础条件不同，发达地区组织形式可以多元化，但落后地区农村，从实际看，积极发展国营农场应是一个比较好的选择，或首先注重发展国有农场要比发展家庭农场等会更好一些。

（1）落后地区农户普遍经营规模小，缺乏建设家庭农场的经济基础。在一些落后地区，农户土地经营规模一般在 10 亩左右，有的甚至更小（也有个别大的，但数量很少）。另外，一般家庭积累水平都很低，严重缺乏资金。在这样的经济基础上，农户自己要建设家庭农场，能力有限。

（2）落后地区农村空壳化现象严重，建设家庭农场缺乏人力基础。在一些落后地区，有技术专长或身体素质比较好的，大多会到城里打工，留在家里的，主要是老人和儿童。而靠老人经营家庭农场，除了身体条件制约外，也缺乏现代的技术。

（3）落后地区农村市场机制不健全，客观要求政府应发挥更大

主导作用。一些落后地区农村，除了经济落后外，在一些市场制度建设方面，比如在农业社会化服务体系等方面也比较落后，许多专业合作组织或服务组织是只有名，没有实。

（4）落后地区农村落后的基础设施建设也限制了农户生产规模的扩大，不利于家庭农场建设。比如交通落后，不利于产品销售等，这对建设家庭农场，扩大生产规模也不利。

（5）建设国营农场，可以有效利用小农户不能利用的土地。在一些落后地区农村，我们可以看到，有许多没有得到有效利用的土地，如一些盐碱地和荒沙地，对这些土地，若进行一些改造，也是可以利用的，但小农户对其进行技术改造的能力又不足。而建设国营农场，可以利用国营农场的技术优势和人力优势以及资金优势对其进行改造和利用。

（6）通过建设国营农场，也可以带动落后地区发展家庭农场。在国营农场的示范作用下，一些社会上的多余资本就会投资农场建设，这对发展家庭农场也有好处。

（7）通过建设国有农场，可以推动落后地区农村政治、经济、文化、社会全面发展。包括政治民主化、经济现代化、建设新文化及社会法治化建设，都会产生积极推进作用。同时，也有利于进一步巩固农村社会主义公有制地位。

（8）我国一些地区成功的国有农场，可为落后地区发展国有农场提供示范作用。目前，我国的一些国有农场，有成功的，也有不成功的。落后地区农村办国有农场，可以借鉴成功国有农场的经验，也可以吸取不成功国有农场的教训，少走弯路，这也是优势。

（二）落后地区如何发展国营农场，需要采取综合对策

（1）政府要做好规划和论证。要组织有关专家学者，包括经济专家以及农业技术专家，要进行充分的实地调研和科学论证，要统一规划，做到科学有序建设。这里主要包括国营农场地址的选取、产业的选择，以及相应的市场销售等问题，都要做到心中有数，不

能盲目上马，搞大跃进。规划论证后，政府要统一投资建设。资金来源主要是国家拨款。为此，建议国务院专门设落后地区农村国营农场建设专项资金，专门用于落后地区农村国营农场建设和发展。

（2）要招募大学生到国营农场工作。除了新招募大学生外，一些落后地区有大学生“村官”、有“三支一扶”等，以后，也可考虑将这些大学生就业转移到国营农场方向。这有多个方面的好处：一是可以减轻基层行政负担，提高基层乡镇工作效率。据笔者调研，西部有些乡镇，30 年前一个乡政府最多有 20 多个人或不到 20 人，现在有的乡镇多达 100 多人，其实有很多人，包括一些大学生，都是为了解决就业才安置的。这么多人挤在一个乡镇，必然导致人浮于事，工作效率低下，财政负担也重。二是可以真正有效发挥大学生的优势。大学生的优势是技术和知识，而不是社会经验。让大学生当“村官”或进行“三支一扶”，其实对他们而言，更多是一个学习的过程，而不是一个发挥作用的过程。现在让他们进入产业领域，就可以有效发挥他们的技术专长，比如学农业的，就可以利用自己的专长进行农业生产；学销售的，就可以跑销售等。三是招募大学生到国营农场就业，这也为解决当前就业问题提供了一个新方向。四是为将来中国的职业农民建设奠定基础。以后在国营农场就业的大学生，就是职业农民。这也是我国农民以后发展的一个方向。同时，在国营农场就业的大学生，其待遇应与国家政府机关一样，另外，还可享受农村补贴或边缘地区补贴等。

（3）要规范国营农场管理。现在有些同志一听国营农场，就想到腐败，想到“大锅饭”，想到没有效率，解决问题就是一个“包”或“分”字。确实，一些国营农场是存在这样或那样的问题，但解决这些问题的途径不一定非要“包”或“分”，因为“分”或“包”也让农场丧失了规模优势和分工优势，可以考虑更多从管理制度改革方面着手。国营农场应建立更加科学和民主的体制和运行机制，包括民主选举、民主决策、民主管理、民主监督等。另外，现在的国营农场，由于其产业都是现代农业产业，都是工厂化、市场化、规模化生产和经营，不要以前的国营农场，产业主要是传统农业，生产过程有一半是靠自然，这也就有利于运用现代化的管理方法进行科学规范管理。

（4）建设国营农场需要积极推进土地规模集中。问题是如何集中土地？可考虑如下途径：一是首先考虑撂荒地。政府要出面与这些有撂荒地的农户进行谈判，可以通过入股或长期承包的方式转移到国营农场。必要时，也可采取强制措施，因为有个别农户可能会产生要挟行为，这在农村中也是经常有的事。同时，国家应制度统一的《土地流转法》来规范土地流转，要保证农民的合法权益，也不能让农民吃亏。二是要考虑主要靠留守老人及儿童耕种的土地。对于老人，有些还能干动农活儿的，可留在农场从事一些简单劳动，农场也给予一定的工资；有些已经干不动活儿的老人，可归养老院。对于留守儿童，可考虑政府统一集中管理，比如可考虑在乡镇设立一个留守儿童部，专门管理留守儿童有关事务，包括上学等，其经费由在外打工的父母承担一部分，一部分国家可考虑给予补贴。

（5）国家要完善农业风险管理体制。建设国营农场，如何有效规避农业风险，就是一个大问题。比如市场风险、自然灾害风险、技术改进风险等。传统小农户，对于市场风险和自然灾害风险，主要是采取兼业化、多元化来回避。对于技术改进风险，小农户规避的方式是谨慎使用。因为农业技术不同于其他产业的技术，受自然因素制约较大，另外人们对新的农业产品的认可也需要一个过程，所以，一般小农户倾向于更多采用一些成熟的技术。对小农户推广技术，更多需要国家来示范和引导，若榜样的效果好，推广就很轻松。小农户的上述经营方式或风险回避方式虽然有利于损失最小化，但也不利于收益最大化，但这种方式对抵抗风险能力弱的小农户而言，也是一种理性选择，无可厚非。国营农场和小农户相比，虽然抵抗风险的能力提高了，比如生产效率更高、资金更雄厚等，但风险也有增大的趋势。这就跟一个人一样，虽然你的身体更强壮了，但你需要面对更大风险的环境。国营农场风险增加的原因主要有：其一，由于分工和生产规模的扩大，其市场风险也就增大。经济学有一个原理，收益往往与风险成正比例。分工和专业化以及规模化，对提高效率有好处，但并没有减少市场风险，实际市场风险是增大而不是减少。其二，对于国营农场而言，自然灾害风险与农户是持平的，因为自然因素不是制度变革所能决定的。其三，国营农场的技术改进风险要比农户大。因为国营农场缺少了国家的示范引导过程。由于总体风险增大，这对于国营农场而言，就需要国家进一步完善风险管理体制来配套。如何完善，笔者建议应尽可能实现生产、销售、消费一体化。以前我们讲一体化，主要还是注重生产领域和流通领域内的一体化，包括农业生产的种植、加工和销售等一体化，但这种一体化并没有和消费领域连接起来。由于没有和消费领域连接起来，市场风险就并没有得到有效消除。如今要真正减少或有效回避国营农场风险，就需要和消费领域连接起来。如何连接，就是实现生产、销售、消费一体化。如何一体化，笔者建议实现三固定。一固定，就是国营农场的产品，应实现基本固定生产。也就是生产什么、生产多少，要尽可能固定化，不要轻易变来变去。二固定，就是销售渠道要基本固定。就是产品谁销售，固定化，不能无序，这也有利于防止假冒伪劣农产品泛滥。三固定，就是谁消费，要大部分固定。比如，甲农场的产品，可固定供应 A、B、C 三个单位。实现三固定，对食品安全建设也很有利。最终对生产者、消费者都有利，总体是利远大于弊。当然，虽然通过采取一些措施可以减低农业风险，但农业风险总是存在的，比如自然风险，就很难回避。对此，建议国家在每一个县或农业比较集中的区域，设立农产品调剂中心。在丰收的年份，调剂中心平价收购储存，在歉收的年份，调剂中心又平价售出。尤其对于粮食，棉花等一些关系国计民生的大宗农产品，国家更应注意有计划地调节。

（6）要鼓励进城农民工回国营农场工作。农民工到国营农场工作，身份可就地转变为城镇户口，享受城镇国家职工待遇，同时，这些农民也就变为职业农民。这样有几个方面的好处。一是可以提高我国现有城市的素质，防止伪城镇化，对城市发展也很有利。二是可以有效推进农村城镇化的进程，有利于实现真正的城乡一体化。三是也为农村没有考上学的年轻人提供了一个努力的方向。四是也有利于农民的职业化建设。

（7）国家要鼓励一些国有企业或大专院校，尤其是要鼓励一些农业院校及有关研究机构到农村办农场。这对企业、院校、研究机构、农村几方面都有好处。对企业，可以多一条获取利润的途径，有利于实现自身均衡稳定发展；对院校，既多了一条创收的渠道，也多了一个学生实习的地方，还可以减轻国家投资负担；对科研机构，也有了更多的试验田可以进行农业技术推广；对农村，也有利于技术下乡和人才下乡，这对农户发展经济将会产生很大带动和示范作用。对于到农村办农场的企业、院校和科研机构，国家可在资金方面进行专项帮助。

（8）国家对国有农场的调控和管理要更多注重其社会效益，而不是经济效益。比如可以从保护环境、农村社会稳定、食品安全、高产优质等方面来考核国有农场管理者的业绩，而不是一味重视经济利润。对社会效益有突出贡献，同时经济效益也不错的国有农场管理者，要考虑优先提拔或重用。

四、在人文层面，城镇化要注重培育城市精神

什么是城市精神？西方著名学者宾格勒认为：城市精神是一个城市的灵魂。城市精神是一个城市在向世界展示她的人文与自然风貌的同时，展现出来的独特的、内在的风韵，是一个城市的灵魂，它应该是这个城市中各个群体的一种主体风貌。城市精神应该是多元的、丰富的、精彩的，它所表现的不仅仅是这个城市现在的精神风貌，还将充分体现这个城市的底蕴和未来图景。

（一）城市精神对城市发展意义是深远的

一个国家需要有自己的民族精神，一个城市同样需要有自己的城市精神。马克斯·韦伯说：任何一项历史事业都有一种无形的社会精神气质作为时代的精神力量来支撑，没有这一支撑，这项事业就难以完成。科特金认为，一个伟大的城市所依靠的是城市居民对他们的城市所产生的那份特殊的深深眷恋，一份让这个地方有别于其他地方的独特感情。城市必须通过一种共同享有的认同意识将全体城市居民凝聚在一起。没有一个广泛接受的信念体系，城市的未来将很难想象。法国著名城市地理学家菲利普·潘什梅尔认为：城市既是一个景观，一片经济空间，一种人口密度，也是一个生活中心和劳动中心，更具体点说，也是一种气氛，一种特征或者一个灵魂。伟大的社会学家罗伯特·以斯拉·帕克认为：城市是一种心灵状态，是一个独特风俗习惯、思想自由和情感丰富的实体。

美国著名城市理论家刘易斯·芒福德认为：城市不只是建筑物的群体，它更是各种密切相关经济相互影响的各种功能的集合体，它不单是权力的集中，更是文化的归极。所以，刘易斯·芒福德认为，城市的定义，不在于它的物质形式，更重要的是它的传播和延续文化的功能。他指出：如果我们仅只研究集结在城市墙范围以内的那些永久建筑物，那么我们就根本没有涉及城市的本质问题。丹尼尔·贝尔表示，即使在后工业时代，城市的命运将依然围绕“公共道德概念”和“城邦的古典问题”而展开。

一般而言，城市精神应体现神圣、创造、诚信、宽容等理念。

（二）城市需要神圣，没有神圣，城市精神就没有灵魂

科特金将城市的特征高度概括为六个字：神圣、安全、繁忙。这里所谓神圣，属宗教层面的概念，广义可理解为道德操守的约束或市民属性的认同，是某城市赖以维系的精神支柱。科特金认为，一个没有道义约束或没有市民属性概念的城市即使富庶也不可能保

持长久。

古代美索不达米亚的巴比伦，全称为“巴比—伊拉尼”，其义就是诸神于此处降临大地的“众神之门”。从巴比伦人和亚述人到波斯人，都把他们的城市想象成最神圣之地。在古代西方世界，城市往往是宗教的中心。

李维说：罗马历史的核心充满宗教信仰——神居住其中。

希腊著名历史学家波利比乌惊讶于罗马征服世界的气势和力量，致力于探索罗马何以具有如此力量和国家凝聚力的根源，他的结论就是宗教。他认为，罗马共和国的明显与众不同的特点是罗马人对宗教的信仰。他相信，正是这种执著认真近于迷信的信仰——它在其他民族可能被讥为一种羞辱——保持了罗马国家的凝聚力。这种信仰在罗马人的公私生活中都来自极为隆重的形式，而且可以说已达到没有什么东西能超过它们的程度。许多人对此疑惑不解，但至少他个人认为，罗马人这样做有其政治原因。如果一个国家都有智人组成，这种做法可能并不需要，但民众往往是感情多变，充满放纵的欲望、无理智的冲动和暴烈的愤怒，他们就必须用敬畏神明这种精神力量加以钳制。由于这个原因，他认为古人在公众中引进对神明的信仰和对阴间的恐惧是有所考虑的，并且他认为我们当代希腊人却极为轻率愚蠢地抛弃了这种信仰，结果世风日下，不可收拾。其他事情不说，仅就政府官员而言，只要小有才干会要手腕，那么即使有十个书吏、同样多的印章和双倍的证人层层设防，也不能保持忠诚。可是罗马人管理大量金银财物的官员却能保持廉正之风，正是因为他们信守对神明的誓言，因而始终忠于职守。在其他国家，要找到不侵吞公共财物的人绝非易事，相比之下，罗马人有关文献记载却清楚地表明，在他们中要找到一个犯这类错误的人相当困难。

西塞罗也说：我们罗马人之所以能凌驾于其他所有民族之上，要归功于我们对于神祇的虔诚以及遵守宗教的礼仪，要归功于我们明智地相信诸神的灵光统治并指导着人间万物。

因此，巴洛说：在罗马，没有任何神话所造就的道德会被抛弃，因为诸种道德观念均被包裹上了宗教祭祀之神圣外衣。

伊斯兰文明依存于对人类生存目的深刻洞察上。与它所取代的古典文明一样，其核心在于对城市的虔诚信仰。必须把信徒群体聚集在一起是伊斯兰信仰的关键的一环。穆罕默德不希望他的人民重新返回沙漠和囿于部落的价值体系；伊斯兰教实际需要城市作为“人们在一起祈祷的地方”。

《古兰经》中说：“将世界上所有的财富都分给他们，你也不能把他们联合到一起。但是真主却能联合他们。”

信仰的首要地位明显地表现在伊斯兰城市的布局中。清真寺现在成为城市生活的中心，取代了古典城市所重视的公共建筑和公共空间。

新型的工业社会可能创造史无前例的财富，但也造成了物质对神圣的一种侵蚀。工厂里看不到同情，看不到上帝，工业城市缺乏宗教空间或者强大的道德约束，只由马克思所说的“金钱关系”。到19世纪50年代，去教堂的人数降到了不足50%，像曼彻斯特这样的城市，还不到1/3，而此前去教堂曾经是十分普遍的现象。威廉·布莱克这样表达他对于机械年代带来的影响的恐慌：经牛顿水车的冲染，黑色的布料，如黑色的花冠笼罩在各国之顶，满目皆是无情工作的机器，车轮飞转，齿轮暴虐相迫，此非伊甸美景。

（三）城市需要创造，没有创造，城市就没有活力

科特金说，城市表达和释放着人类的创造性欲望。法国神学家雅克·埃吕尔认为，城市代表人类不再依赖自然界的恩赐，而是另起炉灶，试图构建一个新的、可操控的秩序。雅克·埃吕尔写道：“该隐创造了一个世界，他用自己的这座城市来代替上帝的伊甸园。”

城市代表了我们作为一个物种具有想象力的恢宏巨制，证实我们具有能够以最深远而持久的方式重塑自然的能力。城市寻求通过高高耸立的商业建筑和有灵感的文化设施来重新产生神圣地点的感觉。

历史学家凯文·林奇说："一个突出的城市景观不过是一个轮廓而已"，在这个轮廓之中，城市居民营造着他们"全社会的重要神话"。

（四）城市需要诚信，没有诚信，城市发展就是无序和高成本的

诚信是秩序之本。《左传》以信为"国之宝"。孔子也说一个国家可以去食、去兵，但不能去信，"自古皆有死，民无信不立"（《论语、颜渊》）。《吕氏春秋》有："君臣不信，则百姓诽谤，社会不宁。处官不信，则少不畏长，贵贱相轻。赏罚不信，则民易犯法，不可使令。交友不信，则离散幽怨，不能相亲。百工不信，则器械苦伪，丹漆不贞。夫可与为始，可与为终，可与尊通，可与卑穷者，其唯信乎！"这就是说，一个社会的结构、秩序、行为规范应该真实无妄，才能使社会保持稳定；一个人的行为必须与自己的本性相符合，不能反复无常，只有这样，才能维持正常的社会秩序，建立正常的人际关系，保证社会生活有序地进行。

诚信是效率之源。在我国古代，讲"诚信"历来是对"良贾"的一项基本要求。《周礼·地官·司市》中载："贾民禁伪而除诈"。另外，《礼记·王制》中也说："布帛狄来表粗不中数，幅广不中量，不鬻市"。没有诚信，经济生活就无法有效进行。据研究，世界上很多国家经济落后都与缺少诚信有直接相关性。从实际情况看，讲诚信的经济功能是多重的。首先，诚信具有简化复杂的功能。诚信通过承诺的履行，消除了风险，减少了未来的不确定性，从而为人们的行为提供了一个稳定的选择空间。其次，诚信本身也体现为一种资本。经济学家赫希认为，诚信是很多经济交易所必需的公共品德；社会学家科曼也说，诚信是社会资本形式，可减少监督与惩罚的成本。最后，诚信为经济资源跨越时间和空间障碍进行最优配置提供了可能。诚信本身具有超越时间和空间的功能，这种功能在经济上的体现就是使经济资源可一定程度不受时间和空间的制约，从而实现经济资源在时间和空间两个层次上立体交叉式的综

合配置最优化。

诚信是道德之根。诚信不仅是立国之本，也是立人之本。《春秋穀梁传》说："人之所以为人者，言也。人而不能言，何以为人？言之所以为言者，信也。言而无信，何以为言？"我们追求仁、义、礼、智、信，其中信是最基础的范畴，没有信，仁、义、礼、智就是虚伪的，就是不可靠的。诚信作为人格追求的境界，主要有三个层次。第一层次是小信，即仅仅表现为自我的表里如一，信守承诺；第二层次是中信，即不仅要求自我守信用，而且能对与自我有关联的人进行信用的促生；第三层次是大信，即个人诚信将完全服务于全社会人类整体利益的目标，这是一种个人诚信的真正升华，这种境界将成为诚信人生的最高追求。

（五）城市需要宽容，没有宽容，城市就没有广阔的发展道路

海纳百川，有容乃大。马克斯·韦伯在《经济通史》中说：城市创造了政党和政客，因此创造了西方独有的政治形式；城市创造了艺术史、科技史的奇迹，希腊、哥特式艺术都是城市艺术，数学和天文学等科学思想从巴比伦、希腊的城市里孕育而出；城市使宗教文化发扬光大……由此可见，人类的政治文明、科学艺术、宗教文化都是在城市中成长或兴盛起来的。这里若没有宽容，就不会有城市的创造，也就不会有城市文明。

纽约的生机与活力与纽约所具有的宽容精神是密切相关的。在纽约，有着来自世界各地的文化传统，这些不同的文化风格构建了独特的纽约精神。巴黎没有宽容，就没有现在的巴黎。宽容使巴黎成为文学、绘画、雕塑等艺术领域的世界引领者和世界艺术中心。

（六）在中国，建设城市精神，需要突破权力本位与关系人文的双重围剿，重点需要培育敬畏意识

对于"敬畏"，东西方的许多贤哲都有过深刻论述。孔子曰：

"君子有三畏，畏天命，畏大人，畏圣人之言"；朱熹特别强调"君子之心"应"常存敬畏"；德国古典哲学家康德认为有两样东西最值得人类敬畏，那就是"头上的灿烂星空"和"心中的道德律令"；德国现当代哲学家海德格尔敬畏的是"世界本身"："畏之所畏就是世界本身"。法国当代哲学家保罗·里克尔在《恶的象征》中指出："经由害怕而不是经由爱，人类才进入伦理世界"。对于城市发展而言，保持敬畏意识，意义是深远的。

五、在社会层面，城镇化过程需要大力加强法治建设

城镇化虽然好处多多，比如，规模化和分工化，提高了经济效率；多元化和自由的扩展也有助于新思想和新观点的产生；等等。但城镇化也伴随着严重的犯罪问题。

韦伯认为，城镇化产生了自我为中心、自我追求和追求物质的态度的危险——城市之间的不断移动的人口必然会遭受这些道德败坏的影响，没有人能够用冷静的眼光来看待这些——城镇越大，道德的凝聚力越弱。

美国社会学家刘易斯·沃思认为，规模越大的城市，人与人之间接触的机会越多，由于个人之间的互相依靠会涉及很多人，因此很少依赖于特定的某个人，因此，交流具有非个人特征，且是肤浅的、瞬息万变的，通常被简单地视为达到个人目的的手段；高密度的人口，快节奏的生活，无意识的流动等，导致功能失调的概率以及非正常的、病态的行为可能性会增加；另外，由于背景不同，类型不同的人口往往强调视觉的认同和象征主义，因此，居住区域成为身份的象征，由于没有共同的价值观和道德系统，金钱往往成为唯一的价值量度指标。

莫顿等（Morton et al.，1962）认为，城市人口在生理上和心理上都没有乡村人口精力充沛、能干。城市是人种堕落的地方，城

市生活是堕落的根源。

在城市化的早期发展中，英国犯罪率一直呈上升趋势。据统计，1819 年苏格兰因刑事罪被捕的只有 89 件，1837 年已有 3 176 件，1842 年增加到 4 189 件。贫民阶层靠打零工、盗窃、诈骗和卖淫维持最低生活水准。

在浙江省，从 1998 ~2001 年 1 月底城市人口由 1 636.76 万人增加到 2 277 万人，年均增长 5.9%。1998 ~2001 年犯罪率由每十万人 480 起增加到每十万人 681 起，平均增长 14%。据有关研究统计，近些年在北京市，查处的犯罪案件比前些年增长近 24 倍，查获涉案人员增长 17 倍。在重庆市，1997 年直辖初期，全市每年刑事立案（包括公安机关和检察机关直接立案）6 万余起，其中发生在城市的约 3.57 万起，约占 60%。随着重庆城市化的不断推进，从 2000 ~2006 年全市刑事立案在 10 万件左右波动，2007 ~2010 年刑事案件立案依次为 162 549 起、169 714 起、202 309 起、205 405 起，逐年递增，总体上犯罪案件呈现出逐渐增长的趋势。

目前，在我国城市和城镇犯罪的主要特点有：一是流动人口犯罪问题突出，侵财型犯罪表现越来越明显。目前，我国流动人口十分庞大，成分复杂，素质偏低，他们既可能是犯罪者，也可能是受害者。二是犯罪越来越组织化、职业化。在城市犯罪中，以地缘、职业等关系为纽带而进行有组织的犯罪占据了主体地位，同时，这种组织的严密性日趋加强，甚至带有黑社会性质。伴随有组织犯罪的是犯罪职业化、专业化和聚敛钱财多样化。三是犯罪手段越来越高明，越来越高科技化。科技在推动经济社会发展的同时，也逐渐成为违法犯罪人员的重要的作案手段，特别是信息网络、计算机作为犯罪工具被利用越来越突出。

另外，在城镇化过程中，除了预防和对付犯罪外，加强法治建设，也是社会转型本身的需要。德国社会理论家滕尼斯认为，人类历史存在两个不同的阶段。第一阶段是礼俗社会，第二阶段是法理社会。礼俗社会组织的基本单元是家庭或靠血缘维系的族群，作用和责任是由传统的权威所界定，社会关系是本能和惯常的。合作为习俗所左右。法理社会的经济关系建立在个人之间的契约上，个人具有专门的角色；对于个人的回报不再是基于世俗的权力，而是基于竞争性的劳动力价格。劳动力成为市场中最重要的要素之一。对个人产生影响的不再是亲情关系，而是专业中的同行。家庭关系成为次要因素，社会关系是基于理性和效率，不再是基于传统。而城镇化过程，本质也是一个从礼俗社会到法理社会的转变过程，所以，社会转型客观需要加强法律秩序建设。

如何建设法治城镇？一要加大对城镇居民的法律教育。目前，许多农民实际是法盲，加强教育和普法很重要。二是国家要根据城镇发展的实际，要逐步完善有关城镇的法律制度，做到有法可依。三要严格依法办事，做到违法必究，执法必严。

参考文献

[1] 黄书建．论我国特色的城市化进程与城市犯罪控制模式的选择．犯罪研究，2011 (2).

[2] [美] 布赖恩 · 贝利．比较城市化．商务印书馆，2012.

[3] [美] 保罗 · 诺克斯，琳达 · 迈克卡西．城市化．科学出版社，2009.

[4] [美] 乔尔 · 科特金．全球城市化．社会科学文献出版社，2006.

[5] [法] 菲斯泰尔 · 德 · 古朗士．古代城市．上海世纪出版集团，2006.

[6] 宋圭武：大国路径：中国改革真问题探索．中国经济出版社，2012.

作者信息

宋圭武：甘肃省委党校经济学部教授。

我国参与区域经济合作的回顾与展望

孟育建

摘要： 近20年来，区域经济一体化迅猛发展，各种区域经济合作机制和自由贸易区为代表的区域贸易安排不断涌现。本文回顾我国参与区域经济合作的各种类型和机制，梳理了20世纪90年代后，特别是“十一五”期间，我国区域经济合作取得的巨大成就，分析了全球区域经济合作的趋势以及对“十二五”期间的区域经济合作带来深远的影响。

关键词： 区域经济合作机制　自贸区　一体化

随着全球化的快速推进，经济全球化和区域经济一体化已成为世界经济发展两大趋势。近20年来，区域经济一体化迅猛发展，各种区域经济合作机制和自由贸易区为代表的区域贸易安排不断涌现。为顺应这一新形势，营造对外经贸和国民经济发展良好的外部环境，实现与有关国家和地区的互利共赢、共同发展，我国积极参与区域经济合作。1991年，我国参加了亚太经合组织（APEC），这是我国参加的第一个区域经济论坛，也是我国参与区域经济合作的开端。2001年，我国加入了《曼谷协议》，现在更名为《亚太贸易协议》，这是我国参与的第一个区域贸易安排。2004年11月，我国与东盟10国签署了自贸区《货物贸易协议》，这是我国签署的第一个真正意义上的自贸协议。迄今，我国参与了亚太经合组织、亚欧会议、“10+3”、上海合作组织、大湄公河次区域合作、亚太贸易协定等区域经济合作机制活动；同时，启动了14个自贸区谈判，涉及31个国家和地区，涵盖2009年我国外贸总额的1/4。20

世纪最后十年以来，特别是“十一五”期间，我国区域经济合作取得的巨大成就必将对“十二五”期间的区域经济合作带来深远的影响。

一、我国参与的区域经济合作机制

区域经济合作是指两个或者两个以上的国家或者经济体基于地缘关系的一种经济合作，比如人们所熟悉的北美自由贸易区、欧洲经济共同体等；但是有的区域经济合作已经超越了地缘的范畴，出现了跨区域的经济合作，比如中智自贸区协议、美韩自贸区协议。

区域经济合作大体上分三种形式：第一种是以自由贸易协议为主要形式的区域贸易安排，这种区域贸易安排是紧密的、有约束性的，它是指有关国家和地区通过签署协议，在 WTO 最惠国待遇基础上，进一步大幅开放市场。像中国与东盟、智利、巴基斯坦签署的自贸协议以及内地与港澳签署的更紧密经贸关系安排都属于这种形式。第二种形式是相对松散型的区域经济合作论坛。主要代表是亚太经合组织（APEC）、亚欧会议（ASEM）、东盟和中日韩（“10+3”）机制等，这些合作机制通常是非约束力的，它的合作内容通常以政策对话、贸易促进和信息交流为主。第三种形式从地缘来说，范围相对小一些，是次区域经济合作，指区域一定范围内相邻国家或地区之间的合作。像云南省和广西壮族自治区参与的大湄公河次区域合作机制和目前正在谈论中的泛北部湾合作等。这类合作主要是通过改善基础设施和能力建设促进小的区域范围内经济的发展和繁荣。以下是对我国参与的主要区域经济合作机制的简介。

（一）亚太经合组织（APEC）

包括中、美、日、俄等 21 个成员，是亚太地区最重要的经济合作论坛，在全球重大经济问题上起着引导方向的作用。由澳大利亚前总理霍克倡议，以 1989 年 11 月 6 日至 7 日在澳大利亚首都堪培拉举行的亚太经合组织第一届部长级会议为成立标志。

亚太经合组织 21 个成员的总人口达 25 亿人，占世界人口的 45%；国内生产总值（GDP）之和超过 19 万亿美元，占世界的 55%；贸易额占世界总量的 47% 以上。这一组织在全球经济活动中具有举足轻重的地位。自成立以来，亚太经合组织在推动区域和全球范围的贸易投资自由化和便利化、开展经济技术合作方面不断取得进展，为加强区域经济合作、促进亚太地区经济发展和共同繁荣做出了突出贡献。2001 年通过的《上海共识》中提出将本地区的交易成本降低 5% 的目标，2006 年，APEC 成员已经实现了这一目标。2005 年，APEC 又确定了在 2010 年前将交易成本再降低 5% 的目标。

自中国加入亚太经合组织以来，亚太经合组织便成为中国与亚太地区其他经济体开展互利合作、开展多边外交、展示中国国家形象的重要舞台。作为亚太大家庭的一员，中国一贯重视并积极参与亚太经合组织各领域合作。中国国家领导人出席了历次亚太经合组织领导人非正式会议，提出了许多积极、平衡、合理的政策主张和倡议，得到了亚太各经济体的接受和赞同。我国积极参加 APEC 领导人非正式会议、部长级会议等活动，宣传我国和平发展思想，倡导互利共赢和相互开放，支持尽快重新启动 WTO 多哈回合谈判，稳步推进贸易投资自由化和便利化，务实制订实现 1994 年提出的“茂物目标”行动计划，即发达成员在 2010 年，发展中成员在 2020 年实现贸易投资自由化。强调经济技术合作，从而提高了我国国际地位和影响力，树立了开放、负责任、建设性的大国形象。

为应对国际金融危机，中国政府除及时调整宏观经济政策，果断实施扩大内需、促进经济增长等一揽子计划外，积极与包括亚太经合组织在内的国际社会携手合作，通过双边、多边和地区性合作等各种渠道，为世界经济尽快走出困境作出了积极的贡献。2009 年 11 月，胡锦涛主席在亚太经合组织第 17 次领导人非正式会议上宣布，中国政府将拨款 1.1 亿美元设立中国亚太经合组织合作基金，用于鼓励和支持中国相关部门和企业参与亚太经合组织经济技术合作。2010年11月14日，胡锦涛主席出席在日本横滨举行亚太经合组织（APEC）第十八次领导人非正式会议第二阶段会议，并发表重要讲话。会后发表的《领导人宣言》（《横滨宣言》）说，APEC将继续推动地区经济一体化进程，以切实行动推动亚太自贸区的建设。会议还发表了《领导人关于茂物目标审评的政治声明》、《领导人增长战略》、《建立亚太自由贸易区的可能途径》三个成果文件。

（二）亚欧会议

包括亚欧45个成员，旨在通过加强相互间对话、了解与合作，为经济社会发展创造有利条件，建立亚欧新型、全面伙伴关系。由新加坡总理吴作栋于1994年10月倡议建立亚欧会议，得到了有关各方的积极响应。以1996年3月1～2日，在泰国曼谷举行的首届亚欧首脑会议为成立标志。亚欧会议的目标是在亚欧两大洲之间建立旨在促进增长的新型、全面的伙伴关系，加强相互间的对话、了解与合作，为经济和社会发展创造有利的条件。

亚欧会议成员国有24.7亿人口，约占世界人口的39%，国内生产总值占世界总值的一半多。作为亚欧两大洲之间直接联系的渠道，亚欧会议的重要性不言而喻。它的成立和发展，大大增强了亚欧两大洲的直接联系。

我国积极务实地参加亚欧会议活动，提出推动多边贸易体制、加强区域一体化交流、深化亚欧中小企业合作等一系列主张，成功举办“亚欧贸易投资博览会”、“亚欧会议旅游合作发展论坛暨展览会”、“第五届亚欧会议电子商务论坛”等活动，并于2007年10月30～31日在北京举办“亚欧会议中小企业部长级会议及贸易投资博览会系列活动”。第七届亚欧首脑会议于2008年10月24～25日在北京举行。这是亚欧会议实现第二轮扩大后45个成员领导人的首次聚会。

1997 年，亚洲遭受金融危机，次年在英国伦敦举行的第二届亚欧首脑会议重点讨论了应对危机的对策，并决定设立亚欧信托基金，帮助亚洲国家恢复金融稳定并消除危机对社会的影响。这是亚欧会议在金融领域合作的成功范例。应该说，经过 10 年发展，当再次面对危机时，亚欧国家不仅有更强的实力，也积累了更多的经验和智慧来应对。更重要的是，面对当前危机，亚欧各国都有着和衷共济、共度时艰的强烈共识和坚定信念。10 年前，面对亚洲金融危机，中国承诺人民币不贬值，为缓解危机作出了贡献。10 年后的今天，中国作为首脑会议东道国，及时调整了会议议题，将国际经济和金融形势列为首脑会议首要议题，还主动加强与各成员的协调，推动亚欧合作应对危机。同时，中国政府将继续本着积极、负责任的态度，努力保持中国宏观经济稳定，保持金融市场和资本市场稳定

（三）“10 +3”

东盟与中日韩（“10 +3”）领导人会议，是指东盟 10 国（文莱、印度尼西亚、马来西亚、菲律宾、新加坡、泰国、越南、老挝、缅甸、柬埔寨）领导人与中国、日本、韩国 3 国领导人举行的会议。会议是东盟于 1997 年成立 30 周年时发起的。“10 +3”是东盟 10 国和中日韩 3 国合作机制的简称。旨在通过加强对话与合作，促进东亚国家相互理解、相互信任与睦邻友好；形成了以领导人会晤为核心，外长、经贸部部长、财政部部长、央行副行长会议为框架的合作机制，确定了以经济、贸易、金融、科技等领域为主的合作方向。

马来西亚总理马哈蒂尔在 1990 年年底正式提议成立“东亚经济集团”。2000 年的东盟与中日韩“10 +3”领导人会议上，时任韩国总统金大中首次提出建立“东亚经济共同体”的主张。印度前总理瓦杰帕伊则最早提出“亚洲经济共同体”构想，其本质就是将印度也纳入“10 +3”机制。

目前“10+3”合作机制以经济合作为重点，逐渐向政治、安全、文化等领域拓展，已经形成了多层次、宽领域、全方位的良好局面，并在“10+3”框架内逐步开展了中日韩三边合作。“10+3”确定了八个重点合作领域，为此已经建立了八个部长会议机制，包括外长、经济、财政、农业、劳动、旅游、环境和卫生部部长会议。每年均召开首脑会议、部长会议、高官会议和工作层会议。我国为“10+3”合作机制的发展作出了重要贡献。在 1997 年举行的领导人非正式会议上，中国与东盟领导人发表的《联合宣言》，确定了睦邻互信伙伴关系。2000 年 11 月，朱镕基总理在出席第四次中国—东盟领导人会议时，提出关于探讨建立中国—东盟自由贸易区可行性研究的建议，得到了东盟领导人的积极响应。2002 年，中国与东盟签署了《全面经济合作框架协议》，确定了 2010 年建立自由贸易区的目标。

2003 年 10 月，在第七次“10+3”和“10+1”以及第五次中日韩领导人会晤期间，温家宝总理与东盟 10 国领导人签署了《面向和平与繁荣的战略伙伴关系联合宣言》，出席了中国加入《东南亚友好合作条约》的签字仪式，并与日韩领导人签署了《中日韩推进三方合作联合宣言》。2005 年 12 月，在第九次“10+3”领导人会议上，各国一致同意“10+3”向东亚合作方向发展，将东亚共同体确定为东亚合作长远目标。2006 年 10 月，温家宝总理在“中国—东盟建立对话关系 15 周年纪念峰会”上，提出了全面落实《货物贸易协议》，积极开展服务贸易和投资谈判，加快自贸区建设进程的倡议。随后，在 2007 年 1 月在菲律宾的第 10 次中国—东盟领导人会议上，双方签署了自贸区《服务贸易协议》。

2010 年 1 月 1 日，这个日子对于亚洲经济一体化来说，不仅具有象征意义，更具有实质意义。这一天，中国和东盟自由贸易区正式建立。整个自贸区的国内生产总值达 6 万亿美元，贸易总额达 4.5 万亿美元，覆盖人口 19 亿，是由发展中国家组成的世界最大自由贸易区，经济规模仅次于欧盟和北美自由贸易区（NAFTA）。我国在“10+3”合作中积极推进东亚合作进程，提高了我国在东亚的国际地位和影响力。

（四）上海合作组织

包括中国、俄罗斯、哈萨克斯坦、吉尔吉斯斯坦、塔吉克斯坦和乌兹别克斯坦6个成员。2001年6月15日在上海宣布成立。主要宗旨是：加强成员国之间的相互信任与睦邻友好；发展成员国在政治、经贸、科技、文化、教育、能源、交通、环保等领域的有效合作；共同维护地区和平、安全与稳定，推动建立民主、公正、合理的国际政治经济新秩序。目前，上海合作组织的合作已涉及安全、经济、交通、文化、救灾、执法等广泛领域。安全与经济合作是两个优先方向。

区域经济合作是上海合作组织发展的重要内容。我国倡议的“三步走”设想，即“首先推进贸易投资便利化改善合作环境、然后加强经济技术合作使各方从中受益、最后长期内实现区域内货物、资本、技术和服务的自由流动”，成为各方接受的区域经济合作发展目标。目前，有关法律框架已经确立，贸易投资便利化已全面展开，经济技术合作已经启动，各成员间的贸易投资明显增加，经济联系进一步紧密。2010年6月11日，上海合作组织成员国元首理事会第十次会议在发表《会议宣言》和《会议成果新闻稿》，胡锦涛主席发表了题为《深化务实合作维护和平稳定》的讲话，全面阐述了中国的上海合作组织政策，对于今后中国参与上海合作组织工作具有重要指导意义。

经贸合作是上海合作组织发展的优先方向，关系到中亚地区的长治久安。本着平等互利的原则，中国努力推动上合组织框架下的贸易投资便利化进程和落实交通、通信等基础设施建设。国际金融危机来袭时，中国在自身受到冲击的情况下，仍从维护区域经济金融稳定的大局出发，在2009年的叶卡捷琳堡峰会上宣布向其他成员国提供100亿美元的信贷支持并认真落实，帮助它们增强抵御国际金融危机冲击的能力。此外，中国还支持通过上海合作组织实业家委员会、银行联合体等机构加强企业、工商界合作，并将非资源领域合作列为今后努力的重点，以提高各成员国经济的现代化水平和竞争力。

（五）大湄公河次区域合作机制（GMS）

于1992年由亚洲开发银行发起，涉及流域内的6个国家有中国、缅甸、老挝、泰国、柬埔寨和越南，旨在通过加强各成员国间的经济联系，促进次区域的经济和社会发展。合作范围涉及交通、通讯、能源、旅游、环境、人力资源开发、贸易和投资、禁毒八个领域，筛选出103个优选合作项目。该合作机制分为两个层次：其一是部长级会议，自1992年起每年一次，至今已举行过10次。其二是司局级高官会议和各领域的论坛（交通、能源、电讯）和工作组会议（环境、旅游、贸易与投资），每年分别举行会议，并向部长级会议报告。

到2005年，六个成员国在交通、能源、电信、环境、人力资源开发、投资、贸易、旅游、农业等领域实施了119个合作项目，动员资金总额约53亿美元。其中，贷款项目19个，投资近52亿美元；技术援助项目100个，赠款金额超过1亿美元。这些项目对次区域各国经济社会发展起到了重要推动作用。亚洲开发银行是大湄公河次区域经济合作的主要出资方，负责筹措各类资金和提供各种技术援助。迄今为止，亚行共提供项目贷款14亿美元，技术援助6 000万美元。

自2005年大湄公河次区域经济合作第二次领导人会议以来，中国政府进一步大力推进次区域经济合作，并在各种协调机制中发挥着积极作用，取得了丰硕的成果。中国在次区域五国积极开展的劳务承包和设计咨询，合同额和营业额逐年上升。中国还以合作或独资等方式参与柬埔寨、泰国、越南的经贸合作区开发建设，有力地促进了当地的经济发展。在交通、能源、电信、环境、农业、人力资源开发、旅游、贸易便利化与投资等领域，中国援建了南北经济走廊老挝段、建设了中国南方电网220千伏、110千伏送电通道项目、援建了柬、老、缅三国境内信息高速公路工程、率先提出并大力推动生物多样性保护走廊项目、艾滋病防控试点项目，并积极落实大湄公河次区域经济合作旅游发展战略。中国与次区域各国合作不断拓展和深化。

在我国倡导和推动下，2005年通过《贸易投资便利化战略行动框架》，确定了海关程序、检验检疫、贸易物流和商务人员流动等重点合作领域。同年，我国举办“工商界参与GMS合作论坛”，推动工商界全面参与GMS合作。我国积极参与GMS合作，显示了我国帮助次区域其他国家共同发展的真诚愿望，赢得国际社会高度评价。

（六）《亚太贸易协定》（原《曼谷协定》）

《亚太贸易协定》的前身为《曼谷协定》，全称为《亚太经社会发展中成员国贸易谈判第一协定》，是在联合国亚太经社会主持下，于1975年7月31日由孟加拉国、印度、韩国、斯里兰卡、老挝、菲律宾和泰国七个国家共同在泰国首都曼谷签订的，故简称为《曼谷协定》，在发展中成员国之间达成的贸易优惠安排。2005年11月2日《曼谷协定》部长级理事会共同签署了《曼谷协定》的修改文本，并决定将其更名为《亚太贸易协定》。现有成员国为印度、韩国、孟加拉、斯里兰卡、老挝和中国。《曼谷协定》是亚太区域中唯一由发展中国家组成的关税互惠组织，其宗旨是通过该协定成员国对进口商品相互给予关税和非关税优惠，不断扩大成员国之间的经济贸易合作与共同发展。

《曼谷协定》是我国参加的第一个区域贸易安排，对后来参与自贸区起到了“试水”的作用。我于2001年5月加入后，与其他成员国对约600个产品相互减让关税，并积极参与了《曼谷协定》第三轮关税减让谈判。2005年，我成功举办首届部长级理事会，推动第三轮谈判成果于2006年9月实施。根据谈判结果，中方向其他五国提供1 697个产品的优惠关税待遇，平均减让幅度27%，主要为农产品、纺织品、化工品、塑料制品等。另外，中方将向孟加拉和老挝提供161个产品的特别优惠关税待遇，平均减让幅度77%。同时，中方也可享受来自其他成员方合计约2 000个产品的优惠关税待遇，平均减让幅度约30%。在我国与世界不断接轨的市场环境下，众多企业应充分利用我国在国际上争取到的诸如《协定》等所提供的优惠规则，以获得更多的出口商机。

（七）东北亚区域经济合作

东北亚主要是指东亚的北部地区，涉及日本、韩国、朝鲜、蒙古、俄罗斯和中国六个国家。东北亚区域经济合作在世界经济中居重要地位。20世纪80年代末，东北亚各国都提出过地方性和次区域性经济合作设想，如“环日本海（东海）经济圈”、“环黄海经济圈”、“图们江国际合作开发”、俄罗斯与中国边境贸易合作、中朝边境经贸合作等。以1991年年底联合国开发计划署开始实施图们江地区国际合作开发计划为标志，东北亚的区域经济合作真正进入实质性的发展阶段。1995年，中、俄、韩、朝、蒙五国正式签署《关于建立东北亚和图们江开发区协调委员会的协定》等三项协议。随后日韩、中日、中韩之间先后在“10+3”东亚合作框架下签订了相应的协定。在合作的机制安排上，虽然东北亚的区域经济合作还没有形成完整的全区域性的机制，主要是由地方政府参与和推动的，但是已经得到各国中央政府的重视。在2003年，中国—东盟峰会上，中国总理温家宝与日韩领导人一起签署和发表了《中日韩推进三方合作联合宣言》，为东北亚的区域经济合作的加快发展奠定了制度性基础。2008年8月，中韩发表联合公报，决定将年双边贸易额达2 000亿美元的目标提前至2010年实现，并提出积极研究推进中韩自由贸易区进程。2010年5月24～27日，第十五届东北亚地区地方政府首脑会议在韩国江原道召开，来自中国吉林省和日本鸟取县、俄罗斯滨海边疆区、蒙古中央省、韩国江原道的各国地方首脑齐聚一堂，同议共同繁荣之路。作为东北亚地理中心的中国吉林省正在谋划“长春—吉林—图们江”开放合作区，通过优惠政策吸引外资，打造东北地区对外开放新门户。

（八）中亚区域经济合作

中亚区域经济合作是由亚洲开发银行在 1997 年倡导成立的区域经济合作机制，该机制目前包括阿富汗、阿塞拜疆、中国、哈萨克斯坦、吉尔吉斯斯坦、蒙古、塔吉克斯坦和乌兹别克斯坦 8 个成员。2002 年正式建立，其宗旨是推动中亚地区的减贫和发展事业，促进共同繁荣。亚洲开发银行、世界银行、国际货币基金组织、联合国开发计划署、欧洲复兴开发银行、伊斯兰开发银行 6 个国际组织参与了该机制合作。2007 年 11 月 3 日，中亚区域经济合作第六次部长会议在塔吉克斯坦首都杜尚别举行，会议通过了交通和贸易便利化战略，批准设立中亚区域经济合作学院。交通和贸易便利化战略提出了未来 10 年交通和贸易便利化领域的合作目标和行动计划。2009 年 10 月 16 日，中亚区域经济合作（CAREC）第八次部长会议在蒙古首都乌兰巴托举行。会议审议通过了《能源行动计划》框架、《CAREC 项目成果框架》概念文件、高官会报告等文件，发表了《部长联合声明》。2010 年 4 月 16 ~ 17 日，在菲律宾首都马尼拉召开了中亚区域经济合作第九次部长会的第一次高官会。自 2002 年至今，中亚区域经济合作工作，特别是在交通、贸易便利化领域取得了重要进展。新疆作为中国的前沿省（区），自参与中亚区域经济合作工作以来，中央及亚行进一步加大了对新疆的支持力度。一是中亚区域经济合作计划建设六条交通走廊，贯通中亚与欧洲、南亚、东亚的交通通道，其中第一条交通走廊（欧洲至东亚）与新疆有着密切的联系。公路建设方面，哈萨克斯坦至新疆段，吉尔吉斯的比什凯克至新疆吐尔尕特段，库尔勒至库车高速公路，果子沟至清水河段和精河至阿拉山口段均在开工建设。铁路建设方面，乌鲁木齐西站—精河—伊宁—霍尔果斯的铁路已经开工建设，哈萨克斯坦连接霍尔果斯口岸的铁路也在开工建设，这将使霍尔果斯口岸成为中国向西开放的又一重要交通枢纽。乌鲁木齐至阿拉山口的电气化铁路也在建设中。航空建设方面，乌鲁木齐国际机场和喀什机场扩建项目也于2009年基本完工。贸易便利化方面，霍尔果斯货物物流园（靠近机场）正在建设、扩建现有货物物流园（靠近边境口岸）以及建设大型货物物流中心。

二、我国参与的自贸区

近几年来，全球不仅纷纷建立起诸多不同类型的自由贸易区，自由贸易区之间也开始走向联合。我国正将目光投向更广阔的具有丰富商业资源的国家和地区，试图通过自贸区这一方式来获得更多的外贸机会和更深层次的经济合作。

面对20世纪末以来席卷全球的区域经济一体化浪潮，我国从2001年后逐步开始开展了自贸区建设，并通过近几年的不懈努力，已拥有在建自贸区共14个，涉及了包括东盟在内的31个国家和地区，涵盖2009年中国外贸总额1/4；实施了7个自贸协定。除了周边国家外，这些尚在建设阶段的自贸区涵盖了欧洲、南美洲、非洲和大洋洲的国家和地区，涉及各个层次的市场。以下是对我国参与的主要自贸区的简介。

（一）内地与港澳更紧密经贸关系安排

2003年6月和10月，中央政府与香港、澳门特别行政区政府分别签署了《关于建立更紧密经贸关系的安排》（以下简称“CEPA”），2004年1月1日起全面实施。2004年、2005年和2006年，内地与港澳又签署了三个补充协议。

在中央与港澳特别行政区政府的共同努力下，CEPA及其补充协议得以顺利实施，它推动了港澳货物贸易和服务贸易等领域的发展，增强了港澳市民的投资和消费信心，带动了酒店、零售、餐饮和运输等相关行业的景气回升以及房地产市场的反弹，对港澳经济的强劲增长起到了重要的作用。

在货物贸易领域，截至2006年6月底，香港共收到原产地证书申请18 221份，签发了17 496份，货物离岸价总值60.5亿港元；截至2006年10月底，内地累计进口享受零关税待遇香港货物总值7.4亿美元。在服务贸易领域，截至2006年10月底，香港共核发服务提供者证明书1 669份。在金融领域，自2004年2月起，香港银行开始全面办理个人人民币业务。截至2006年9月底，在港人民币存款余额共计224.6亿元人民币。在个体工商户注册方面，截至2006年6月底，内地共注册香港个体工商户2 200户，从业人员5 084人。在专业资格互认方面，共有1 400人通过互认取得建筑、会计、证券、法律、医疗、保险等领域的专业资格。在个人游方面，截至2006年7月底，内地累计签发赴港“个人游”旅客签注近1 600万人次。2006年1~9月，内地赴港“个人游”旅客超过498万人次，占同期内地游客的48.9%。

（二）中国—东盟（“10+1”）自贸区

在我国对外发展的自贸区中，中国—东盟自贸区起步最早，成果也最显著。

2002年11月，我国与东盟签署了《中国—东盟全面经济合作框架协议》，中国—东盟自贸区进程正式启动。2004年11月，我国与东盟正式签署《自贸区货物贸易协议》和《自贸区争端解决机制协议》，中国—东盟自贸区建设进程全面启动。

根据《货物贸易协议》，从2005年7月20日起，我国与东盟将分阶段相互实施关税减让。到2010年，我国与东盟6个老成员（文莱、印度尼西亚、马来西亚、菲律宾、新加坡和泰国）将把绝大多数进口产品的关税降到零；到2015年，东盟4个新成员（柬埔寨、老挝、缅甸和越南）把绝大多数进口产品的关税降到零。降税产品占双方税目总数90%以上，共7 000多种，其中我国2005年降税产品就达3 408种。在协议的推动下，2005年，我国与东盟双边贸易进出两旺，利益平衡，总额达到1 303.7亿美元，同比增长23.1%。其中我国出口553.7亿美元，增长29.1%；进口750亿美元，增长19.1%。目前，东盟已经超过香港成为我第四大贸易伙伴。同时，自贸区服务贸易协议有望在近期内签署，投资谈判也在稳步进行。

2010年，中国—东盟自贸区将基本建成，这将是亚洲地区最大的自贸区，也是发展中国家之间最大的自贸区，将有力推动我国和东盟的经济发展，为双方全面合作伙伴关系谱写新的篇章。

（三）中国—智利自贸区

《中智自贸协定》是我国与拉美国家签署的第一个自贸协定。2004年11月18日，胡锦涛主席出席在智利举行的APEC领导人会议期间，亲自宣布启动中国—智利自贸区谈判。2005年11月18日，在胡锦涛主席和智利前总统拉戈斯的共同见证下，中智在韩国釜山签署上述协定。

根据协定，占我国税目总数97.2%的7 336个产品和占智利税目总数98.1%的7 750个产品将在10年内分阶段取消关税。双方立即降为零关税的产品主要有：化工品、纺织品和服装、农产品、机电产品、车辆及零件、水产品、金属制品和矿产品等。此外，协议还规定，两国将在经济、中小企业、文化、教育、科技、环保、劳动和社会保障、知识产权、投资促进、矿产、工业等领域进一步加强交流合作。

吴邦国委员长在2006年9月访问智利期间，与智利总统巴切莱特共同宣布从2006年10月1日起实施协定，并启动服务贸易和投资谈判。

中智自贸协定的实施，有利于两国发展全面合作伙伴关系，并将对我国与拉美国家的经贸合作产生深远影响。

（四）中国—巴基斯坦自贸区

2005 年 4 月，温家宝总理访巴期间，与巴基斯坦阿齐兹总理共同宣布启动中巴自贸区谈判。同时，双方签署《中巴自贸协定早期收获协议》，对 3 000 多种产品先期实施降税。2006 年 11 月 24 日，在胡锦涛主席访巴期间，双方在胡主席与穆沙拉夫总统的共同见证下正式签署《中巴自贸协定》。

根据协定，中巴计划从 2007 年 7 月 1 日起对全部产品分两个阶段实施降税。第一阶段，双方将在 3 年内将约占各自税目总数 36% 的产品关税降为零，在 5 年内将约占各自税目总数 49% 的产品关税进行削减，其余约 15% 的税目暂不降税。中方降税产品主要包括畜产品、水产品、蔬菜、矿产品、纺织品等，巴方降税产品主要包括牛羊肉、化工产品、机电产品等。第二阶段从协定生效第 6 年开始，双方将在对以往情况进行审评的基础上，对各自产品进一步实施降税，目标是在不太长的时间内，使各自零关税产品占税号和贸易量的比例均达到 90% 。

现在有了中巴自贸区协议，中国企业在巴基斯坦可以享受到更加宽松的投资环境。此外，两国在服务贸易领域也具有良好的合作关系和广阔的发展前景。中巴自贸协定将进一步提升两国经贸合作水平，为中巴传统友好关系注入新的内涵，并为我实施互利共赢开放树立新范例。

其外，我国与海湾合作委员会（包括沙特、阿曼、阿联酋、卡塔尔、科威特和巴林 6 国）、新西兰、澳大利亚、新加坡等国和地区的自贸区谈判正在进行中，与南部非洲关税同盟（包括南非、纳米比亚、博茨瓦纳、莱索托和斯威士兰 5 国）、冰岛的自贸区谈判已启动，与印度、韩国的自贸区联合可行性研究也取得了进展。

三、全球区域经济合作的趋势

最早的区域经济合作要追溯到1241年成立的普鲁士各城邦间的“汉撒同盟”，1861年普鲁士等德国北部邦国又在此基础上成立“德意志关税同盟”为1870年俾斯麦统一德国创造了经济基础和物质条件。1910年，南非、博茨瓦纳、莱索托、斯威士兰等英国殖民地国家成立了“南部非洲关税同盟”。为应付20世纪20~30年代的世界经济危机及随之爆发的“货币战”和“关税战”，1921年比利时和卢森堡建立了关税同盟，1932年8月英联邦成员国签订了《渥太华协定》，成立“英联邦特惠关税区”。但区域经济合作真正风起云涌，并发展成为经济全球化进程中的重要现象，则是第二次世界大战以后。

自20世纪50年代末以来，一些地理相近的国家或地区间通过加强经济合作，为谋求风险成本、机会成本的最小化和利益的最大化，形成了一体化程度较高的区域经济合作组织或国家集团。从此之后在不到半个世纪里，区域经济合作出现了三次发展浪潮。第一次浪潮仅局限在欧洲，以1956年成立的欧洲经济共同体为标志。第二次浪潮最主要特征是发展中国家在经济领域的合作全面展开。在整个60年代，新成立了9个区域合作集团，其中除欧洲自由贸易联盟外，均为发展中国家组成的区域集团，这些集团主要集中在非洲和拉美国家，拉美国家在发展中国家区域经济合作进程上迈步最早。1960年2月18日，阿根廷、巴西、智利、墨西哥、巴拉圭、秘鲁、乌拉圭签署了《蒙得维的亚条约》，宣告拉丁美洲自由贸易协会成立，从而拉开了发展中国家区域经济合作的序幕。第三次浪潮是区域经济合作走向成熟后的一次新的冲刺。进入80年代之后，由于日本的迅速崛起，欧共体的充实与完善，世界经济形势已由“三足鼎立”变为“四极并行”的新格局。在这种形势下，美国的国际经济地位进一步下降。这不仅为美加自由贸易区的建立提供了动力，也为其他地区性经济一体化组织显示了扩大效益的途径。在80年代，又有6个区域经济组织宣告成立，且其地理分布也较广泛，这种势头在80年代后期和90年代的头几个年份已经表现得很明显。1999年1月，欧元正式启动，标志着欧洲经济一体化走向最高阶段，也标志着国际货币格局发生了根本性变化。

20世纪90年代末期，区域经济合作出现了迅速发展的态势，并在21世纪初期掀起了第四次浪潮，并一直延续至今。这次浪潮的主要特点是区域贸易协定特别是双边自由贸易协定（FTA）在全球各地涌现。目前，绝大多数区域经济合作是以FTA为主要形成的自由贸易区，只有欧盟、南方共同市场等少数区域经济一体化组织超越了这个阶段，并在向更高阶段迈进。结构较复杂的形式是诸边协定，参加者至少有三个国家或者协定的一方本身就是一个区域经济贸易组织。结构最复杂的形式是不同区域经济贸易组织之间签署的协定，尽管目前这种形式尚未出现但可以预计未来将会成为现实。

20世纪90年代以来，经济全球化成为世界发展的大趋势，区域经济一体化也在快速发展。2001年11月，在卡塔尔首都多哈举行的世贸组织第四次部长级会议启动了新一轮多边贸易谈判，主要涉及农业、非农产品市场准入、服务、知识产权等8个问题。“多哈回合”按计划将在2005年1月1日前结束，由于各成员在农业等问题上没有达成一致，“多哈回合”谈判陷入僵局。“多哈回合”谈判停滞不前，进一步加快了区域经济一体化的进程。目前，各种区域贸易安排下进行的国际贸易超过全球国际贸易的50%。在一定程度上，区域经济一体化已经成为世界许多国家依靠地区优势，实现区域合作，提高国际竞争力，应对经济全球化的重要选择。

四、我国参与区域经济合作的作用与影响

2001年，我国在“十五”计划纲要中明确将“积极参与多边

贸易体系和国际区域经济合作”确定为提高对外开放水平的重要途径之一。中国参与区域经济合作建设从无到有，稳步推进，取得了良好的开局。2005 年 10 月 11 日，《中共中央关于制定国民经济和社会发展第十一个五年规划的建议》指出，“中国将积极参与多边贸易谈判，推动区域和双边经济合作，促进全球贸易和投资自由化便利化。”2006 年 9 月 11 日，世界经济论坛发布的《中国与世界：展望 2025》报告预测：“未来中国将把发展重点转为建设国内市场和改善同亚洲邻国的关系，引导亚洲形成区域内商品、资金、劳动力可以自由流通的亚洲经济区。”2010 年 11 月 18 日，十七届五中全会通过的《中共中央关于制定国民经济和社会发展第十二个五年规划的建议》指出：“积极参与全球经济治理和区域合作。推动国际经济体系改革，促进国际经济秩序朝着更加公正合理的方向发展。推动建立均衡、普惠、共赢的多边贸易体制，反对各种形式的保护主义。引导和推动区域合作进程，加快实施自由贸易区战略，深化同新兴市场国家和发展中国家的务实合作，增加对发展中国家的经济援助。”显然，在经济全球化和区域一体化的大背景下，中国积极稳妥地参与区域经济合作，是适应经济全球化的一项战略选择。

然而，尽管中国参与区域经济合作尽管取得了一些进展，但由于起步较晚，参与区域经济合作的程度还不高。如果以 2001 年中国与东盟的 FTA 谈判协议作为开端，中国参与区域经济合作也不过 12 年的时间。事实表明，在区域经济一体化进程中，主动融入较之被动卷入有利得多，以部分经济主权约束和让渡，换取巨大的经济利益也是明智的选择。游离于区域经济合作之外，不仅不能得到区域经济一体化的利益，而且还可能受到不同程度的排斥。以更加紧密的经贸关系为纽带，以优势互补、共同发展为目标，积极地参与区域经济合作，不仅符合中国政治、外交和安全上的利益，也可为中国的现代化建设创造一个良好的国际环境。所以，无论是从维护本国利益出发，还是从顺应世界经济发展趋势的角度出发，中国都有必要参与或倡导成立区域经济合作组织，并将其作为拓展对外贸易增长空间，引进先进技术和管理经验，发挥比较优势，加快经济发展的重要措施。

现在世界上的区域经济合作不断升温，最主要有两个原因：第一，要应对经济全球化的发展，在经济全球化发展竞争压力的迫使之下，各主要贸易方作出的政策选择；第二，区域经济合作有两个主要特征，或者说两个经济效应：贸易创造和贸易转移。这两个因素是各方不断投入区域经济合作里的重要原因。因为根据规则，区域贸易安排的成员国必须相互提供超越 WTO 最惠国待遇的优惠待遇。比如在 WTO 成员之间相互提供的关税待遇都是所谓的最惠国待遇，就是最惠国税率。但是在自由贸易协议成员国之间提供的关税待遇，通常都是零关税待遇，明显要好于 WTO 的待遇。因此，这样一种更优惠的待遇会在这个区域范围内产生贸易创造效益，会创造很多新的贸易机会。但与此同时，我们对区域外的国家或者贸易伙伴提供的是一种相对比较差的待遇，也就是说对他们形成了一种贸易歧视，这就产生了所谓的贸易转移，就是有一部分贸易会从区外转移到区内，这样对区外的经济体形成了一种歧视，这是比较负面的一些影响。因为这两种效应共同作用就会形成现在世界上谁参与这些区域经济合作，谁就受益，获益更多。谁没有参与或者被别人排挤在外面，谁就会受到损失。

我国的自由贸易协议对象主要有两类：周边国家和地区；资源供应国家和地区。中共十七大明确提出，我国要“实施自由贸易区战略”，中共十八大强调要“加快实施自由贸易区战略”。目前我国的自贸区战略已经雏形初现，将对世界和东亚的区域经济一体化产生重要影响。

在经济全球化的趋势下，包括我国在内的世界各国都开始把发展自由贸易协定作为自己国家的战略来规划和实施。特别是 2008 年年底金融危机向全球波及，贸易竞争愈演愈烈，自由贸易协定成为各国应对贸易保护主义的战略举措。

自由贸易区已成为大国开展战略合作与竞争的重要手段。自由贸易区通过更加优惠的贸易和投资条件，将成员的经济利益紧密联系在一起，经济利益的融合又加强了成员之间的政治、外交关系，形成各种利益共同体。在这样的背景下，自贸区就产生了“联动效应”：随着各个区域签订自由贸易协定的进程加快，区域外国家担心被“边缘化”进而在全球竞争中处于不利地位，因此也就加快了推进自由贸易协定谈判的脚步。

当前世界正迎来自贸区建设的潮流，截至 2009 年 9 月，各国向世界贸易组织通报的自由贸易协定达 293 个，预计今年将达到 400 个。

加快实施自由贸易区战略顺应了全球自由贸易区快速发展的形势。第一，全球自由贸易协定大量涌现。近年来，由于世界贸易组织多哈回合谈判陷入僵局，区域经济一体化加速发展，以自由贸易协定为主的区域贸易安排不断涌现。第二，世界贸易日益向各个区域经济集团集聚。据世界贸易组织专家估计，当前全球贸易的一半左右在各区域经济集团内部进行。第三，自由贸易区迅猛发展由大国带动的特点非常突出。美国、欧盟、日本还通过发展跨洲的自由贸易协定关系，在全球合纵连横，抢占势力范围。第四，发达国家在自由贸易区中力推国际经贸新规则。由于自由贸易区具有“贸易创造”和“贸易转移”效应，必然形成谁参加谁受益、谁不参加谁被边缘化的结果，因此，全球自由贸易区发展浪潮正在深刻影响世界经济政治格局，我国加快实施自由贸易区战略的形势十分紧迫。

目前，世界经济已经进入一个区域经济合作的新时代。任何一个国家经济发展都不可避免地受其影响，中国也不例外。因此，在“入世”后的过渡期，中国仍须加强参与全球区域经济合作的步伐，从根本上提高中国参与国际分工，分享经济全球化成果及抵御外来风险侵蚀和干扰的能力。

加快实施自由贸易区战略是我国深化改革开放的需要。第一，推动我国改革开放向纵深发展。同多边贸易体系的开放相比，自由贸易区的开放有对象可选、进程可控的特点。因此，自由贸易区的开放是一种以局部带整体、安全而高效的开放。通过加快自由贸易区建设，在货物贸易、服务贸易、投资等领域，适当提高自由化标准，可倒逼我们破除体制机制障碍，以竞争带动产业健康发展。第二，拓宽经济发展空间。选择有关国家发展自由贸易区，在互惠互利基础上相互开放市场，可以更好地承接国际产业转移，推动企业加快走出去步伐。据测算，如中国—澳大利亚自由贸易区建成，在10年间，两国国内生产总值每年可分别累计增加640亿美元和180亿美元。第三，保障战略资源供应。2011年，我国自海合会进口原油占我国进口总量的34%；自澳大利亚进口铁矿石占我国进口总量的43%；自南非进口铬矿石占我国进口总量的54%。同这些资源丰富的国家商建自由贸易区，可以建立起多元稳定的重要资源海外供应渠道。第四，改善国际环境特别是大周边环境。建立自由贸易区，可将我国市场吸引力和经济辐射力转化为国际影响力，为我国和平发展创造更好的外部环境。

我国积极参与建设自贸区，也会给企业和消费者带来很多实实在在的利益。具体来说：第一，会带来贸易增长，因自贸区内绝大多数商品关税必须取消，一国产品可以更自由、更便利地进入另一国市场，例如，中国—东盟自贸区货物贸易协议实施1年，双边贸易同比增长23.4%，中国—智利自贸协议实施后，仅2007年双边贸易就增长82%；第二，会促成市场多元化，摆脱对传统市场的依赖；第三，会减少消费者的开支，增加消费者的选择，例如，中国—东盟自贸区早期收获计划实施后，中国的苹果、梨、板栗、红枣、土豆、洋葱出现在泰国老百姓的餐桌上，而中国消费者也从超市里买到了泰国的榴梿、山竹、波罗蜜、红毛丹这样一些东南亚热带水果，这些好处，都是老百姓实实在在可以感觉到的；第四，会吸引外资，承接产业转移，例如，CEPA实施后，2005年内地吸收港、澳服务业投资项目数比2004年增长23%；第五，会带动相关产业的发展，创造新的就业机会。

应该看到，区域贸易自由化既是对全球贸易自由化的补充和促进，极有可能使这些区域内部形成的协调机制相对独立或游离于世贸组织之外，因而对非区域国家的贸易具有一定程度的排他性。我国应该积极应对世界自贸区潮流，不仅看到其带来的机遇，还应看到带来的挑战，比如在中国自贸区外，东盟还与日本、韩国等一系列国家签订了自由贸易协定。我国应该制定更为清晰和具体的自贸区战略和规划，把外交利益和国家战略结合起来，同时相关部门在自贸区谈判中还应加强沟通和协调，防止各自为战。区域经济合作已成为我国进一步推进对外开放，以开放促改革、促发展、促共赢、促和谐的重要手段。我们应进一步加强全球化演变中的交流和合作，统筹好国内和国外两个大局，推动对外开放，更好地利用国内外两个市场和两种资源，通过参与和推进区域经济合作，与各国各地区加强交流，深化合作，促进互利共赢与共同发展，构建和谐社会与和谐世界。

参考文献

[1] 中共中央关于制定国民经济和社会发展第十二个五年规划的建议.

[2] 石广生. 参与区域经济合作开创我国对外经贸新格局. 新华网, 2002-4-22.

[3] 高新才. 论区域经济合作与区域政策创新. 学习论坛, 2004 (7).

[4] 经济参考报. 我国参与区域经济合作的八个问题. 2004-12-17.

[5] 云南省人民政府外事办公室. 大湄公河次区域合作概况, 2005-6-23.

[6] 东北亚区域经济合作前景广阔. 新华网, 2005-10-11.

[7] 邢军. 论我国参与区域经济一体化的战略思路. 经济纵

横，2006 - 11 - 6.

[8] 朱洪. 我国参与区域经济合作概况. 人民网，2006 - 12 - 8.

[9] 易小准副部长谈中国在区域经济合作大趋势下的抉择与作为（全文）. 世界贸易组织处，2007 - 5 - 31.

[10] 大湄公河次区域经济合作机制（GMS）简介. 国家商务部网站，2008 - 1 - 31.

作者信息

孟育建：中国社会科学杂志社资深编辑。

文化传统、经济转轨与制度匹配*

——关于岭南模式的制度分析

何一鸣　高少慧

摘要： 本文首先分析“岭南模式”的文化特征及其制度含义，认为岭南文化乃一种工具理性倾向的精神理念，其着重于指向当下的实效和功利，恰能成为市场体制有效运行所必需的前提条件。所以，本文认为广东的经济转轨是岭南文化与市场体制相互匹配的过程。在此基础上，本文提出文化与市场体制相匹配的理论，并构建一个简单的制度匹配费用最小化模型以解释“岭南模式”的内在机理与理论逻辑。本文的结论是，若正式制度和非正式制度相匹配，则它们的匹配成本实现了最小化，因此构成了整个制度系统的纳什均衡解。

关键词： 文化传统　经济转轨　制度匹配　交易费用　岭南模式

一、引言：正式制度与非正式制度匹配的文献综述

在经济学中，关于正式制度（如市场体制）与非正式制度（如文化）之间的匹配性问题，早在18世纪的古典经济学鼻祖斯密（Smith，1759）的《道德情操论》一书中有所论述：“在人类社会

---

* 本文为国家社科基金青年项目《交易费用生成、权利管制放松与农地制度变革研究》（12CJY050）、教育部人文社会科学研究青年项目《产权管制放松理论——验证于中国的农地制度变迁（1958～2008）》（10YJC790082）、广东省软科学研究计划面上项目《农地流转制度对农业技术选择的影响：以广东为例》（2011B070300074）、广东省自然科学基金项目《交易费用范式、权利管制放松与广东农地流转——博弈模型与实证分析》（S2012040007386）、广东省普通高校人文社会科学研究一般项目《交易费用范式下农地产权管制变迁研究：以广东为例》（2012WYXM_ 0011）、农业经济管理“211工程”国家重点学科建设三期优秀青年项目《交易费用范式下农地产权管制放松研究》（2011211QN08）的阶段性成果。

的大棋盘上，每个个体都有其自身的行为规律，和立法者试图施加的规则不是一回事。如果它们能够相互一致，按同一方向作用，人类社会的博弈就会如行云流水，结局圆满。但如果两者相互抵触，那博弈结果将苦不堪言，社会在任何时候都会陷入高度的混乱之中。”到了20世纪初，德国著名的经济社会学家韦伯（Weber，1978）通过对西方宗教改革的考察，发现新教伦理观是近代西方市场经济制度形成的关键，尤其是加尔文改革后形成的禁欲主义天职观念成为市场经济的精神基础，使清教徒具有一种合乎理性的组织资本和劳动的人文精神。因此，他深信，社会制度的型构与演进虽取决于历史赋予的技术、法律和行政管理制度等因素，但与特定时代的社会文化传统有着某种内在的匹配关系。新韦伯主义经济学家比利格（Billig，2000）用折中主义的方法把社会非正式制度融合到正式制度分析当中，并视后者为前者的型构和变迁的土壤，认为韦伯的“资本主义精神”如同市场经济中所通行的自愿契约交易原则一样，是现代市场经济制度所必备的伦理原则和理性精神，它使市场参与者以“形式理性”的精确计算来使资本和劳动的组织合理化，并引导分工和专业化的演进，从而促使经济制度朝着符合人类伦理规范的方向发生变迁。与韦伯处于同一时期的美国旧制度经济学家运用心理学、认知科学和法学等学科的知识讨论在正式制度与非正式制度的匹配关系。例如，凡勃伦（Veblen，1899）在《有闲阶级论》中指出“制度实质上就是个人或社会对有关的某些关系或某些作用的一般思想习惯；而生活方式所由构成的是，在某一时期或社会发展的某一阶段通过的制度的综合，因此，从心理学的方面来说，制度是一种流行的精神态度。”考蒙斯（Commons，1934）在凡勃伦的研究基础上，进一步指出“某个人的一致性称为习惯，它只限于个人的经验、情感和预期；而习俗不只是习惯，它是造成个人习惯的社会习惯，即习俗是许多个人习惯的相似点，它是由集体地同样行动的他人的经验、感受和预期而不断重复得以形成。”米切尔（Mitchell，1910）沿着凡勃伦的观点，认为社会的制度环境迫使人类逐渐形成理性行为，而行为模式的理性化和一致性演化使各种文化和习惯等社会制度也跟着演变。

与旧制度经济学不同，奥地利经济学领袖哈耶克（Hayek，1988）强调社会秩序是人们在社会交往中的相互调适中生成并经由一个演进过程而扩展的，且规则自身就能组织一种“人之合作的扩展秩序”。演化博弈论把哈耶克的制度演化思想模型化，用数学模型证明文化是有两个以上演化稳定策略的博弈中的一种博弈策略，而一个演化稳定策略必然来源于若干个纳什均衡，即它是若干个纳什均衡中的其中一个，但被最终选择的那个均衡是由偶然事件的冲击决定。即，在一个相当长的时期中，一种非正式制度会被一些随机事件所引致的演化过程而衍生出来的新惯例所取代，从而导致非正式制度的演化（Young，1993）。值得注意的是，在非正式制度中，意识形态是最重要的，而诺思（North，1981）的意识形态理论则认为，在个人改变其意识形态之前，必然有一个经验与意识形态不一致的积累过程。仅仅相关的一套价值标准的单独变化是不能改变个人的观点和决定，但违背个人合乎理义准则的持续变化或其福利的重大后果的变化，则会促使他改变意识形态（North，1990）。格瑞夫（Greif，1994）在诺思的意识形态理论基础上，指出人们不同的文化信念会导致不同的社会组织结构的形成从而衍生出不同的制度安排。同时，在社会制度变迁中，不同的经济组织又通过吸纳新型博弈策略而改变所有的博弈信息，从而导致原来的博弈规则发生改变（Greif，2006）。青木（Aoki，2001）沿着格瑞夫的历史比较制度分析范式，认为制度的变迁是一种博弈参与者在博弈中不断修改其信念的心智过程，且当该信念不能产生预期的结果时，一种“信念危机”就会在参与者当中逐步产生，博弈均衡就会被打破直到新的博弈均衡出现为止。

此外，转轨经济学家在文化与制度的匹配研究基础上进一步讨论二者的匹配绩效。例如，罗森鲍姆（Rosenbaum，2001）的模型证明，制度的功能是在正式约束的隐性情景中扩充社会资本的存量，因为社会资本能够创造和维持自愿缔约行为，所以可通过非正式约束扩张社会关系网络以解释集体行动的问题，非正式约束因而依附于复杂的社会关系网络中。这样，正式制度与非正式制度共同交织一起并相互耦合共生共同缔造社会的整体制度结构系统。罗兰德（Roland，2004）则把制度区分为“慢进式”制度和“快进式”制度，并认为文化作为“渐进式”制度的典型，包括价值、信念和社会规范在内，与技术和科学知识进步一样在理解经济增长方面具有举足轻重的作用。因为制度移植的困难在于不同文化背景下人们的习惯和观念对新规制的认可和学习程度存在明显差异。同时，政治体制可顷刻变更，但文化的演进却是缓慢而非人为可操控的。所以，要使转轨国家实现成功的制度变迁，必须考虑文化因素，移植与当地传统冲突较小的制度安排以减少制度摩擦成本，提高制度转型绩效（Acemoglu et al.，2001）。文化附着于习得制度和支持这些制度的价值，因此它是一个由价值子系统和习得制度子系统重叠而成的网络系统。而制度则是由内在秩序子系统与外在规则子系统共同构成的结构体系。系统学原理认为，当两个系统打破自身的边界进行物质、能量、信息的交流，增加“负熵流”并促使自身向有序的方向演化时，便是一个“耦合”过程。因此，文化与制度的耦合因理解为文化系统中的习得制度子系统通过人类“身份—角色”中介环节以“文化拟子”为基本单位向内在秩序子系统提供一种“基因模板”，并在社会过程中“外化为”一种社会存在的确定形式。换言之，它们之间并不是简单的逻辑“交集”关系，而是一个由文化集合的“非价值子集部分”（即习得制度子集）以人类行为模式为“对应法则”而“映射”到制度集合中转换为“内在秩序子集”的动态过程（何东霞、何一鸣，2006）。

通过上述关于正式制度与非正式制度匹配性的主要研究文献的综述，可以发现，制度经济学家们对此已经形成了一个相对成熟的体系，使我们能够在其中得到一些富有启发性的结论：第一，非正式制度是共有信念的自我维系系统，非正式经济制度的演化就是人们对博弈规则的共同信念发生变化的结果；第二，非正式制度不但对正式制度效力起着约束作用，而且还可以构成某种正式制度的先验模式；第三，非正式制度与正式制度之间存在着互动关系，在无外界冲击的情况下，正式制度与非正式制度之间显现了相互加强的锁定关系，因而制度变迁的有效性很大程度上取决于它们是否形成关联性互补的关系。

特别是，在对非正式制度以及正式制度与非正式制度匹配性关系的研究中，似乎更多的论据表明特定文化或非正式制度具有促进或制约经济制度变革的作用，至少忽略了意识形态、文化等因素，人们对制度转型的理解将是不全面的。倘若以一种把非正式制度抽象掉的制度变革理论来指导现实的体制改革，将是极不恰当，甚至非常危险的，苏联的失败便是一个典型的事例（North，2005）。诚然，本文与上述文献不同的地方有：首先，在研究内容上以岭南文化下的广东经济转轨模式为蓝本，具体分析“岭南模式”的文化特征及其制度含义；其次，在理论层面拓展新制度经济学中的核心概念——交易费用，提出文化与市场体制相匹配的理论，构建一个简单的制度匹配费用最小化模型以解释“岭南模式”的内在机理与理论逻辑；最后是全文的结论与理论启示。

二、岭南模式：岭南文化与广东经济体制转轨

在解释广东30多年的体制改革成就经验时，学术界一直将之归因于中央给予的一系列优惠政策、灵活措施以及区位优势，而对广东经济制度变迁背后的文化因素缺乏足够的关注。仅仅以“政策”和“区位”作为解释的要点是远远不够的，但是，与解释“中国奇迹”一样，总结广东市场化改革的成功模式也很困难。困难来源于以下问题：现代主流经济学家认为，明晰的产权（私有化）、完善的法律体系和代议制民主宪政秩序是经济转型成功的关键（萨克斯、胡永泰、杨小凯，2000）。但事实表明，广东与中国

其他地区一样到目前为止还不具备这三个条件；除了政治体制改革滞后之外，在经济体制方面，1978 年以来我国的就经济体制转轨属于“政府主导型”和自上至下的“强制性制度变迁”。那么，广东还有什么特殊的支持市场经济发展的因素呢？进一步，如果说在 20 世纪 90 年代中期之前，广东在改革开放、引进外资和刺激民营经济的发展与成长方面的政策、措施、步骤和实施时间上有优势，且这些有时的确是其经济增长的一些重要原因的话，那么，自 90 年代中后期以来，这些政策举措方面的因素可能已不再是重要原因了。因为到了 20 世纪 90 年代中后期，随着人们意识上的趋同，省内其他地方在国企改革、引进外资和刺激民营经济发展的政策和手段也基本上是趋同了，即过去的“政策优势”消失了，但为什么广东经济还是一枝独秀？对此，有学者曾经给出了解释，认为产权管制放松才是广东经济增长的关键因子（罗必良、何一鸣，2008）。诚然，产权管制放松只属于一个单一的正式制度问题，但是，真实世界中除了正式制度外，非正式制度也会发挥作用。尤其是，对于广东地区而言，它具备了一种发展市场经济或支持产权管制放松的商业传统——一种以工具理性为特征的非正式制度——岭南文化。事实上，岭南文化乃中国岭南地区之特色文化，它由中原文化与百越文化融合，与汉文化相汇且经西方文化交流而发展起来。这种具有远儒性和非正统性的岭南文化区别于以儒家传统为核心的中原文化，处于中华文化总体系中的边缘。尤其是与中原文化的“重农抑商”观念相比，岭南文化因有五岭之阻而形成其独特的“重商主义精神”。因此，在抽象出“岭南模式”之制度逻辑前，有必要先对岭南文化的起源及其发展作一简单的历史探源与制度分析。

（一）岭南地区的人文地理环境与历史渊源

文化作为一个复杂的物质和精神财富的共同信念体系，由各种各样的因素长期作用而成，它们包括了地理、环境、民族、心理等因素。

首先，“岭南”是一个地域性的概念，它地处中国南疆，北枕五岭，南濒大海，是一个相对独立的地理单元，从而造就了它既独立又开放的区位优势，极利于孕育和发展富有地域特色的文化体系：高巍的五岭山，在交通落后的古代，是一道难以跨越的巨大屏障，极大地限制了古代岭南与中原的文化交流，由此形成岭南人的独特生活习惯和语言，并保持多种社会经济文化形态及其独立发展的过程。此外，它面临南海，拥有绵长的海岸线，与东南亚隔海相望，通过水路可与大洋洲、中东和非洲等地区相联系。长期以来，岭南人一直假道出海，得海外风气之先，吸收大量外来非人格化交易网络的文化元素。

其次，人类创造文化的行为是以环境感应为基础的，即人与环境之间的结合，文化才得以发生。由于岭南的大部分地区处于热带和亚热带季风区内，因此高温多雨、光照充足，且水热条件配合良好，加之土壤肥沃，适合多种农副作物生长，是古代中国为数不多的发达农贸地区。随着农业和家畜饲养业的发展和商品及生产要素交易效率的增加，地区的商业贸易活动也开始活跃起来。在无数次的商品交易当中，岭南人懂得财富的重要性，于是自觉地培养出追求商品和财富的价值观念，从而摒弃了中原当时那种“耻言利”的主流意识，创造出具有强烈功利主义色彩的人文氛围。

再次，任何文化都是民族的文化，它的产生和发展都离不开文化载体，即民族和人口迁移。因为移民一则造成文化传播，二则使不同地域文化发生交流，形成新文化。南越文化作为土著文化主体，代表岭南文化在上古发展的成就和水平。加之秦汉有组织的移民，带来了许多先进的生产技艺，促进了岭南的生产效率。更重要的是，由于远离政治中心，岭南也因而较少受到北方“重农抑商”的中原文化的影响和限制，使商人和商业在当地受到相当的重视。

最后，心理素质因素（司徒尚纪，1993）：一是商品意识，商品生产和意识在中国封建社会里长期被压制，但岭南地处边陲，且秦汉以来一直是广东对外通商口岸。在商品交换中，岭南人不断受到商品的潜移默化，培养和加强了追求商品价值的意识，自发地从事商业活动。二是冒险开拓精神，商品交换使岭南人知道金钱的力量，为此，他们不惜冒险，敢于开创，习惯变化。三是反传统者超前意识，这和岭南受中原儒家文化影响相对较少、而直接来自西方文化的启迪却很多有关。

总之，岭南文化借上述四大因素得以传承和广布，同时，以上各要素都有自己产生、发展的历史过程，它们有的过程已经完结，但结果并没有泯灭，而在继续发生作用，影响到岭南文化的性质和景观。也正是由于这些历史因素的积累，才构筑起岭南文化的参天大厦。

（二）岭南文化的商业传统及其制度特性

第一次鸦片战争前岭南地区在接触外文明、西方文化面，可谓“得风气之先”。这种“得风气之先”之比较优势使岭南文化具备了其他地区不能比拟的一笔丰厚的“文化资本”。但是，这种“文化资本”只有在近代中国提倡“开眼看世界”、“师夷长技以制夷”的历史潮流中，才能真正实现其价值。岭南文化适时之需，将“得风气之先”转化为“开风气之先”，从而在近代文化演进中实现一次“质”的飞跃。也正是中国近代社会政治、经济、文化的危机与变革，使得近代岭南文化具有很多鲜明的时代特性（何一鸣，2008）。

（1）开放性。这是指民众心态和社会观念上的开放意识。岭南人以一种开放的姿态和健康的心理感受外来新事物，使得他们能够经济地接收到外界的信息和刺激，赶上时代的潮流，不断更新观念，丰富传统文化的内涵和生活的情趣，从而较少保守的思想和封闭的心态，有利于新生事物的萌生和成长。（2）兼容性。若开放性是近代岭南文化的对外姿态，则兼容性便是开放性表里的内在心理。尤其是西方的市场活动方式和交易习惯的引入，很快与当地经济运作方式结合起来，传统与现代、本土与外来、中国与西方，随处可见，同时并存，这有利于不同资源和文化的整合，互补长短，整体共同发展。（3）实用性。与中原“核心”的传统文化相比，处于“边缘”的岭南文化更注意实际，讲求实效，排斥空想。加之在频繁的商业交易中，岭南人摒弃了北方人“耻言利”的传统意识，普遍具有了强烈的功利主义，形成了务实不务虚的精神特质，并倾向于实在的内容和价值，更看重行动的可能性与回报率。（4）灵活性。近代岭南人“趋时”、“兴利”的文化理念，在西学东渐的进化论思想的冲击下，产生了以变革求发展的朴素观念。特别是出于有很多与“洋人”接触的机会使他们了解国际市场经济形势，比较中外制度之优劣，深知不变革，无以追赶世界之潮流，不兴利，无以步入富强之列。（5）工具性。早在古代，岭南地区已经商贸发达，又因五岭阻隔而免受战乱和政治风波，岭南地区逐渐形成了重利实惠的社会风尚。在这种商业氛围下，加上西方资本主义市场经济理念的进入，进一步助长了岭南人重商趋利的工具主义理性。

总之，经过近代的发展，岭南文化已由中华文化中从属非主导区域文化上升为主导性区域文化，在某种意义上说，它更成为现代广东文化的主流。尽管该文化的工具性意义过于浓厚，其非人格化交易的秩序观可能削弱社会整体的人文关怀和价值理性，但其“重商主义精神”却是当今市场体制下经济社会有效（交易费用较低）地运行所不可或缺的“软制度”。

（三）广东经济转轨与理性观念回归

1949年新中国成立后，我国采用了严格的苏联计划经济体制，鉴于该体制模式在实践中效率低下。到了20世纪70年代末，中国开始尝试改为市场经济体制模式。作为该场试验的前沿阵地，广东成功实现了从计划经济向市场经济的转轨。但在这个转轨过程中，既有经济制度的变迁，又有社会结构的转换，同时也有必然伴随着道德规范、价值信仰、意识形态等文化价值观念的演化。诚然，就广东的市场化改革而言，它是计划体制向市场体制的过渡过程。从新制度经济学的角度看，这首先是一种特殊的制度变迁——从计划到市场的经济体制转轨。这主要通过以下三个方面体现出来：第一，广东民众初步掌握其在社会、经济和政治上的自由权利，这包括自由出售自己劳动和技能的权利，拥有财产的权利、结社的权利、寻找信息的权利、发表言论的权利和迁徙的权利；第二，过去必须服从国家产权管制的经济组织，如国有企业、集体企业等，现在已大部分转变为自主经营、自负盈亏的独立法人。它们从过去的"软约束"已逐步转变为今天的"硬预算"，同时拥有缔约的自由，包括对所签契约的充分责任；第三，在国际竞争和要素流动方面，广东民众拥有出国旅游和进行国际贸易的自由。

事实上，在大规模的经济转轨和急剧的社会变革中，岭南人的某些价值目标也会发生某些变化，但这种转变却恰恰回归到原来的本土文化传统——与市场体制相匹配的工具理性商业文化。换言之，广东社会民众往往具有下面这些价值信仰（张书琛，2002）：第一，自由价值观。这表现为大量的民事自由权和经济自由权。自由意味着个人能在一定范围内享受自主权以追求其个人目标；第二，公正价值观。它意味着对同样环境中的人一视同仁，且应使约束以同样的标准适用于所有人，不问其阶级和身份地位；第三，安全价值观。它是人们的信心，相信直至未来，人们都能享有其生命和自由，不会受到暴力的和非法的干预，并且在他们的环境中不会有以外的、难以应付的变化；第四，和平价值观。指既没有社会网络内权势者强加的纷争和暴力，也没有外部权势者强加的挑衅和侵犯；第五，福利价值观。它与改善物质状况和在一定程度上持续保有物质成果的意愿有关。

总之，自由、公正、安全、和平与福利共同构成广东经济转轨中的文化价值体系，它是岭南人进行价值评价的基本标准和参照系统。

三、文化与市场体制匹配：一个包含交易费用的博弈模型

岭南人素有的工商传统以及岭南历史文化精神中浓郁的商业气息和求利唯实主义倾向，恰好跟广东市场体制相匹配。前者是一种既不见自然山水也不见典章律法的非正式制度，是内含于人的行为规范、道德理念、价值取向、思维习惯中的精神理念。它虽然无形，却通过对人们经济行为的约束和激励，调整人们在市场经济中的交易活动。同时，从上面的分析可知，若以韦伯的工具理性和价值理性作为评价标准，岭南文化乃一种工具理性倾向的文化，其着重于指向当下的实效和功利，而并不关注文化自身的价值生命和超越意义。

诚然，文化、制度与经济绩效等内生机制之间的关联，可能比我们的直观判断和现实观察更直接、更复杂，因而也可能是在更深层面上相互作用。森（2002）也说："良好商业行为的基本准则有点像氧气：只有当缺少它时，我们才对它感兴趣。"森还举例说，在苏黎世、伦敦、巴黎或许不会引起惊奇的规范商业行为，在开罗、孟买和莫斯科则可能大成问题。在那里，人们正在为建立有效运作的市场经济规范和制度而进行充满挑战的工作。原因很简单，在这些市场秩序还不完善的经济与社会中，人们已经开始认识到，一个市场经济的成功，要依赖于相互信任以及社会规范的效力（森，2002）。应该说，他在这里只看到了文化精神、制度安排与市场成功运行的相互关联的一个方面。文化与市场秩序，进而与一个社会或地区的经济增长速度的一个更为直接的作用链条，可能是通过商业精神来传递的（韦森，2004）。

这里面的经济学道理也许很简单。因为即使我们从传统经济学思路进行推理（无论是古典经济学的分工比较优势学说，还是从新古典主流经济学的社会福利最优理论），我们都可以得出这样一个结论：经济本身是交易出来的，而不是生产出来，更不是命令出来

的，当然也不是什么“制度创新”出来的。广东经济增长，是市场扩展的一个结果。市场半径的扩展，不仅为地方经济提供了增长空间，更重要的是为交易提供了机会和激励，交易又使双方得利。而市场中的交易规则和契约结构，尽管对地方经济增长有着不可忽视的激励和规范作用，但它们也是市场自发扩展和经济增长过程的一个内生结果，而不是相反。关键的问题是，市场本身并不是一个固定容器和“可增可减”的机械装置，而是会自身繁衍和发展的“活”物。这也从某种意义上印证了哈耶克（1973）所认为的市场是一个自发和扩展秩序的思想和理念。这里，不但市场秩序会自发生长和扩展，而且市场容量和范围也会自发扩张。进一步的问题是，广东的市场经济为什么会成长、发育和扩展？这自然还要回到市场参与者的博弈行动及其动因上来。于是，问题的关键又会追溯到市场的博弈者本身所具有的参与市场交易的经营意识和商业精神上来了。具体地，市场的本质是交易，即通过价格信号调动行为主体把资源用于对其评价最高的地方，从而带来帕累托效率改进。但前提是行为主体的目标函数和价值理念必须带有强烈的功利性、工具性和现实性。恰好，岭南文化这种被韦伯视作新教伦理的工具理性精神早已深深贮存于岭南人的观念当中，即使是外地移民也最终被这种文化场景所感染和同化。因此，岭南文化能够满足市场体制有效运行所必需的前提条件。所以，我们认为广东经济增长这是岭南文化与市场体制相互匹配的效果。

事实从来就是，市场作为一种组织形式，并不是农民和手艺人的产物，而商人和后来是金融家的产物，商品市场和金融市场就是市场体系自由活动的地区（希克斯，1987）。从上面一节可知，市场和商业精神早已在南粤大地广为流传，只是在计划体制时期被极大地限制了。岭南文化较早地放弃以理制欲、“君子不言利”的信条，不再鄙视商人。明代中叶的丘睿是一位主张商品经济的思想家，他提出，“南货日集于北”，“北货亦日流于南”，“人各持其所有于市之中，以其所有，易其所无，各求其所欲而后退，则人无所不足。”所以政府不宜采取抑商和海禁的政策，而应鼓励商品流通。近代改革家郑观应也强调“国以民为本，民以财为天”，而“富强由来在商务，商出农工须保护。”所以要“振兴工商以求富”。改革开放后，邓小平同志的“解放思想、实事求是”理念使得广东的传统商业精神得以重新焕发，并促使岭南人以追求商业的潜在净租金为目的进行市场制度的创新，这些创新的收益又得自于制度匹配费用的节约。这里，我们通过一个包含制度匹配费用（广义的交易费用）的博弈模型对此进一步展开讨论。

首先，假定存在两个制度空间——正式制度空间 E 和非正式制度空间 S，行为主体的博弈策略集合分别为 A 和 B。此时，某个制度空间执行的制度安排通过改变另一个空间的制度参数从而间接影响着该空间博弈者的策略选择。这里，空间 E 的博弈者可能选择的策略空间安排是 e_1 或 e_2，而空间 S 的博弈者面临的策略安排是 s_1 或 s_2。但每个空间的所有博弈主体具有完全相同的交易费用函数 $c_i(i \in A)$ 和 $c_j(j \in B)$。这样，制度匹配的成立条件为：

$$c_i(e_1; s_1) - c_i(e_2; s_1) \leqslant c_i(e_1; s_2) - c_i(e_2; s_2)$$

它表明当空间 E 的博弈者面临的制度环境是 s_1 和 s_2 时，他们选择 e_1 而非 e_2 所实现的边际交易成本最小。或者说，该条件可以表达为：

$$c_j(s_2; e_2) - c_j(s_1; e_2) \leqslant c_j(s_2; e_1) - c_j(s_1; e_1)$$

该不等式的经济学含义时，制度空间 S 的博弈者在制度环境是 e_2 而非 e_1 的条件下选择 s_2 而非 s_1 的边际交易成本也是最小化的。

因此，包含 E 和 S 的制度系统将存在两种纳什均衡——（e_1，s_1）和（e_2，s_2）。当这种多重均衡存在时，我们认为 E 和 S 是制度匹配的，e_1 和 s_1 以及 e_2 和 s_2 促使这两个空间的制度匹配成本最小化。

四、结论与启示

本文首先以岭南文化下的广东经济转轨模式为蓝本，具体分析

“岭南模式”的文化特征及其制度含义，认为岭南文化乃一种工具理性倾向的精神理念，其着重于指向当下的实效和功利，而并不关注文化自身的价值生命和超越意义。因此，它能够满足市场体制有效运行所必需的前提条件。所以，我们认为广东经济增长这是岭南文化与市场体制相互匹配的效果。接着，我们在理论层面把新制度经济学中的核心概念——交易费用进行拓展，提出文化与市场体制相匹配的理论，构建一个简单的制度匹配费用最小化模型以解释“岭南模式”的内在机理与理论逻辑。我们的结论是，正式制度空间的博弈者在非正式制度环境倾向于选择实现边际交易成本也是最小化的策略；同样，非正式制度空间的博弈者在正式制度环境倾向于选择实现边际交易成本也是最小化的策略。因此，这两种策略选择构成了整个制度系统（包含正式制度和非正式制度）的纳什均衡解。这样，正式制度和非正式制度是匹配的，它们的制度匹配成本实现了最小化。

最后，我们对文化与市场体制的制度匹配总结出三个理论启示：

(1) 商业文化是市场体制得以顺利运行的保障机制。在产权主体的“理性无知”和交易环境的不确定性局限条件下，个人无法迅速、准确和费用较低地做出理性判断，他只有获得一种确定的信息，并借此使其能预期他人行动亦会如此才愿意进行交易合作活动。而该信息浓缩于人们习得的共享文化系统之中。因为一个人只有当所有其他人的行动是可预期并且准确时，才能在任何规模的群体中作出选择决策，任何对过去商业传统的偏离，都会使那些从其过去的一种行为预计他人如此行动的他人之预期落空并造成市场交易失败。显然，这意味着“市民阶级”不需具备“完备知识”便可借助商业文化约束来克服“认知问题”而导致的“交易失灵”，从而有效地促进市场经济体系的健全和发育。与此同时，商业文化中的重商传统能够为人们提供关于现存产权结构和交易条件是如何成为更大体制的组成部分的合乎于理性解释。换言之，它能够对现行的权利安排及其交易规则做出具体说明，促使长期习惯于计划经济反理性环境的民众可以改变价值观念上的看法，并发展一套新的、能更好适应其经验的合理的解释。因为商业精神中所内在的与公平、竞争相关的道德和伦理标准，有助于节约人们在新旧知识文本之间的协调成本。

（2）文化是制度转轨的突破空间。当经济社会发生变革时，变革的力量总是寻求制度集合中最薄弱的环节实行突破。在此过程中，那些具有熊彼特意义上的“冒险企业家”觉得，违反社会既存的经济秩序和保守思想，仍然是有利的，他们便接受被惩罚的“试错风险”。若后来证明他们失败了，他们只好接受惩罚并服从旧有制度；若他们成功了，其他人迟早也会看到这种“获利”机会，从而积极模仿这种“创新行为”。进一步，如果足够多的人争相仿效这一行为，在整个社会内达到一个临界数时，新的制度安排自然便演化出来。就转轨经济系统而言，在确立建立市场体制目标后，人们不再强调过去的国家管制规则，而是“偏好”于平等互利的市场契约规则。因为在现代商业文明的“播化”作用和传统商业精神的“濡化”动力下，一些“敢为天下先”的市民大众尝到了市场好处的“头啖汤”。于是，在一种重商趋利的文化氛围下，其他人也会模仿以获得个人财富的增加，最后引起社会价值体系的振动，经济效率的法则因而畅通无阻并普遍流行起来。

（3）非正式制度演化支持正式制度变革。任何制度安排均“嵌在”整个制度结构中，其适应性效率可能取决于其他制度安排实现它们功能的完善程度。因此，正式制度要有效地发挥作用，必须得到非正式制度安排的支持并弥补其不足。同时，正式制度的演变总是从非正式制度的“边际上”演变开始，因为有变更和执行正式制度的成本，且该成本越高，这个边际就越大。换言之，在边际上正式制度不起作用，取而代之的是非正式制度在起协调分工的作用。改革初尹，正式制度还不甚完善，作为非正式制度的商业文化此时发挥着不可缺少的协调和辅助效应。市场经济的前提之一是承认和鼓励财产个人拥有，激励人们作为财产所有者来行使权利并据此取得收入并积累财富。而传统商业文化中的功利观念是根深蒂固的，这就激发民众形成成为产权主体的冲动。于是，他们在市场上积极的活动：他们要自己寻找原料来源和目标市场，自己对经营作出决策并承担承担风险等。这些活动正好与文化中的“重商主义精神”相一致。个人的自愿选择，加上社会对这种选择的积极评价和回应，促使非正式制度与正式制度互为补充。

参考文献

[1] 何一鸣．岭南模式研究：一个制度关联博弈的理论视角——基于广东市场化改革30年历史经验的实证分析 [J]．珠江经济，2008（9）：4－27.

[2] [英] 希克斯．经济史理论 [M]．北京：商务印书馆，1987.

[3] 罗必良，何一鸣．产权管制放松的理论范式与政府行为：广东例证 [J]．改革，2008（9）：76－83.

[4] [美] 萨克斯，胡永泰，杨小凯．经济改革与宪政转型 [J]．开放时代，2000（7）：4－25.

[5] [印] 森．以自由看待发展 [M]．北京：中国人民大学出版社，2002.

[6] 司徒尚纪．广东文化地理 [M]．广东：广东人民出版社，1993.

[7] 韦森．文化精神、制度变迁与经济增长——中国—印度经济比较的理论反思 [J]．国际经济评论，2004（4）：1－12.

[8] 张书琛．体制转轨时期珠江三角洲人的价值观 [M]．人民出版社，2002.

[9] Acemoglu，Johnson and Robinson. The Colonial Origins of Comparative Development：An Empirical Investigation [J]. American Economic Review，2001，91（5）：1369－1401.

[10] Aoki M. Toward a Comparative Institutional Analysis [M]. Massachusetts: MIT Press, 2001.

作者信息

何一鸣：华南农业大学经济管理学院副教授、硕士生导师；
高少慧：华南农业大学硕士研究生。

以政府职能促进区域战略性新兴产业的发展

朱信贵　朱晓芬

摘要：战略性新兴产业是未来经济社会发展的主导力量，政府引导及政策对产业的作用影响着区域战略性新兴产业的健康发展。本文阐述了战略性新兴产业的内涵、发展的必要性，并从政府职能的视角，分析了政府在战略性新兴产业发展中所处的辅助和扶持地位，强调政府应在公共服务平台、市场环境规范以及资源集聚三个方面发挥作用，提出从产业技术、金融支持、法律促进着手建立公共服务平台，通过完善市场配套服务体系、加大监管和知识产权保护力度规范市场环境，依靠集聚人力和创新资源促进产业集群式发展。

关键词：战略性新兴产业　政府　区域

2010 年，国务院颁布《关于加快培育和发展战略性新兴产业的决定》，正式确定了我国现阶段要进行重点培育和发展的七大战略性新兴产业领域。2012 年，国务院通过《“十二五”国家战略性新兴产业发展规划》，进一步提出了我国战略性新兴产业重点发展方向和主要任务。发展战略性新兴产业是转变经济发展方式、拉动经济增长、增强自主创新能力的重要途径。各省、市、自治区在积极响应国家战略性新兴产业发展的政策下，高度重视并制定本地区的战略性新兴产业发展规划。然而政府作为组织者和引导者，应结合地区实际情况，根据市场需求和社会发展的要求，充分发挥政府职能对战略性新兴产业发展的作用，并依此探索相应的政策路径，确立合理的发展战略和重点。

一、相关概念

（一）政府职能概述

政府职能是一个现实的、历史的概念，学术界对“政府职能”这一概念的研究主要从职责、功能、作用等方面来进行。这不仅涉及政府职能的界限、程度，也是对政府职能的初步价值判断。齐明山（2006）认为，政府职能是政府根据社会需要而拥有的功能。朱光磊（2011）、李文良（2008）主张政府职能就是政府在国家和整个社会管理中所应承担的职责和所具有的功能。不仅规定了政府必须具有的属性，也涉及政府“应该做什么”、“不应该做什么”。政府职能并非一成不变，它是随着具体的时空条件而逐渐演化的，从最初的维护社会秩序职能演变为统治职能、经济职能，进而到社会管理职能和社会服务职能。政府作为国家公共权力机构，其职能是保证国家的各项活动能顺利地运行。改革开放后，我国政府逐步进行全方位的政府职能转变，构建服务型政府。服务型政府需以科学发展观为指导，以职能转变为基础，以强化服务为发展方向。

（二）战略性新兴产业相关概念

1. 内涵

战略性新兴产业是指建立在重大前沿科技突破基础上，代表未来科技和产业发展新方向，体现当今世界知识经济、循环经济、低碳经济发展潮流，目前尚处于成长初期、未来发展潜力巨大，对经济社会具有全局带动和重大引领作用的产业。“十二五”规划中，将节能环保产业、新一代信息技术产业、生物产业、高端装备制造产业、新能源产业、新材料产业和新能源汽车产业作为国家战略性新兴产业重点发展方向和主要任务。战略性新兴产业关系到国民经济社会发展，具有知识密集、渗透力强、科技含量高、产品价值高、资源消耗少、环境污染小、成长潜力大、辐射范围广、综合效益好的特点。

2. 发展区域战略性新兴产业的必要性

第一，战略性新兴产业是具有较强的技术创新能力，以及较强的扩散效应和市场前景的产业，是对地区经济具有较强带动作用的产业，同时也是代表着地区经济产业结构发展趋势的产业。第二，培育和发展区域战略性新兴产业能够明显带动地区经济增长。在培育和发展战略性新兴产业的前期，由于产业发展尚未形成规模，所以无法有效促进地区经济的增长，难以看出其经济效益。而且这一时期战略性新兴产业的培育和发展需要大量人、财、物的投入，可以说短期内是投入大于产出。但从中长期来看，随着战略性新兴产业的发展壮大，以知识密集、技术密集为代表的区域战略性新兴产业可以显著提升产品的附加值，刺激地区经济的实质性增长。同时，区域战略性新兴产业的发展可以带动相关产业投资的增长，这对拉动地区经济增长会起到积极的作用。第三，战略性新兴产业市场空间巨大，是扩大就业的重要引擎。根据我国设定的目标，到2015 年，战略性新兴产业的增加值占国内生产总值的比重力争达到8% 左右；到 2020 年，战略性新兴产业增加值占国内生产总值的比重力争达到 15% 左右。根据 IBM 和中国有关部门的联合分析，如果中国在智能电网、宽带、智慧医疗上投资 1000 亿元，带动就业人数将超过 150 万人。

二、战略性新兴产业发展中政府的地位及职能

（一）战略性新兴产业发展中的政府地位

经济学家普遍认为，依据产业发展角度的不同，可以将产业的发展路径分为三种方式：市场自发形成与发展、政府培育形成与发展以及市场选择与政府扶持共同作用形成于发展。对于市场推动式

路径，主要是产业在自然市场环境下依靠自身的力量进行生存竞争，并获得市场推动进而成长。政府培育则是在人为的市场环境下进行生存竞争并且逐步谋求发展的结果。然而就战略性新兴产业的形成与发展而言，纯粹的市场自发模式和政府培育模式在现实经济中是不存在的。由于市场自身存在缺陷，需要政府政策的扶持才能促使产业得到更好的发展。尤其战略性新兴产业尚处于发展的初期，缺乏竞争优势，政府有必要对战略性新兴产业的发展进行有效干预，从多方面引导并推动战略性新兴产业的发展。

关于如何正确处理政府、企业以及市场的关系，如何提高政府职能在战略性新兴产业发展中的充分发挥问题时，首先，要坚持以市场为导向的原则，战略性新兴产业能否在市场确定稳定地位，取决于产业本身能否持续适应市场需求，进而占领市场。其次，企业自主生产经营，掌控自主研发权，成为战略性新兴产业发展的主导力量。最后，政府从自身出发，降低成本，引入质量管理、绩效管理以及目标管理，以科学的方法来考核政府部门的绩效，在政府部门实行竞争机制，从而更好地服务于战略性新兴产业的发展。

（二）发展战略性新兴产业的政府职能

政府在战略性新兴产业发展进程中应充当组织引导者而非主攻手，以体制机制设计激活发展动力，为产业发展创造良好的成长条件和环境。本文认为政府在战略性新兴产业的发展方面，应该着重从三个方面发挥其职能，即公共服务平台、市场环境规范和资源集聚。

1. 公共服务平台

由于各区域资源禀赋不同，政府应制定合理的区域战略性新兴产业发展规划。战略性新兴产业大多是高新技术产业，在产业技术、资金支持、法律促进等方面可能由于信息的不对称而不能很好地合作，从而影响产业的发展。通过政府搭建公共服务平台减少信息不对称，以及提供更好地管理服务与金融支持等，保障战略性新兴产业更好更快地发展。

2. 市场环境规范

战略性新兴产业是基于产业基础、资源要素禀赋等，在市场需求、科技创新与社会调控等共同作用下产生和发展起来的。市场和政府都有失灵的时候，让政府干预来维护市场正常运行秩序，让市场机制实现资源要素的有效配置。部分学者认为，与政策支持相比，市场环境规范可能对战略性新兴产业的发展更加有效。战略性新兴产业的市场需求要通过政府采购、技术水平等其他手段和措施来发展，例如通过需求引导、基础设施建设、信息扩散等主要衡量指标来加快转变科研成果。

3. 资源集聚

资源分为人力资源和创新资源，创新是战略性新兴产业发展中的核心词，战略性新兴产业的核心是技术创新，技术创新最终要由相应的人才资源完成。因此，人才资源是资源中的第一资源，人才是战略性新兴产业发展所需要素中最核心的、起着主导作用的要素。同时政府作为社会资源的总协调人，应着力于对资源的集聚、整合和优化配置进行正确引导，提高资源的配置效率，为战略性新兴产业的运行和发展提供保障。

三、战略性新兴产业发展的政府职能分析

（一）公共服务平台

政府是公共服务平台的支持者和搭建者，要完善公共服务体系，构筑产业发展立体平台。平台应以服务企业、满足市场，提高产业竞争力与经济增长为目的，遵循市场和技术创新的规律，克服市场信息不对称现象，促进产业集群。平台的建设和维护是社会的公共事务，需要政府的公共战略投资，通过公共服务实现。政府要加强平台设施建设，为战略性新兴产业发展提供良好的硬件环境，

为战略性新兴产业发展搭建桥梁。

1. 产业技术服务平台

建立产业技术服务平台的目的是为了尽可能避免因产业技术层面信息不对称而导致产业发展延误的现象，确保关联产业共同发展。它是围绕产业对共性技术和关键技术的研发、技术转移、资源共享等科技活动的需求，由政府引导和支持，企业、高校、科研机构、行业协会、科技中介等共同参与，依托有关重点实验室、工程（技术）研究中心、企业技术中心、科技企业孵化器以及科技中介机构等建立起来的，集成不同组织、部门、行业、区域的各类优质科技资源。在产业技术服务平台建设的初期，政府应积极主动地为企业提供技术咨询、产品设计、技术研发、产品试验、专业技术人员培训等公共技术支持，让信息在企业间传递，使之成为企业经济发展的助推器。对于高新园区，政府应积极促进产业技术服务平台的建设，高新园区作为我国科教资源、高端人才和高技术产业最为集中的政策区域，一直是新兴产业孕育和成长的重要载体。产业合理布局的高新园区能更好地促进产业技术的发展。

2. 金融支持服务平台

金融支持服务平台的建设，有利于降低战略性新兴产业发展的技术和市场风险，促进科技型中小企业自主创新能力和市场开拓能力的提升，进一步提高高科技成果转化为现实生产力的能力和水平。政府可以建立国有创业股权投资基金、国有创业产业投资基金和国有风险投资担保公司，扶持和培育战略性新兴产业。通过国有资本主导的基金，将分散的、愿为较高收益承担较高风险的社会资金聚集起来，形成实力雄厚的风险投资机构和投资担保机构，再由风险投资机构将资金集中管理投入战略性新兴产业项目，以此来推动中国战略性新兴产业的不断发展。或设立专门针对战略性新兴产业的贷款公司，或针对战略性新兴产业的优惠贷款政策，通过优化贷款机制，对战略性新兴产业发展初期，具有成长潜力的企业予以政策性金融支持。对待处于战略性新兴产业成长期阶段的企业，金融支持服务平台可考虑推进创新型知识产权质押融资、产业链融资等信贷产品。

3. 法律促进服务平台

法律促进服务主要分为法律咨询服务与法律监督服务，法律咨询服务为新兴产业提供更全面详细的法律咨询服务，让新兴产业在充分利用法律法规的情况下，做出更有利的产业发展战略。法律监督服务平台的建设则有利于规范战略性新兴产业，促进企业正当竞争，形成一个良性发展机制。由于战略性新兴产业是新兴的高技术产业，政府应建立与完善法律体系，为产业发展提供法律保障。政府应在各区域建立法律咨询中心和监管办，再由国家统一管理，确保战略性新兴产业的监管有效。

（二）市场环境规范

市场经济是推动战略性新兴产业的发展的关键因素，而健全的市场机制、政府行为则是其赖以健康发展的重要保障。政府应为区域战略性新兴产业的发展创造良好的发展环境，最大限度地发挥市场主体在资源配置中的基础性作用。保持区域战略性新兴产业相关政策的稳定，提高区域战略性新兴产业政策的一致性、连续性和可操作性。从完善市场应用配套服务体系、营造和优化市场环境着手，将需求潜力转化为拉动产业发展动力。

1. 完善市场应用配套服务体系

政府应引导需求潜力转化为拉动产业发展的动力，发挥市场的主导作用。组织实施新兴产业的重大应用示范工程，引导消费模式加强知识产权宣传和执法检查，培育市场，拉动产业发展。加强新兴产业市场基础设施建设，支持企业在新兴产业发展领域开展专业服务、创新服务等业务。

2. 加强产业监管力度

政府应加强产业监管的力度，以便更好地发挥市场调节的作用。完善监管组织体系，协调、监督和维护市场秩序，找到符合新兴产业发展的商业模式，完善市场准入机制和新兴产业产品的定价机制，规范市场竞争秩序，规范经营者行为，为战略性新兴产业的培育和发展营造良好的市场环境。

3. 加大知识产权保护力度

知识产权保护政策对激励企业技术创新、规范市场秩序有不可忽视的作用，政府应深刻认识知识产权保护对战略性新兴产业保持核心竞争优势的重要性，把知识产权制度纳入战略性新兴产业规划的要点，把新兴产业的知识产权战略提升到国家战略的高度。加大对战略性新兴产业知识产权的保护力度，规范产业的市场操作规则，创造一个良性的环境。

（三）资源集聚

战略性新兴产业的发展有赖于科技进步和创新的强力支撑。资源集聚则是政府应构建高效率的创新发展模式，集聚新兴产业发展所需的各种人力、创新资源，形成产学研一体化的合作体系，完善中介服务体系，促进产业集群。

1. 人力资源

政府应紧紧围绕产业发展的特点，从战略性新兴产业最急需的、影响产业重点发展领域的人才培养、培训和引进等多方面着手，提供人才和智力资源的保障，将人才作为创新能力的核心要素。建立一体化的人才培养体系，设立战略性新兴产业高层次人才奖励资金；制定战略性新兴产业人才开发路线图，编制高层次创新型人才引进目录；鼓励地区大学或职业院校设立战略性新兴产业专业；鼓励订单培养战略性新兴产业人才；大力引进创新科研团队和领军人才；鼓励科研机构和高校从事非职务发明；建立期权、技术入股、分红权等激励机制；采取“户口不迁、关系不转、合同约束”方式建立人才柔性流动机制等。

2. 创新资源

政府应建立产学研合作体系，带动产业结构调整，提升产业竞争力，促进科技与经济更加紧密结合。大力加强产学研合作载体建设，营造产学研合作良好环境，建设产学研发展联盟，对合作过程中的关键及普遍问题进行研究，最大限度地集聚创新资源，充分发挥各类创新资源的作用。培育特色产业集群，利用好本地区的资源优势，形成强有力的市场引力，对产业进行统筹规划和促进产业整体协同，培育空间集聚、技术集聚、人才集聚、资本集聚的产业集群。促进科技中介组织与区域创新主体的协同发展，政府应明确科技中介组织的市场角色，充分认识科技中介机构与区域内其他创新要素协同发展的重要性，大力提高创新资源的配置效率，为战略性新兴产业的发展提供重要的纽带联系功能。

参考文献

[1] 陈洪涛. 新兴产业发展中政府作用机制研究 [D]. 浙江大学, 2009.

[2] 冯敏红. 以风险投资促进中国战略新兴产业的发展 [J]. 经济研究导刊, 2013, 21: 70 - 71.

[3] 傅培瑜. 我国战略性新兴产业发展的研究 [D]. 东北财经大学, 2010.

[4] 胡宪君, 游静. 区域战略性新兴产业发展的政府作用机制研究 [J]. 国际商务研究, 2013, 04: 49 - 59, 68.

[5] 刘斌斌, 严武, 潜力. 股票融资、债务融资与我国战略新兴产业发展 [J]. 江西社会科学, 2013, 03: 66 - 69.

[6] 刘巧艳. 新时期我国政府职能研究述评 [J]. 四川理工学院学报 (社会科学版), 2013, 01: 73 - 76.

[7] 纪瑶. 区域战略新兴产业竞争力的评价研究 [D]. 南京理工大学, 2013.

[8] 雷舰. 战略新兴产业发展的金融支持体系研究 [J]. 国际金融, 2013, 07: 74 - 76.

[9] 牛立超. 战略性新兴产业发展与演进研究 [D]. 首都经

济贸易大学，2011.

[10] 沈孟康．区域战略性新兴产业集群促进政策架构研究[J]．现代经济信息，2013，13：111－12＋20.

作者信息

朱信贵：广东财经大学国民经济研究中心；

朱晓芬：广东财经大学经济贸易与统计学院。

广东与“亚洲四小龙”电子信息产品出口竞争力比较分析*

周松兰　周　二

摘要：本文以广东与“亚洲四小龙”电子信息产品出口竞争力比较分析为切入点，找出后追赶“亚洲四小龙”时期广东的支柱产业电子信息产业出口发展中主要差距，并就进一步提升广东电子信息产品出口竞争力提出相关建议。

关键词：广东　“亚洲四小龙”　电子信息产品　出口竞争力

一、引　言

1992年邓小平同志南方谈话，提出了广东省用20年时间赶超“亚洲四小龙”的殷切希望。近20年来，广东用实际行动将这一目标逐渐变为现实。电子信息产业作为广东省支柱产业，也作为全球竞争的战略重点，对广东经济的发展起着至关重要的作用。至2010年，广东电子信息产业规模连续20年居全国首位，总产值约占全国1/3。同年广东省电子信息产品制造业实现出口交货值13 864.6亿元，同比增长24.6%，出口约占国内电子信息产品出口总额的40.6%，通信、计算机、家用视听等产品仍是出口主力，电子信息产品出口竞争力稳步提高。

目前，学术界对电子信息产业竞争力研究主要集中在两个方

* 本文为广东省哲学社会科学规划2011年一般项目（GD11CYJ12）。

面：一是通过建立竞争力评价体系对该产业竞争力现状进行分析。如张磊（2011）通过主成分分析法和聚类分析法构建综合指标体系，分析、评价天津市电子信息产品制造业竞争力；二是从电子信息产业的影响因素研究其产业竞争力。如何铮进（2011）借助SWOT分析法，通过对影响我国电子信息产品出口的内外部因素进行较为全面的分析，从把握机遇、规避风险的角度出发提出提高我国电子信息产品出口竞争力的对策。廖家财（2009）从外国专利遏制战略谈其对中国电子信息产业出口竞争力的影响，并提出我国应积极推行"大公司"战略，积极参与跨国公司组建产业联盟，建设电子信息专利预警机制，突破专利遏制包围圈，提升我国电子信息产业的出口竞争力。

本文以广东赶超"亚洲四小龙"为背景，利用主成分分析法，比较分析广东及"亚洲四小龙"电子信息产业产品出口竞争力，提出借鉴发达国家及地区发展经验进一步提升广东电子信息产品竞争力的建议与对策。

二、广东与亚洲"四小龙"电子信息产业出口竞争力比较

（一）指标、评价方法的选择

1. 指标体系的构建

电子信息产业是社会经济活动中专门从事信息技术开发，设备、产品的研制生产以及提供信息服务的产业部门的统称，是一个包括信息采集、生产、检测、转换、存储、传递、处理、分配、应用等门类众多的产业群，主要包括电子信息产业制造业、软件业及信息服务业。电子信息产品是指采用电子信息技术制造的电子雷达产品、电子通信产品、广播电视产品、计算机产品、家用电子产品、电子测量仪器产品、电子专用产品、电子元器件产品、电子应

用产品、电子材料产品等产品及其配件。

影响电子信息产品出口竞争力的因素是多方面的，本文拟从国际市场占有率（X1）、显示性比较优势指数（X2）、贸易专业化指数（X3）、出口变差优势指数（X4）、外贸依存度（X5）、出口贡献率（X6）六个指标着手，构建电子信息产品出口竞争力的指标体系，并分别对广东省、中国内地、中国香港地区、中国台湾地区、韩国、新加坡电子信息产品出口竞争力进行评价与比较。由此可构建一套简明的出口竞争力综合指标评价体系（见图1）。

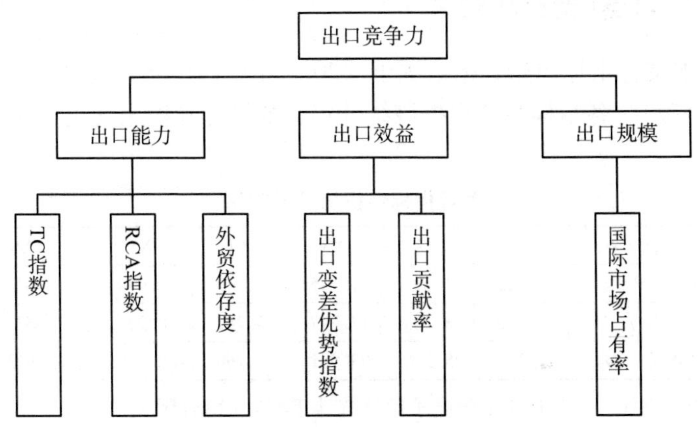

图1　出口竞争力综合指标评价体系

资料来源：笔者根据出口竞争力影响因素构建制作。

2. 主成分思想与分析步骤

本文主要使用主成分分析法对相关指标作出测评。主成分分析是将原来众多具有一定相关性的P个指标，重新组合成一组新的不相关的综合指标用以代替原来的指标。其判断方法是线性组合Fi（i=1，2，…，p）的方差越大，表示Fi包含的信息越多。因此，以线性组合中方差最大的F1为第一主成分，若第一主成分不足以代表原来指标的信息，再考虑选取第二个线性组合F2为第二个主成分，且 Cov（F1，F2）=0，依次类推，可以构造出第三、第四……第P个主成分。

主成分分析步骤：（1）利用SPSS17.0对原始数据进行标准化并求出相关系数矩阵；（2）求解相关系数矩阵的特征值及特征向量，得出各主成分的原始指标线性表达式F1，…，Fp；（3）按照特征值大于1，累计贡献率P≥85%的一般原则确定主成分个数K；计算综合评价值 $F = a^1F^1 + a^2F^2 +, \cdots, + a^kF^k$，其中 ai（i=1，2，…,k）为第i个主成分 F^i 的信息贡献率。

（二）计量分析结果

本文各指标原始数据来源于《2010年中国电子信息统计年鉴》（综合版），各指标数值根据该统计年鉴数据计算得来（见表1）。

表1　各项指标特征值及贡献率

指标	X1	X2	X3	X4	X5	X6
特征值	2.822	1.692	1.125	0.347	0.014	1.370E-16
贡献率（%）	47.030	28.204	18.747	5.787	0.232	2.283E-15
累计贡献率（%）	47.030	75.234	93.981	99.768	100.0	100

资料来源：《2010年中国电子信息统计年鉴》（综合版）。

根据上述原则运用主成分分析方法，以特征值大于1，累计贡献率大于85%的标准得到三个主成分。这三个主成分的累计贡献率达到93.981%（见表2），说明该分析用三个新变量就以93.98%的精度代表了原先六个变量，据此可以作出比较满意的测评结果。

表2　各相关指标与主成分相关系数

指标	第一主成分	第二主成分	第三主成分
X1	0.114	-0.006	0.972
X2	0.912	-0.133	0.157

续表

指标	第一主成分	第二主成分	第三主成分
X3	0. 689	0. 123	0. 666
X4	-0. 106	0. 954	0. 268
X5	0. 909	0. 325	0. 053
X6	0. 296	0. 894	-0. 244

资料来源：《2010 年中国电子信息统计年鉴》。

从表 2 中可以看出，X2（TC 指数）、X3（RCA 指数）、X5（外贸依存度）在第一主成分上的荷载较大，与第一主成分相关系数较高，所以第一主成分主要由这三个指标表示，它代表了出口能力，用 F1 表示；X4（出口优势变差指数）和 X6（出口贡献率）与第二主成分相关系数较高，所以第二主成分主要由这两个指标表示，它代表了出口效益，用 F2 表示；X1（国际市场占有率）与第三主成分相关系数较高，故第三主成分由这个单指标表示，它代表了出口规模，用 F3 表示。

由表 3 得出主成分表达式为：

$$F1 = -0.151X1 + 0.464X2 + 0.206X3 - 0.218X4 + 0.435X5 + 0.114X6$$

$$F2 = -0.01X1 - 0.173X2 - 0.001X3 + 0.552X4 + 0.086X5 + 0.472X6$$

$$F3 = 0.694X^1 - 0.084X^2 + 0.342X^3 + 0.227X^4 - 0.157X^5 - 0.24X^6$$

$$F = 0.47F1 + 0.282F2 + 0.187F3$$

表 3　　主成分线性表达式的因子系数

指标	第一主成分	第二主成分	第三主成分
X1	-0. 151	-0. 01	0. 694
X2	0. 464	-0. 173	-0. 084
X3	0. 206	-0. 001	0. 342

续表

指标	第一主成分	第二主成分	第三主成分
X4	-0.218	0.552	0.227
X5	0.435	0.086	-0.157
X6	0.114	0.472	-0.24

资料来源：《2010年中国电子信息统计年鉴》。

根据主成分表达式计算出广东省、“亚洲四小龙”及中国在电子信息产品出口竞争力排名如表4所示。

表4 各国或地区电子信息产品出口竞争力综合排名

序号	F1得分	按F1降序	F2得分	按F2降序	F3得分	按F3降序	F得分	按F降序
1	2.093	中国香港	2.057	中国台湾	2.018	广东省	1.609	中国香港
2	1.86	广东省	1.919	中国香港	1.656	中国内地	1.445	广东省
3	1.185	中国内地	0.69	广东省	0.453	中国香港	1.041	中国内地
4	0.325	中国台湾	0.628	韩国	0.079	新加坡	0.616	中国台湾
5	0.25	新加坡	0.618	中国内地	0.031	韩国	0.226	韩国
6	0.092	韩国	-0.033	新加坡	-0.625	中国台湾	0.123	新加坡

资料来源：《2010年中国电子信息统计年鉴》。

从表4的总得分F的排名可以看出，前三名分别为中国香港、广东省、中国内地。其中，广东在电子信息产品出口方面的竞争力得分为1.445，仅次于中国香港的1.609，远高于中国台湾地区、韩国及新加坡，为得分排名第六的新加坡的10倍之余，显示出其很强的竞争力。新加坡电子信息产品出口竞争力综合得分小于0.2，属于竞争力较弱的国家。

在第一主成分F1的排名上，中国香港以2.093的高分桂冠群芳，广东紧随其后为1.86。由于F1因子对方差的贡献率最大为47.03%，故这几个指标最能说明电子信息产业出口竞争力的强弱程度。各国及地区在出口实力上的排名与出口竞争力综合排名基本相同，前四名依次是中国香港、广东省、中国内地与中国台湾，而韩国排名倒数第一。

在第二主成分 F2 的排名上，中国台湾、中国香港表现最为突出，得分分别为 2.057，1.919，高出第三位广东得分值 0.69 的 3 倍之多。该因子的方差贡献率为 28.204%，而广东该项得分较之中国台湾、中国香港低，说明广东电子信息产品出口应向提高该产业效益方向努力。韩国以 0.628 的得分值略高于中国的 0.613。新加坡在出口效益竞争力上的得分为负数，说明该国电子信息产品出口对于 GDP 的拉动并不显著，竞争力较弱。

在第三主成分 F3 的排名上，广东以 2.018 的得分值一举夺得出口规模竞争力的首位，充分说明了电子信息产业在广东作为支柱产业的重要地位。榜眼与探花分别为中国内地和中国香港。新加坡、韩国、中国台湾的得分分别为 0.079，0.031 和 -0.625，排名第四、第五及第六。

三、原因分析与基本判断

第一，电子信息产业作为这六个国家及地区的主导产业，不管在总量规模、结构上，还是在技术水平、管理方式上都存在比较分析的意义和价值。中国是全球贸易大国，广东作为中国内陆的外贸大省，在电子信息产品进出口总量及规模上具有其他贸易小国及地区无法比拟的优势。2010 年中国、广东电子信息产品出口总额分别为 101 275 386.3 万美元、40 537 858.9 万美元，远高于“亚洲四小龙”同类产品进出口总量。然而，不可否认的是小国及地区在发展对外贸易上也有其独特的地理优势、加工优势、政策优势以及管理优势等。例如，新加坡作为具有重大战略意义的世界级天然良港，航运优势显著；中国香港作为中国的特别行政区，拥有吸引外资的优惠政策；中国台湾地区的电子信息产业链以代工为主，规模优势明显；韩国企业以其出色的管理水平，高效率的决策手段而著称于世。学习借鉴“亚洲四小龙”成功经验对于广东“量”和“质”上赶超新兴国家有重要意义。

第二，运用主成分分析法计算的韩国、新加坡、中国台湾这些国家及地区的电子信息产品出口竞争力较弱。其原因，一方面是其进出口总额较广东、中国香港低，在各自的GDP中所占的比重相对较小，故算出的作为第一主成分指标的外贸依存度较低；二是这三个国家的出口额与进口额数量极不对称，存在很大的贸易逆差。如2010年韩国进口额为7 404 450万美元，几乎为出口额2 674 353.1万美元的3倍，故计算结果表现为较低的TC指数与RCA指数。而这两个指数为第一主成分的主要变量，并且由于第一主成分是综合因子的得分的主要部分，因此原本被认为是电子信息产业竞争强国的韩国、中国台湾及新加坡得到了较低的得分值。这说明贸易结构、贸易收支情况在一定程度上影响出口竞争力的强弱。与“亚洲四小龙”相比，广东电子信息产业出口竞争力排名第二的好成绩是否实至名归，还得取决于广东省创造出口额的方式是否具有竞争力，进口结构对产业结构升级是否具有促进作用。

第三，比较这六个国家和地区的进出口结构和贸易收支情况，不难看出中国香港表现最优，其主要出口产品中高技术含量的产品所占比重较高，而且各类产品均保持较高的顺差。这六个国家和地区电子信息产品出口主力中都有计算机，除中国台湾外，其余五个国家和地区前三名出口产品中都有通信类产品，且都保持了较高的顺差额，说明计算机及通信产品在这些国家竞争力比较激烈。广东通信、计算机类产品的贸易顺差额较之“亚洲四小龙”最大，反映了广东乃至中国通信业的发展一片欣欣向荣的景象。广东和中国内地出口主力产品中没有IC类产品，而“亚洲四小龙”各国主要出口的电子信息产品中均有电子元件类产品，这与“亚洲四小龙”各国注重自主知识产权技术的研发密切相关，同时也说明了广东、中国内地在拥有高水平的核心技术和研发能力方面有待突破。

第四，经过分析比较，发现这六个国家及地区在产业链上的地位与分工不尽相同，但其发展路径及产业分布特征却又存在不同程度上的相似与相近。首先，以广东为例，珠三角的广州、深圳、东莞以及惠州已经成为全国规模最大的电子信息产业集群；而链条式的产业集群建设也是新加坡电子信息产业的显著特征。以半导体行业为例，从产品设计、制造，再到封装、测试，新加坡的半导体产业已经形成一个成熟的产业环境。其次，目前广东的电子信息制造业以代工生产为主，缺乏自主品牌。由于土地资源、人力资源等比较优势的失去，部分企业将新建项目或研发生产基地建在外省，如华为将软件中心迁往南京后，未来计划将通信领域的研发、生产迁至武汉。这与中国台湾电子信息产业链呈现出的重代工生产，不重视产品研发与品牌营销的特征极为相似，由于产业链关键环节的缺失，导致该产业链不完整，产业转移，使得整体产业竞争力趋于下降。而与此相比，韩国通过倾力打造国际知名品牌，加强自主研发，在产业链两端即研发与营销方面做得比较成功。

四、提升路径与对策建议

第一，宏观层面，政府应制定良好的亲商政策，创造成熟的产业环境，既要发挥广东外贸大省的规模优势，又要学习小国或地区的灵活性，为提高广东省电子信息产品国际竞争力谋出路。全球经济在美国次贷危机、欧洲债务危机重创下低迷不振，外需锐减，内需尚未被开发出来，如何为电子信息制造业企业在这生死存亡之际赢得回暖的时间，抢占亚太地区商贸信息服务的制高点成为重点。从新加坡政府启用电子通关系统（Trade Net）到中国香港贸发局发展电子商务的经验来看，电子商务作为一种新的贸易方式不仅可以提高产品进出口效率，加强企业对全球经济变化的敏感度，从而根据国际市场变化实现产品的升级换代，还能够带动地区进出口贸易增长和增值服务效应。广东省政府应着手大力构建广东省电子商务体系，为使经济的发展、监管的效率、企业的竞争力都上升到一个新的台阶而努力。

第二，合理调整电子信息产品进出口结构，适应通信网络技术发展趋势，突破核心技术和标准研发瓶颈，加速通信设备行业实现从做大到做强的飞跃。韩国对于像智能手机、平板电脑等软硬件复合作用产品繁荣前景的正确预测，使得引领科技进步的韩国电子产业的智能化时代提早到来。虽然不及欧美在该行业领头羊的地位，但韩国在电子信息产品制造业上的研发优势不容小觑。据资料显示，2010 年中国已成为韩国 IT 产业最大的进口国。广东电子企业应紧跟技术发展趋势，加快布局，加大对智能手机、平板电脑等智能移动终端的投入，重点研发下一代网络领域的相关核心技术和标准，构筑广东省通信制造行业核心竞争力，与三星、LG 等世界名牌一并攻城夺地，抢占世界电子信息产品市场。

第三，以“创新驱动”、“市场驱动”为导向，完善电子信息产业链，促成广东电子信息产业向高端的研发设计环节及营销服务环节升级。针对广东电子信息产业以代工为主，自主研发投入相对有限，技术竞争力不强，导致该产业部分高端项目和新兴产业项目为追逐更加低廉的要素成本而外移的情况，广东可以学习我国台湾地区电子信息产业升级转型经验。转“投资驱动型”为“创新驱动型”、“市场驱动型”。产业升级是一项综合工程，有效掌握低端制造环节，能够为高端价值链环节的发展提供有力支撑。适时向外围周边地区转移低端制造业环节，释放大量专业技术人才、管理人才和熟练劳工，可以为高端价值链环节的发展腾出资源空间，既辐射了周边地区经济的发展，又能集中省内经济资源进行技术研发和市场开拓。

第四，微观层面，企业要对自身发展情况有一个清醒的认识和准确的定位，这样才能在学习和借鉴他国或地区经验时，做到有的放矢。电子信息产业是知识密集型产业，高科技人才的培养与技术创新是引领该行业发展的重中之重。通过研究韩国企业技术追赶战略发现，只有提高企业研发经费在全部研发经费中的比重，加大

R&D 投入，让企业成为技术创新的主体，才能真正做到自主研发与技术创新。特别是多年来广东高校已经培养了大批科技人才，应充分开发利用已有人力资源，为企业发展储备创新人才。对于技术基础比较差的中小企业，应着重技术引进与吸收，在提高生产能力的同时，积极模仿、创新形成新的技术能力；对于技术基础比较好的企业，在此阶段，由于技术水平与竞争对手十分接近，出于危机意识考虑，很难有企业愿意与之合作。在这种情况下，一般只能从陷入困境的高技术公司引进技术或与之合作，进行以市场为导向的研发活动。如次贷危机后，中国不少知名企业有海外并购案例。

参考文献

[1] 何铮进. 我国电子信息产品出口竞争力分析. 特区经济, 2011 (7).

[2] 王娟. 天津市电子信息产品制造业竞争力分析与评价. 科技和产业, 2011 (7).

[3] 文锋, 王宵. 广东电子信息产业发展的竞争力分析. 特区经济, 2011 (5).

[4] 秦耕夫. 小国繁荣与大国复兴比较之一: 新加坡的成功之道. 中国电信业, 2010 (3).

[5] 马俊. 广东省电子信息产业发展现状及对策研究. 河南图书馆学刊, 2010 (2).

[6] 李杰. 浅析我国电子信息产业的国际竞争力. 中国集团经济, 2009 (31).

[7] 廖家财. 外国专利遏制战略对中国电子信息产业出口竞争力的影响. 经济问题探索, 2009 (4).

[8] 陈宇山. 广东与“亚洲四小龙”的经济与科技实力差距分析. 广东科技, 2008 (17).

作者信息

周松兰：广东财经大学国民经济研究中心教授；

周　二：广东财经大学硕士研究生。

广东省高等教育结构调整研究

袁建文

摘要：高等教育目前实行的是专业教育，高校专业结构不仅要适应就业形势的变化，也要能够适应产业结构调整的需要。为此，本文首先对2003~2010年广东省产业结构、就业结构与高校专业结构的现状进行了介绍，其次利用投入产出模型对产业结构与就业结构的关系进行了比较分析，最后根据高校专业结构与就业结构的灰色关联度总结出广东省人才需求结构的发展趋势，并为广东省就业政策制定、高校专业改革提出相关建议。

关键词：投入产出分析　产业结构　就业结构　高校专业结构

一、引　　言

高等教育为我国的国民经济发展提供了重要的智力支持和人力资源保障，而专业是紧密结合高等教育与经济的连接点，随着广东省经济结构调整步伐的加大，广东省高等院校专业设置不合理的问题日益凸显。因此，通过研究产业结构和高校专业结构的关系，为高校专业结构的调整提出政策依据和合理建议，对实现广东省经济的可持续发展具有重要的实践意义。

关于经济结构与教育结构关系的研究，国内外学者的研究大致可以分为定性和定量两个方面。定性方面，研究主要从高等教育结构内在体系出发提出改革的必要性。黄文勇（2003）从学科结构、布局结构、类型结构、层次结构等角度分析广东省高等教育的不合理性。杨松梅、王新刚（2008）以高等教育结构相关理论为基础，以国外高等教育结构改革的经验作为借鉴，对我国高等教育结构的改革优化提出建议。吴开俊（2005）从层次、类型及形式结构等宏观角度来讨论广州高等教育结构的优化。定量方面，研究主要从就业市场的人才需求结构入手进行分析。佩蒂和克拉克（William Petty & Colin G. Clark，1981）提出，随着经济的发展和人均国民收入的提高，劳动力首先由第一产业向第二产业转移，进而向第三产业转移。文东茅（2000）在大规模实证调查的基础上，对我国毕业生就业与高等教育结构调整的关系进行了探讨，并对不同学科和学历层次毕业生的就业状况以及高等教育结构调整对策进行了前瞻性分析。阚国常（2007）在构建高等教育与劳动力市场复合系统理论模型的基础上，运用系统论的分析工具对复合系统进行信息反馈分析和子系统之间的耦合分析，以研究劳动力需求结构和高等教育结构之间的互动机制。孙绍荣、焦玥、宗利永（2008）运用教育系统工程方法越策社会人才需求，为高等教育专业结构的调整提供相应的指标。陈厚丰、吕敏（2006）通过对 1998 ~ 2004 年我国经济结构与高等教育结构的相关性进行了比较分析，认为高等教育总规模的增长速度应与 GDP 的增长速度保持基本同步。

以上定量研究大多从经济总体的增长出发，分析其对于劳动力需求结构和高等教育专业结构影响的论述，而深入到具体的产业结构变化，并且以就业结构为桥梁，研究其对高等教育专业结构影响的研究还比较少。因此，本文运用投入产出分析和灰色关联度分析，对产业结构与专业结构调整关系做进一步的理论探索和实证研究，为广东省高等教育专业设置和调整提供理论支持和政策依据。

二、广东省产业结构、就业结构与高校专业结构现状分析

1. 广东省产业结构现状分析

产业结构是一国或地区经济结构的基础和核心。产业结构作为

部门、产业之间的比例联系和生产关系，反映国民经济各次产业及部门的产出和效益，一般用各次产业历年产值或其占地区生产总值的比重来表示，本文采用按当年价格计算的三大产业产值占地区生产总值的比重来表示。

本文主要分析广东省 2003 ~ 2010 年三大产业产值占地区生产总值的比重的变化情况，2003 ~ 2010 年这 8 年间，广东省地区生产总值年均增长 15.9%，第一产业年均增长 9.6%，第二产业增长 15.8%，第三产业增长 16.1%。伴随着各次产业的快速增长，在地区生产总值中，三次产业的产值结构也发生了深刻的变化。三次产业的构成由 2003 年的 6.8% ∶47.9% ∶45.3% 变化为 2010 年的 5.0% ∶50.0% ∶45.0%，第一产业所占比重下降明显，第二产业所占比重先上升后下降再上升，第三产业所占比重缓慢上升。

通过对 2011 年广东省统计年鉴相关数据的整理，得出 2003 年以来三次产业产值结构的大体演进过程，见表 1。

表 1　　2003 年以来广东省三大产业产值结构变动情况　　单位：%

年份	第一产业	第二产业	第三产业
2003	6.8	47.9	45.3
2004	6.5	49.2	44.3
2005	6.3	50.4	43.3
2006	5.8	50.6	43.6
2007	5.3	50.4	44.3
2008	5.4	50.3	44.3
2009	5.1	49.2	45.7
2010	5.0	50.0	45.0

首先，从表中可以看出，第一产业的产值所占的比重明显持续走低。自 2003 年以来，广东省的产业结构随着经济的发展而继续演变，第一产业产值比重不断下降，在 2010 年达到历史最低水平 5.0%，较 2003 年下降了 1.8 个百分点，这也符合产业结构变动的

一般发展规律，当一国或地区处于工业化阶段，在经济快速发展时，农业发展对国民经济总量的贡献逐步减弱，表现在第一产业产值在地区生产总值中的比重持续降低。

其次，不难看出，广东省第二产业成为经济增长的主要带动产业。“十五”以来，广东省继续深化转型改革，随着工业化进程的加速，为了适应经济增长的需要，不断调整经济结构，特别是广东省已经成为最大的制造业生产基地，需要不断引进先进的生产技术，这些都在一定程度上促进了工业的快速发展，使得第二产业产值在地区生产总值中所占比重不断上升，到2006年达到历史最高水平50.6%，比2003年增加了2.7个百分点，此后开始有所降低，在2009年降到49.2%，相当于2004年的水平，2010年该产值比重有所抬头，为50.0%，比2003年高出2.1个百分点，总体看是稳中有升，期间有过小的波动，逐步趋向稳定，这也符合产业结构演变的一般规律，进入工业化的较高级阶段，经济增长将逐步转向由第三产业的发展带动。

最后，从2003年以来，广东省第三产业产值所占比重波动幅度不大。2003~2010年，广东省第三产业产值占GDP的比重是先下降后上升的趋势，总体上基本稳定，并逐渐接近第二产业所占的比重，2010年广东省第三产业所占的比重是45.0%，低于全世界第三产业平均比重（70%），这一趋势说明近年来广东省第三产业发展缓慢，其内部结构有待进一步优化。

综上所述，通过对近年来三次产业产值结构变动的分析，我们可以看出，随着广东省经济的不断发展，工业经济的主导地位不断增强，第一产业获得有效改造，第三产业在缓慢发展，国民经济结构也逐步趋向合理。广东省的产业发展格局由最初的第一、二、三产业协同发展，到第一产业持续走低而第三产业持续增长，产值结构开始从“二、一、三”的产业发展格局向“二、三、一”的产业发展格局转变，最终将逐渐向“三、二、一”的最优构成格局演变。随着房地产业、金融业、保险业等现代服务业的快速发展，以及信息传输、租赁和商务服务业、科学技术、计算机服务和软件业等新兴产业的迅速崛起，这些产业将成为带动广东省经济增长的主要组成部分，而且现代服务业的经济增长率不仅高于国民经济总量的增长率，更高于工业的经济增长率，从世界经济发展规律来看，第三产业还具有极强的发展空间，其占地区生产总值的比重必将保持上升的趋势，超过第二产业，并逐渐成为带动经济增长的主导产业。因此广东省应该加快调整第三产业内部结构，大力发展现代服务业，从长远来看，现代服务业必将成为拉动广东经济增长的支柱产业。

2. 广东省就业结构现状分析

在分析产业结构变动中，通常也把就业结构作为反映产业结构变化的一个基本指标。本文用三大产业就业人数所占的比重来反映就业结构。这不仅是因为就业结构与产值结构一样可以反映产业结构变动的基本趋势，同时也是由于劳动力有较为系统和准确的相关数据。

首先，从表 2 可以看出，广东省第一产业就业比重连年下降。由 2003 年的 36.8% 下降到 2010 年的 26.6%，较 2003 年下降了 10.2 个百分点。总体来看，这一变化趋势说明随着工业化和现代化进程的加速，第一产业比重不断降低，从而使得第一产业对就业人员的需求减少。

表 2　　2003 年以来广东省三大产业就业结构变动情　　单位：%

年份	第一产业	第二产业	第三产业
2003	36.8	35.4	27.8
2004	34.7	36.9	28.4
2005	32.1	38.1	29.8
2006	30.4	38.8	30.8
2007	29.4	39.0	31.6
2008	28.8	39.0	32.2
2009	28.1	39.1	32.8
2010	26.6	39.4	34.0

其次，第二产业从业人员所占比重总体趋势是缓慢上升的。从2003年的35.4%上升到2010年的39.4%，说明随着改革开放的深入，广东工业化进程的加快，第二产业吸纳劳动力的能力逐渐增强。但我们注意到，2007年和2008年第二产业劳动力比重都为39.0%，这说明广东作为出口大省，受到金融危机的影响，相关产业的产值有所下降，对劳动力的需求也受到影响。经过调整之后，第二产业就业比重稳步上升，向合理化的方向发展。

再次，从近几年来看，第三产业从业人员比重一直处于持续上升的趋势。在2003年为27.8%，在2010年为34.0%，达到历史最高水平，其总体变化趋势与第三产业产值结构的变化情况基本吻合。广东作为我国经济最为发达的省份之一，第三产业发展具有其他省份不可比拟的优势，为广东省吸纳就业做出了重要的贡献，第三产业涉及面广，既包括传统的服务业，又包括新兴服务业，其中商贸餐饮、批发零售等传统行业是典型的劳动密集型产业，技术含量低，而其他如通讯信息等因技术进步成长起来的新兴行业正方兴未艾，对劳动力有较大需求。因此，广东应加快发展第三产业以促进就业，实现第三产业与就业结构同步增长。

最后，通过上述分析可以看出，由广东省三次产业就业人员的分布情况，显示出第一产业劳动力向第二、第三产业转移的趋势。三次产业就业结构从2003年的36.8%、35.4%、27.8%发展到2010年的26.6%、39.4%、34.0%，可以看出，广东第二产业就业比重始终高于第三产业，但是自身上升幅度不大，说明第二产业虽然是吸纳劳动力主要产业，但是能力在逐年减弱；这八年来，第三产业就业比重上升了6.2个百分点，超过了第二产业的增幅，这说明第三产业将会取代第二产业成为吸纳劳动力的主要产业。总体来看是符合产业结构演进规律趋势的。

3. 结构偏离度分析

本文采用结构偏离度来分析广东省地区就业结构与产业结构的差异程度。结构偏离度是指某一产业的产业增加值比重与就业比重的比值再与1的差。显然，结构偏离度的绝对值越小，就业结构与产业结构两者之间的差异越小，关系越协调；结构偏离度等于0时，就业结构与产业结构关系完全协调；产业结构偏离度小于0时，就业比重大于产业比重；偏离度大于0时，产业产值比重比就业比重大。根据《中国统计年鉴2011》的数据，可计算得出2003年以来广东三次产业的结构偏离度，见表3。

表3　　广东省三次产业结构偏离度　　单位：%

年份	第一产业	第二产业	第三产业
2003	-0.8152	0.3531	0.6295
2004	-0.8127	0.3333	0.5599
2005	-0.8037	0.3228	0.4530
2006	-0.8092	0.3041	0.4156
2007	-0.8197	0.2923	0.4019
2008	-0.8125	0.2897	0.3758
2009	-0.8185	0.2583	0.3933
2010	-0.8120	0.2690	0.3235

通过观察可以看出，自2003年以来广东三次产业结构偏离度呈现如下特点：

第一，从横向来看。广东每年的三次产业结构偏离度中，只有第一产业结构偏离度一直为负，第二、第三产业结构偏离度一直为正，且第三产业结构偏离度一直为最大，自2003年以来广东三次产业结构偏离度大致呈现“第一产业绝对值最大、第三产业次之、第二产业再次之”的局面，到2010年三次产业结构偏离度从高到低依次是：第一产业绝对值0.8120，第三产业0.3235，第三产业0.2690，这说明在广东三次产业内部各产业的产业结构和就业结构的均衡状况存在较大差异：第二产业最均衡，第三产业次之，第一产业均衡状况很差，这也从一个侧面说明广东第二产业产业结构与就业结构失衡的状况在逐渐好转，而第一、第三产业就业结构与产业结构的平衡状况还需要努力进行协调。

第二，从纵向来看。广东第一产业结构偏离度虽然一直为负值，但其绝对值基本呈保持平稳的状态，其绝对值在2003年为0.8152，2010年为0.8120，基本没有变化。表明广东第一产业产业结构与就业结构的不协调性基本维持不变。第二产业结构偏离度呈现缓慢下降的态势，总体浮动不大，在2003年为0.3531，到2010年降到0.2690，就业结构与产业结构的失衡状况在慢慢改善，这主要是由于广东第二产业就业结构和产业结构都变化不是很大。这表明广东第二产业就业结构与产业结构变化存在的滞后现象并改善较为缓慢，还需进一步努力。第三产业结构偏离度下降幅度较大，由2003年的0.6295下降到2010年的0.3235。这说明广东第三产业就业结构与产业结构变化存在的滞后状况已经有一定程度的改善，主要有两方面原因，一方面广东第三产业经济发展迅速，GDP结构比重上升快；另一方面第三产业用人机制灵活，市场竞争充分，进入门槛低，其吸纳第一、第二产业转移过来的多余劳动力的能力强，致使第三产业就业比重也上升较快。这两个方面综合作用使得广东第三产业产业结构与就业结构的协调性渐渐增强。这表明广东省第三产业就业比重的上升还有很大的一段空间，需要继续寻找出路，扩大第三产业吸纳劳动力的贡献。

4. 广东省高校各学科专业学生数的现状

根据《广东教育年鉴》的数据，可以计算得到2003年以来广东省高等教育各学科学生数的分布情况表，如表4所示。

表4　　广东省普通高校各学科学生数的分布情况　　单位：%

年份	哲学	经济学	法学	教育学	文学	历史学	理学	工学	农学	医学	管理学
2003	0.04	6.35	4.88	5.49	16.27	0.5	9.8	30.09	2.21	6.98	17.38
2004	0.04	6.72	4.27	5.84	15.65	0.3	6.1	29.92	1.34	6.86	22.95
2005	0.03	6.11	4.53	7.22	14.93	0.3	5.64	30.32	1.41	7.31	22.2
2006	0.03	6.49	4.42	6.25	15.43	0.29	5.27	30.04	1.27	7.19	23.3

续表

年份	哲学	经济学	法学	教育学	文学	历史学	理学	工学	农学	医学	管理学
2007	0.04	6.84	4.13	5.59	15.65	0.3	5.26	29.82	1.13	6.86	24.39
2008	0.04	7.14	3.92	5.29	15.92	0.3	5.24	29.54	1.04	6.43	25.15
2009	0.04	7.39	3.76	5.29	15.69	0.31	5.18	29.71	0.99	6.36	25.28
2010	0.04	7.43	3.57	5.25	15.55	0.30	5.1	29.88	0.95	6.32	25.61

从横向来看，工学占大头，是广东省的主导学科，一直占据优势地位，该专业在校学生数所占比例，在 2002 年为 30.09%，在 2010 年为 29.88%，可见广东省以培养工学专业人才为主，其次是管理学和文学，在 2002 年分别为 17.38% 和 16.27%，这三大学科在校学生数之和超过总数的一半。

从纵向来看，由 2002～2010 年这八年广东高等教育各学科学生人数结构调整的情况来看，农学在校生人数逐年下降，在 2002 年此比例为 2.21%，到 2010 年降到 0.95%，下降了约 1.2 个百分点，与第二产业相关程度较大的工学、理学在校生人数有下降的势头，特别是理学，该比重下降较为明显，由 2002 年的 9.8% 降到 2010 年的 5.1%，工学有小幅的变动，与第三产业关联较大的经济学、管理学在校生人数比重呈现增长的态势，这与经济结构的调整是相适应的，而哲学、文学、医学等在校生比重虽然有变化但变化的年份少，调整的幅度不大，各科类间的比例大致保持在相应的范围内。

三、产业结构与就业结构的投入产出分析

1. 数据的整理和说明

本文采用的是广东省 2002 年和 2007 年的投入产出表。由于 42 部门的编制过于庞大，部门划分过于细化，不利于之后的分析，为研究方便，合并表中信息，得到了农业、工业、建筑业、货物运输

邮电业、商饮业、服务业（非物质生产部门）六大部门的投入产出合并表。在研究产业结构和就业关系时，分别利用《广东统计年鉴2008》和《广东经济普查年鉴2008》的数据，整理计算得到了2007年六大部门中具有大学本科学历的就业人数。

2. 产业直接联系的对比分析

通过对比不同时际的直接消耗系数和产业关联度，可以比较部门间的主要直接联系。本文以工业部门和服务业部门为例，进行产业直接关联研究，结果见表5和表6。

表5　不同时期工业部门的直接产业关联

行业	2002年投入产出表		2007年投入产出表	
	直接消耗系数	产业关联系数	直接消耗系数	产业关联系数
农业	0.0230	0.0975	0.0207	0.1023
工业	0.6347	0.3183	0.6874	0.3213
建筑业	0.0002	0.0078	0.0002	0.0183
货运邮电业	0.0270	0.0911	0.0155	0.0809
商饮业	0.0345	0.1725	0.0177	0.1255
服务业	0.0400	0.0662	0.0387	0.0676

表6　不同时期服务业部门的直接产业关联

行业	2002年投入产出表		2007年投入产出表	
	直接消耗系数	产业关联系数	直接消耗系数	产业关联系数
农业	0.0006	0.0024	0.0029	0.0146
工业	0.1605	0.0805	0.1708	0.0798
建筑业	0.0066	0.3239	0.0052	0.4406
货运邮电业	0.0260	0.0880	0.0161	0.0837
商饮业	0.0506	0.2532	0.0314	0.2220
服务业	0.1842	0.3051	0.1611	0.2815

第一，工业部门的直接产业关联分析。

从全社会看，在不同时期，工业部门自身的依赖性最强，且呈现稳定上升的趋势，服务业对工业的依赖程度其次，其依赖程度变化不大，2002 年，服务业对工业的依赖程度为 0.0400，产业关联系数为 0.0662，到 2007 年，服务业对工业的依赖程度有所下降，但产业关联系数有小幅度的上升，分别为 0.0387，0.0676。农业对工业的依赖程度虽然比服务业低，但产业关联度均高于服务业，2002 年产业关联系数为 0.0975，到 2007 年升至 0.1023。商饮业对工业的依赖度及产业关联系数纷纷呈下降趋势，由 2002 年的 0.0345 及 0.1725，到 2007 年下降至 0.0177 及 0.1255。商饮业对工业的依赖性及产业关联系数均超过货运邮电业，且货运邮电业对工业的依赖性及产业关联系数一直是下降趋势，在 2002 年为 0.270、0.0911，在 2007 年为 0.0155、0.0809。建筑业对工业的依赖性及产业关联系数为最低。

第二，服务业部门的直接产业关联分析。

从全部行业部门看，服务业自身的依赖性最强，但有下降的势头，在 2002 为 0.1842，在 2007 年为 0.1611，产业关联系数也是呈现下降的趋势。紧跟其后的是工业，工业对服务业的依赖性，由 2002 年的 0.1605 上升至 2007 年的 0.1708，但其产业关联系数比服务业低很多，在 2007 年为 0.0798。商饮业对服务业的依赖性及产业关联系数都有下降的走势，在 2002 年为 0.0506、0.2532，在 2007 年降至 0.0314、0.2220。建筑业对服务业的依赖性不强，但是产业关联系数呈现激增的态势，在 2007 年高达 0.4406。农业对服务业的依赖性和产业关联系数都是最低的。

3. 影响力和感应度系数比较

感应度系数亦称推动系数，某产业的感应度系数若大于或小于 1，表明该产业的感应度系数在全部产业中居于平均水平以上或以下。影响力系数亦称带动系数，某产业的影响力系数大于 1 或小于 1，表明该产业的影响力在全部产业中居于平均水平以上或以下。

一般而言，在产业结构这一系统中，某产业在生产过程中的任一变化，都将通过产业间的关联关系而对其他产业发生波及作用，感应度系数和影响力系数从不同侧面反映了这种作用。显然，不同的产业，其感应度和影响力是不同的。正确把握各产业的感应度和影响力，对产业结构的分析及产业政策的制定无疑有相当大的帮助。

通过分析2002年和2007年的投入产出表的影响力系数和感应度系数，由表7，可以看出，工业的影响力和感应度系数一直比较大，都大于1，2002年时分别为1.3087和2.9943，2007年时分别为1.3800和3.3529，工业的影响力系数、感应度系数都不断增大，反映了工业对其他产业部门的推动作用及带动作用都在不断增强，说明了随着我国产业结构的不断调整，我国其他产业部门对工业的需求在增大，同时工业对其他产业部门的诱发作用在增强，具有主导产业的特点。建筑业的影响力系数有上升的趋势，均大于1，在2002年为1.2819，在2007年为1.3263，反映了建筑业对其他部门的需求在不断增强，在经济发展中有较强的带动作用，值得注意的是，建筑业的感应度系数较低，由2002年的0.3870降至2007年的0.3645，说明该产业对经济发展的推动作用较弱。其他产业部门的在2002年和2007年时，影响力系数和感应度系数大多比较小，均在1以下，服务业的影响力系数和感应度系数纷纷下降，在2002年时分别为0.8063和0.8693，在2007年分别为0.7638和0.7873，说明服务业对经济发展的影响作用有所减弱，这反映了广东省服务业的发展还存在不少问题。

表7　　不同时期影响力系数和感应度系数

行业	2002年投入产出表		2007年投入产出表	
	影响力系数	感应度系数	影响力系数	感应度系数
农业	0.8330	0.5595	0.8078	0.5168
工业	1.3087	2.9943	1.3800	3.3529

续表

行业	2002 年投入产出表		2007 年投入产出表	
	影响力系数	感应度系数	影响力系数	感应度系数
建筑业	1.2819	0.3870	1.3263	0.3645
货运邮电业	0.9519	0.6086	0.9658	0.4962
商饮业	0.8183	0.5814	0.7564	0.4824
服务业	0.8063	0.8693	0.7638	0.7873

4. 行业就业效应系数

行业就业效应系数量化了不同产业对不同劳动者的需求，利用合并广东省 2007 年投入产出表和不同行业中大学本科学历就业人员的数据，得到了 2007 年行业就业系数，见表 8。

表 8　　2007 年行业就业效应系数

受教育程度	农业	工业	建筑业	货运邮电业	商饮业	服务业
大学本科	0.00002	0.00111	0.00268	0.00306	0.00482	0.01155

从不同行业来看，服务业部门对大学本科的劳动者的需求最大，为 0.01155。其次是商饮业，为 0.00482，与服务业的需求数差距较大。货运邮电业对大学本科学历的劳动者的需求低于商饮业，为 0.00306。农业部门对大学本科学历的劳动者的需求量最少。广东已进入城市化加速发展时期，应该特别重视拓宽第三产业的发展空间，增大第三产业的就业容量，使第三产业在拉动经济增长和扩大就业两个方面，都发挥应有的积极作用。

5. 各行业对大学本科劳动者直接与间接需要量

利用 2007 年投入产出表中的最终使用可以计算出不同行业对大学本科劳动者直接和间接需要，进而可以研究广东省不同行业对大学本科学历的劳动者直接和间接需求与实际就业人数的差别，为广东省高等教育培养提供思路。表 9 和表 10 为广东省 2007 年第

一、第二、第三产业对大学本科劳动者的直接间接需求和实际就业人数的比较。

表 9　2007 年第一、第二产业对本科学历人员就业需求数与实际需求数比较

单位：人

受教育程度	农业		工业		建筑业	
	需求数	实际人数	需求数	实际人数	需求数	实际人数
大学本科	39 881	18 193	3 407 903	757 076	529 513	115 690

表 10　2007 年第三产业对本科学历人员就业需求数与实际需求数比较

单位：人

受教育程度	货运邮电业		商饮业		服务业	
	需求数	实际人数	需求数	实际人数	需求数	实际人数
大学本科	81 603	81 716	333 378	252 716	1 207 693	1 636 268

由以上两个表可以看出，2007 年广东一产业对本科学历就业人员的需求远远大于实际就业人数，这说明广东省第一产业的从业者受教育水平普遍不高，不利于广东省传统农业向现代农业的发展转型，急需提高这部分就业者的劳动素养的技能。而在广东省不断推进新型工业化的发展道路的今天，第二产业对受高等教育劳动者的需求又远远大于实际就业者，这需要当地政府的积极引导，改善第二产业就业环境和工资待遇，增加这部分劳动者从第一、第三产业向第二产业的转移。而第三产业中本科学历人员的实际就业数与需求数相当，这与广东省最近一段时期高等教育培养人才文理科的趋势相关，广东省在高等教育扩招后，对理工科招生人数远远不能满足社会需求，造成第二产业毕业生数与行业需求相差甚大。

四、广东高校专业结构与就业结构关系的灰色关联度分析

1. 关联系数和关联度

$$X^{(0)}(k)=\{X^{(0)}(1),\ X^{(0)}(2),\ \cdots,\ X^{(0)}(n)\}\hat{X}^{(0)}(k)$$

$$=\{\hat{X}^{(0)}(1),\ \hat{X}^{(0)}(2),\ \cdots,\ \hat{X}^{(0)}(n)\}$$

关联系数定义为：

$$y(k)=\frac{\min\min|\hat{X}^{(0)}(k)-X^{(0)}(k)|+\rho\max\max|\hat{X}^{(0)}(k)-X^{(0)}(k)|}{|\hat{X}^{(0)}(k)-X^{(0)}(k)|+\rho\max\max|\hat{X}^{(0)}(k)-X^{(0)}(k)|}$$

（1）为$|\hat{X}^{(0)}(k)-X^{(0)}(k)|$为第 k 个点 $X^{(0)}$ 与$\hat{X}^{(0)}$的绝对误差。

（2）$\min\min|\hat{X}^{(0)}(k)-X^{(0)}(k)|$为两级最小差。

其中 $\min|\hat{X}^{(0)}(k)-X^{(0)}(k)|$是第一级最小差，表示$\hat{X}^{(0)}(k)$序列上找各点与 $X^{(0)}(k)$的最小差。$\min\min|\hat{X}^{(0)}(k)-X^{(0)}(k)|$为第二级最小差，表示在各序列找出的最小差基础上寻找所有序列中的最小差；

（3）$\max\max|\hat{X}^{(0)}(k)-X^{(0)}(k)|$是二级最大差，其含义与最小差相似；

（4）ρ 为分辨率，一般取 $\rho=0.5$；

（5）对单位不一、初值不同的序列，在计算关联度系数前应首先初始化，即将该序列所有数据分别除以第一个数据；

在算出$\hat{X}^{(0)}(k)$序列与 $X^{(0)}(k)$序列的关联系数后，计算各类关联系数的平均值，即：

$$r=1/n\sum_{k=1}^{n}\eta(k)$$

这个平均值 r 称为$\hat{X}^{(0)}(k)$的序列与 $X^{(0)}(k)$的关联度。根据关联度数值的大小进行排序，区分其关联程度之大小，从曲线变化趋势观察，曲线的几何态势越接近，说明发展的态势越接近，其关联的程度就越大。

2. 指标和数据的选取

就业结构的指标仍然为采用三次产业就业人数比重，高校专业结构的指标是采用广东省高校各学科学生人数比重来衡量，数据见表5和8，由于第一产业就业人员受教育程度集中在中等教育及以下，我们忽略了第一产业的人口就业结构。

3. 广东省高校专业结构与就业结构的灰色关联度

首先，计算第二产业就业结构与高校专业结构的灰色关联度。

按上述方法，不难计算出各个学科专业在校生比重与第二产业就业人员比重的关联度，排在前四位的是：$r_8 = 0.8956$，$r_{11} = 0.7232$，$r_7 = 0.5994$，$r_2 = 0.5894$ 即与第二产业就业结构关系密切的专业学科是工学、管理学、理学、经济学，说明这些学科的学生变动会对第二产业就业结构的变动具有较大影响。

同时结合表5和表8中，各学科在校生比重与第二产业就业比重的变化方向，可以得出，工学、理学的在校生比例虽然波动幅度不大，但是所占的比例一直都比较高，这一方面反映了广东省作为中国最为重要的制造工业基地之一，对工科类及工程管理类人才等人才仍有大量的需求；另一方面也与广东省第二产业的就业比重增长空间有限，增幅减少的发展趋势相吻合。

其次，计算三产业就业结构与高校专业结构的灰色关联度。

同样，按照以上计算方法，能得出各个学科专业在校生比重与第三产业就业人员比重的关联度，排在前四位的依次是 $r_5 = 0.7447$，$r_{11} = 0.7172$，$r_2 = 0.6265$，$r_8 = 0.6207$，即与第三产业就业结构关系密切的学科专业依次是文学、管理学、经济学、工学，反映了这些学科的学生变动对第三产业就业结构的变动关联性较大。

结合表2和表4中，各学科在校生比重与第三产业就业比重的变化方向，发现经济学和管理学学生数比重是上升的趋势，其他专业学生数比重基本保持稳定。相比较其关联度的排名，这些专业有发展过快的势头，广东省52所本科院校中设置管理类专业的就有50所，英语有46个专业布点，计算机科学与技术有45个专业布点，国际经济与贸易有42个专业布点，从而使有限的教育资源在低水平的重复配置中浪费，毕业生就业困难。这种趋势一方面与广东省第三产业有较大的就业吸纳能力，就业比重不断增长是相吻合的，在一定程度上满足了广东经济当前和未来发展的需要；另一方面也反映了一些专业设置缺乏前瞻性，过度追逐市场热点。

五、结论和建议

本文通过研究发现，广东省工业、服务业和商饮业是关联性强、带动能力大的行业部门，且对本科生的就业有较强的吸纳能力，所以仍然是大学生就业的主要产业。第三产业中本科生实际就业人数基本满足需求，而第二产业的本科实际就业人数与需求尚有差距。此外，工学、经济学、管理学等都与第二、第三产业就业结构有较大关联，且相对于其他学科而言，这些学科学生人数的变动将会对第二、第三产业就业结构产生更大影响。

结合本文的研究和广东省实际情况，我们提出如下建议：首先，大力发展现代服务业，特别是包括金融、物流、房地产、信息服务、科技开发在内的生产性服务业。其次，加大扶持与广东省支柱产业和新兴产业相关的学科专业建设，大力提高工科类专业比例，优先发展高新技术类专业和地方经济发展的急需专业。最后，加强各学科间的横向联系，打破学科专业壁垒，合并主干学科或相近的专业，跨学科设置交叉学科专业，整合不同的学科资源。

参考文献

[1] 赵灶娇，黄文勇．优化广东高等教育结构的思考［J］．科技进步与对策，2003，11（下）：31－33.

[2] 杨松梅，王新刚．美国高等教育结构及其对我国的启示［J］．河北科技师范学院学报，2008（4）：73－75.

[3] 吴开俊．广州经济结构调整与高等教育结构优化相关分析［J］．高教探索，2005（2）：11－14.

[4] 克拉克·G·克尔．高等教育不能回避历史——21世纪的问题［M］．浙江：浙江教育出版社，2001.

[5] 文东茅．高等教育结构调整与毕业生就业［J］．北京科技大学学报，2000（4）：82－84.

[6] 阚国常．高等教育结构调整与劳动力市场互动研究［M］．哈尔滨工业大学，2007.

[7] 孙绍荣，焦玥，宗利永．研究高等教育结构优化的教育系统工程方法［J］．国家教育行政学院学报，2008（10）：18－21.

[8] 陈厚丰，吕敏．扩招以来我国经济结构与高等教育结构的相关性分析［J］．高等工程教育研究，2007（1）：39－43.

[9] 王丽，丁越兰．中国普通高等教育发展及其成因的灰色关联度分析［J］．统计与信息论坛，2006（2）：48－53.

作者信息

袁建文：广东财经大学经贸学院统计系教授、硕士生导师。

区域经济发展过程中的人口服务管理

——以上海杨浦为例

黄玉捷

长期以来，特大型城市面临着城区创新和人口发展的双重挑战。城区产业结构转型升级需要优质人力资源的集聚，而人口发展必须以产业结构升级为基础，而与发达国家老工业区不同的是，在人口众多、土地稀缺、产业转型、人才不足、旧区改造等问题与矛盾相互交织缠绕的局面中，人口问题已经成为影响特大型城市发展的瓶颈问题。

上海市杨浦区曾经是全国著名的老工业基地，是中国近代工业文明的发源地，中国最早的工业化造纸厂、中国第一家自来水厂、第一家工业化制糖厂、第一家城市煤气厂、美国通用电气公司在华首家电子工厂等都诞生于此。杨浦区拥有“百年大学文明、百年工业文明、百年市政文明”的称号。占上海中心城区 1/10 面积的杨浦区曾经为上海提供了 1/4 的工业总产值。然而，随着 20 世纪末上海经济发展转变，“大杨浦”曾经引以为傲的大工业走向没落，相当部分企业迁往浦东、闵行和奉贤等上海郊区。

在发达国家，随着老工业区产业转移，人口也随之减少，城区开始衰败。而杨浦区的人口发展路径与之相反，随着老工业的转移，杨浦人口总量持续增长。其一，承接了产业工人的沉淀。与全国老工业基地一样，杨浦区产业集聚了众多人口，长期维持百万人口大区态势。改革开放以来，随着产业结构转型，大量工业企业从杨浦转移，但与此相关的户籍人口并没有转出，仍然继续留在杨浦居住。其二，吸纳了外来人口的导入。近 30 年来正逢人口城市化的高峰期，与全市其他中心城区一样，杨浦区外来人口导入数量日益增大。截至 2012 年，杨浦区外来常住人口达到 26.56 万人，占全区常住人口的 20.11%。杨浦区流动人口流入呈两次导入模式。第一次导入模式为劳动密集型人口导入。这个导入浪潮起于改革开放且延续至今，导入了 80% 以上的流动人口（包括流动家庭人口）。第二次导入模式为专业技术人员的导入。这个导入浪潮起于 2003 年杨浦区知识创新区战略的实施，近几年里这个导入形成了高峰，2012 年全区流动人口在业者专业技术人员比例达到 12.5%，明显高于全市水平。

超大规模的人口总量在为杨浦区城区创新提供动力的同时也留下了一道巨大的发展难题。近 20 年来，发达国家尝试用城市规划的办法推动老工业区的复兴，稀少的居住人口为伦敦和巴黎等城市在城区复兴中创造了的条件，它们通过规划实现产业结构升级，同时顺利完成人口的重新积聚。然而，面对巨大的人口存量规模，杨浦区不仅不具备使用城市规划推动发展的条件，而且还需要在老工业转移、财政税收锐减的情况下持续、大量的公共投入以满足百万人口日益增长的公共服务需求。同时，还必须兼顾外来人口的公共服务需求。在定海、大桥和平凉等老城区还必须时刻关注外来人口的发展问题，以避免拉美国家“过度人口城市化”现象在杨浦重演，确保杨浦各类社区健康稳定和持续地发展。

近十年来，杨浦区进入城区创新的快车道，科学地梳理了城区创新与人口发展的关系问题，将人口发展寓于城区产业升级、旧城改造当中，提出了“大学校区、科技园区和公共社区”三区融合、联动发展战略，并以五角场功能区、杨浦滨江发展带、环同济知识经济圈、大连路总部研发集聚区和新江湾城国际化、智能化、生态化社区等五大功能区作为三区融合、联动发展的重点区域，以以人为本的科学发展观为指导，坚持调结构与促保障并举的发展理念，以知识创新推动产业转型升级，以产业转型升级和旧城改造推动人口发展，以城区社区发展推动社区公共服务，逐步将人口问题纳入了良性循环的轨道，初步形成了一些人口服务管理经验。

经验之一：以知识创新带动人口活力。

知识创新是杨浦区产业结构转型升级的重要抓手。长期以来，杨浦区人口呈二元现象。一方面是大量的社区居住人口，另一方面是校区教学研究人口（复旦大学、同济大学、上海财经大学和上海理工大学等多家高校和科研院所知识人群）。前者人口总量大，原有老工业企业职工多，文化程度相对较低，困难家庭相对集中。后者人口总量小，但集聚了占全市总量1/3强的55位两院院士、9 585名大学教师和近17万名大学在校生。其中博士、硕士生4.4万人。这两类人群鲜有交集，校区和社区的知识和经济资源几乎不产生对流。2003年杨浦区选择高校优质资源作为城区发展和人口发展的突破口，提出杨浦知识创新区建设。2007年在知识创新区的基础上，适时推出了校区、园区和社区“三区融合、联动发展”的发展战略，把知识创新的效应由校区、园区逐步引向社区。通过环同济知识经济圈、创智天地等项目开发，形成了校区、园区和社区一体化的城区新发展模式。同时，通过环同济知识经济圈、创智天地的辐射效应，遍及全区的科技园区吸引了越来越多的人才，增强了城区人口活力。

案例：创智天地（以功能规划带动城区转型）

创智天地位于五角场城市副中心，周边环绕复旦、同济、财大、二军大等知名高校，22个国家级重点实验室和150家科研院所。2003年9月，上海杨浦知识创新区投资发展有限公司（杨浦区政府持股75%，上海市政府持股25%）和香港光侨有限公司（香港瑞安集团全资子公司）合资成立了上海杨浦中央社区发展有限公司，双方各自持股30%和70%，总投资约100亿元人民币，联手打造创智天地项目，总规划面积100万平方米。创智天地功能定位为杨浦区三区联动的公共活动中心和创新服务中心。

创智天地将产业升级与再造社区紧密结合起来。创智天地园区由创智中心广场、创智坊、高科技园区和江湾体育休闲中心四大功能区组成。其中，创智中心广场占地100亩，是集办公、商业、研发、休闲为一体的综合性配套功能区域。高科技园区由形状各异的小建筑群构成，向科技企业和创业者提供一流的基础设施硬件，并采取鼓励创新的扶持政策吸引企业入驻。创智坊采用Loft错层设计，提供创智天地生活工作区。满足SOHO一族办公和居住的各种需求。在创智天地形成园区即社区，社区即园区的产业与人口同步发展的综合知识型社区形态。

为了吸引更多的知识创新人群进入创智天地，创智天地项目采用了国际通行的招商模式吸引了EMC中国研发中心、甲骨文研发中心、易保软件等一批国内外有影响的大企业入驻，并与美国湾区委员会、香港数码港管理有限公司、清华启迪等知名机构建立持续、深入的战略合作关系。同时，杨浦区政府引进了南南全球技术产权交易所、上海大学生创业基金会、杨浦风险投资服务园和上海国际集团创业投资有限公司等一批功能性机构进驻，并发布了《上海市杨浦区风险投资引导和补助基金实施办法（试行）》文件，在政策上给予优惠，从项目扶持等方面给予企业支持，吸引一批具有自主知识产权的初创型企业入驻。

尽管目前创智天地入驻人口只有几千人，与杨浦区132.07万人常住人口相比只是一个很小的数字。但是，创智天地项目创造了一个老工业大区向综合知识型社区转型的成功的先例，为杨浦区下一步城区全面转型提供了很好的范例。同时，随着创智天地产业影响和社区影响的不断扩大，特别是其国际影响的不断扩大，将会在增进杨浦人口活力方面做出更大的贡献。

经验之二：以旧城改造和产业转型带动人口流动。

城区改造是推动产业转型升级和人口再分布的国际通行做法。伦敦、纽约等国际大都市都曾通过旧城改造、产业转型的办法治理中心城区空心化现象，提高中心城区现代服务业的能级，吸引更多的人口回到中心城区。杨浦区在借鉴国际经验的基础上，结合杨浦的特点，不仅将旧城改造和产业转型作为吸引高端人才的有效途径，而且还将其作为推动杨浦沉淀人口合理流动的有效工具，充分实现了旧城改造和产业转型升级的人口再分布功能。

案例：大连路总部经济集聚区

大连路总部经济集聚区始建于2008年，其西起大连路，东至许昌路—庄河路—怀德路—长阳路—许昌路，东依控江路，南抵平凉路，占地面积约为1.7平方公里，拆除旧房约5 000户。目前大连路总部经济集聚区已建成北美广场、西门子上海中心、荣广商务中心和海上海新城等多座商务楼宇，目前在建的宝地商贸广场其规划建筑面积达到11万平方米。大连路总部经济集聚区的功能定位是世界500强企业总部经济的集聚地。

短短四年来，大连路总部经济集聚区吸引了500余家企业入驻。其中包括西门子公司、大陆集团、安莉芳和浦发硅谷等知名企业，引入商务人口5 000余人，居住人口2 000余人。同时，向浦东等地导出居民约1万人，有效地推动了人口的合理分布。

经验之三：整合社区公共服务资源，提升公共服务水平

杨浦区人口总量大，人均公共服务资源相对紧张且服务需求多元化特点突出。其一，杨浦区老年人口公共服务需求突出。杨浦区人口老龄化程度严重，60岁及以上老年人口占总人口的比例达到了23.1%。其中独立居住的60岁及以上的纯老家庭占42.9%，80岁及以上的纯老家庭占39.5%。老年人口分区域集聚的特点明显，延吉、殷行和大桥等公共服务设施相对薄弱的老城区却集聚了大量老年人口。他们的日常生活服务、医疗、保健、休闲和社会交往等公共服务需求突出。其二，退休产业工人公共服务需求突出。杨浦区曾经是国内重要的老工业基地，大量的产业工人为中国产业发展做出了重要贡献。这些产业工人中的一大批人由于年龄原因退出了产业岗位，还有一大批人随着产业转型升级，以下岗的形式离开了产业岗位。这些工人群体中相当一部分人退休工资较低，小部分人享受了低保待遇，需要相应的公共服务帮助他们解决日常物质生活和

精神生活中遇到困难和难题。其三，青年人口公共服务需求突出。由于产业转型，杨浦区技术密集型产业岗位增多，但劳动密集型就业机会相对减少、区内户籍青年人口存在一定程度的就业难问题。同时，青年家庭中日常家庭公共服务、育儿指导、子女入园就学和居家养老等相关家庭公共服务需求也非常突出。杨浦区充分发挥社区在公共服务配置中的能动性，积极推进社区公共服务体系建设，打造15分钟生活服务圈，从服务提供、中心用房、科学管理等多方入手，整合现有资源、吸引社会资源，积极引进社会组织，先后建设了延吉社区睦邻中心和控江社区生活服务中心。从社区的层面为社区居民提供贴近需求的生活服务和生活休闲场所，不断扩展社区公共服务的内涵，不断提高社区公共服务水平，增加社区居民人均公共服务资源量和服务种类，为杨浦区城区品质提升提供公共服务物质保障和信誉支持。

案例：控江社区生活服务中心

控江社区生活服务中心2011年由原控江社区事务受理中心置换的办公场所改建而成，建筑面积1 840平方米。控江社区生活中心功能定位为体现社区多代融合的生活服务基地。

控江社区生活服务中心立足于挖掘社区资源和社会资源，采取社区内部资源和社会资源整合配置的办法为社区居民提供他们所需要的公共服务。首先，充分利用社区内部资源。街道11个职能部门在生活服务中心指导建立了26个工作站，例如，助老工作站、老年学校、扬帆职业指导站、法律咨询室、社区关爱工作室、新航社工室和新上海人之家等。其次，积极引导社会资源进入。引进了20家社会组织和企业的28个服务项目。例如，杨浦启步科学育儿指导中心暨控江社区多代服务基地、上海耐特味道投资管理有限公司、上海我爱我家社会公益服务中心、海阳老年事业发展服务中心、海星之家社工师事务所、上海飞扬天使青少年公益服务中心、上海外服心理援助中心和上海市梅园婚恋交友中心等。

截至2013年3月底，控江社区生活服务中心开展优生优育、育儿指导、养老服务、法律和心理咨询、日用品和家电维修、洗衣和服装裁补、物业维修、儿童晚托、医疗保健、职业介绍、婚恋服务和社区帮教、社区矫正等各类社区公共服务活动577次，受益超过3万人次。并且，在提供公共服务的同时，控江社区生活服务中心还致力于更大范围的公共服务资源的整合，建设了96890社区生活服务热线、控江生活网和控江社区生活地图，为社区居民提供更为广泛的生活信息服务，以提高公共服务机构的使用效率，缓解杨浦区人均公共服务资源相对不足的矛盾。

经验之四：不断完善拆迁制度，积极推动人口再分布。

从20世纪70年代开始，杨浦区陆续开展了拆迁工作，分为两个阶段。第一阶段：20世纪70年代到21世纪初五角场镇人口城市化的阶段。第二阶段：2004年以来定海、大桥和平凉等街道旧城改造阶段。杨浦区不断总结两个阶段拆迁工作中的经验教训，不断完善拆迁管理制度，使拆迁补偿程序公开、透明，引导群众“早签约、选好房”，推动旧城改造中的人口再分布工作顺利进行。

案例：五角场镇城镇化和定海、大桥和平凉街道旧城改造

五角场镇拆迁工作始于20世纪70年代。在当时的历史条件下，杨浦区把五角场镇农民拆迁补偿责任交给征地企业，以至于改革开放后多个征地企业发生迁出或倒闭等变故后征地农民的利益受到了损害，目前许多原征地农民生活困难。并且，面对当今五角场地区的繁荣发展，他们心有落差，要求分享多年来五角场镇由土地红利带来的经济成果。尽管这些拆迁居民大多数人已迁往浦东和宝山等地，但是，他们仍然在不懈地寻找政府支持和帮助，成为杨浦区集体上访的“老大难”问题。

2004年开始以来的“定大平”地区的旧城改造工作与五角场镇人口城市化过程中的拆迁的政策和工作环境有着很大的不同点。其突出表现在政策环境的改变。2004年拆迁工作已成为全国旧城改造的主要趋势，市场加保障的拆迁运作模式在上海也有了一些运作。但是，在工作经验上仍然还存在一些不足。平凉街道是杨浦滨

江开发地块区中启动最早的街道，在最初的旧改工作中，为了更快地推进工作，相关部门采取了一些个性化的操作手段，对个别困难家庭提供了一些补助。但是，由于这些补助缺乏公开和透明的工作机制，反而引起了群众的反感和猜疑，出现了一些社会矛盾，给后续的工作推进带来困难。

在定海和大桥街道旧改地块启动时，政府部门接受了平凉的经验教训，充分做足了准备阶段的信息采集工作，努力做到评估、补偿、选房等各个环节的信息公开透明。同时，取消所有的个案特例补助，"阳光动迁"实现公平、公正和公开，有力地推动了人口再分布工作的顺利开展。

尽管杨浦区在人口服务管理方面取得了一些经验，但是，作为行进中的创新城区来说，杨浦区还面临着持续增长的人口总量带来的公共服务资源约束矛盾，以及在产业转型升级、旧城改造等推动人口发展的措施运作过程中出现的新情况、新问题的考验。

第一，在人口总量持续增长方面，公共服务资源约束会在一定时期内持续存在。杨浦区人口总量持续增长的方面主要来自于流动人口及其家庭。按目前外来常住人口每年增加1万人的增长速度，五角场镇、五角场街道、殷行街道、定海街道和大桥街道等流动人口集聚社区将每年要相应增加2 000人左右的公共服务资源配置，而这些街镇恰恰是公共服务资源严重约束或紧约束的地区，工作难度非常大。例如，有12.4万人常住人口、3.1万人老年人口的大桥街道，目前只有养老院10个，核定床位1 186个。且三个地处棚户区的居委会没有老年活动室，仅从养老一项资源来看，就可以发现这些街镇的公共服务资源约束状态。

第二，在产业转型升级、旧城改造等推动人口发展的措施运作过程中，产业规划与人口服务管理的协调、人口服务管理政策的配套都将是杨浦区未来人口服务管理的瓶颈问题。

——大桥街道产业规划与人口服务管理的不协调案例

大桥街道地处杨浦区原工业密集区，曾经聚集着数量众多的大中型国有企业，其中有上海第九棉纺织厂、上海冶炼厂、中国纺织机械厂、上海第四制药厂、上海制皂厂、上海化工厂等著名企业，数家企业规模达万人以上。鼎盛时期，大桥区域工业产值接近全市工业产值的10%。随着经济体制改革，企业转制，原有大型企业一部分搬迁至外区郊县，一部分关停并转。仅存上海医疗器械厂、动力设备厂、中国纺织机械股份有限公司等为数不多的工业企业。

然而，在杨浦区城区创新中，大桥街道产业规划定位不明，现有产业布局与现有人口服务管理存在不协调问题。由于产业定位不明，难以形成相互支撑的产业链，各类企业呈细碎化点状散布。且新生呈自发生长状态，形成了涉及房地产、物业、住宿餐饮、批发零售、建筑、交运、制造、金融以及传统和现代服务等中低端服务业和商业为主产业业态，其中，住宿餐饮零售等传统服务业占第三产业总企业数的47.27%。大桥街道内纳入统计信息的从业人员也只有17 864人，且主要为流动人口。目前大桥街道还有经济园区11家，尽管近些年招商引资力度不断加强，但由于商业环境品质不高，引进的大多为劳动密集型企业。由于社区发展战略的不明确和投资环境不完善，各类经济体对成长预期和发展前景信心不足，企业经营呈现短期化倾向。企业人员流动性大，且月收入低，月收入3 000元月以下的人员超过80%。而且，大桥街道旧里多，房价低廉，这些流动人口大多居住在大桥街道内，形成了一支数量不小的低收入流动人口群体。

低收入且流动性大的流动人口群体的大量集聚为社区发展提供了一定的社会管理隐患。其一，城市环境卫生质量下降。随地吐痰、乱丢乱扔、破坏花草林木等生活陋习随处可见，垃圾遍地、污水横流、市容杂乱等乱象时有发生。其二，流动商贩占道经营。常常以“打游击”和“猫捉老鼠”的方式对付城市执法，管理难度非常高。其三，违章建筑增多且整治困难。为尽量降低生活成本，来沪常住人口中的不少人自己搭建简易“房屋”用于居住，一些本地居民也看到其中的商机，擅自搭建违章建筑，用于出租。来沪常住人口聚居区，一般建筑简陋，空间拥挤，管理混乱。其四，流浪、乞讨现象时有发生。其五，社会治安难度大。近年来，大桥地区发案率居高不下，其中偷盗“三车”、街面拎包扒窃类型案件发案居多。违法案件当中，又以外来人员作案居多，约占75%。

尽管国家已出台了多项流动人口管理制度，但我们仍然缺乏强有力的流动人口管理手段。在外来人口总量控制方面，旧城改造可以成为调控户籍人口再分布的手段，却不能成为调控外来人口再分布的手段。调查结果表明，在定海、大桥和平凉动迁过程中，外来人口总是在动迁地区周边流动，从动迁区域流向非动迁区域，但从未流出定海、大桥和平凉等街道。

——人口服务管理政策不配套案例

在杨浦区产业转型升级和旧城改造过程中，人口服务管理政策不配套的情况时有发生。其突出表现在：

其一，动迁补偿政策与计划生育政策不配套，动迁过程中违法生育现象严重。由于动拆迁实行按“人头加基本补偿”的动迁补偿政策，个别家庭为了增加“人头”数，不惜违反计划生育政策违法生育。以平凉街道为例，从2008年以来，动迁地块有违法生育41例，占街道同期违法生育案例的55%。由于动迁后人户分离现象严重，当事人又多为低保人员，同时还面临查处执法难的情况，给社会管理带来了负面影响。

其二，劳动就业与社会救助等相关政策的不协调，导致有就业能力的户籍人口主动放弃就业，增加了社会保障负担。目前杨浦区低保家庭中存在一批有劳动能力的家庭成员，但是，由于这些人员文化水平比较低，尽管有劳动能力，他们可以选择的只是一些收入相对较低的劳动密集型工作岗位，但这些工作岗位的收入并不足以帮助他们解决整个家庭的收入问题。同时，由于他们的就业还会导致家庭不能继续享受低保待遇，陷入新的贫困。因此，导致了他们宁愿选择“吃低保”，不就业，无形中增加了杨浦区社会保障的负担。并且，近几年来，这类有劳动能力的人口逐年增加，对区财政转移支付造成了持续压力。

为此，杨浦区下一步区域经济发展还必须紧紧抓住经济、社会与人口发展三者之间的辩证关系，推动杨浦经济继续发展。

第一，继续实施以知识创新带动人口活力的战略措施。

继续完善环同济知识经济圈、创智天地项目建设，积极引进世界知名知识创新企业，增强环同济知识经济圈、创智天地项目的世界知名度和信誉度。不断促进校区、园区和社区的三区融合度，形成真正的知识创新综合社区。并且，积极推进环同济知识经济圈、创智天地项目等项目的推广工作，在新江湾城、大连路总部经济集聚区引入环同济知识经济圈、创智天地项目分部，不断扩大环同济知识经济圈、创智天地项目等人口活力的带动效益。

第二，继续推进以旧城改造和产业转型带动人口流动的战略措施。

继续推进平凉、大桥和定海等街道的旧城改造工作，积极推进平凉、大桥和定海等街道土地储备的转化工作，加快新型产业引入和高素质人才导入。同时，加强土地储备转化区域的产业规划，以规划引领产业发展，以产业带动人口发展。在土地转化过程中适当提高工业和商业用地的比例，适当减少居住人口的导入。

第三，加快《上海市杨浦区创意产业发展三年行动计划(2013～2015)》的实施。

将创意产业的发展作为杨浦知识创新战略的新经济增长点。积极推进旧城改造与创意产业规划实施的融合度，加强上海国际设计一场、上海国际时尚中心等重点项目的落实实施。积极推进大桥、定海和平凉等街道在创意产业中的参与，不断改善社区招商环境，通过产业升级努力推动社区人口流动。

第四，继续完善大连路总部经济集聚区建设。

加快改变目前大连路总部经济集聚区知名企业不多、现有知名大企业与区内小企业产业关联度不高的状况，不断完善园区招商引资环境，加快周边地区交通、餐饮和企业服务环境的整治，不断提高园区的商业品质，吸引更多的人才导入。

第五，加快社区生活中心建设。

完善控江社区生活中心和延吉睦邻中心建设，不断提高控江社区生活中心和延吉睦邻中心的公共服务供给能力和供给水平。加强控江社区生活中心和延吉睦邻中心建设经验的宣传推广，推动全区各社区公共服务中心建设，积极改变全区人均公共资源相对约束的局面。同时，结合大桥、殷行和定海等公共服务资源紧约束街道的实际情况，通过适当财政转移支付的办法，整合社区各类社会资源，推进社区生活服务中心建设，不断提高公共服务资源约束社区的人均公共服务资源配置水平。

第六，加快五角场功能区、杨浦滨江发展带、环同济知识经济圈、大连路总部研发集聚区和新江湾城国际化、智能化、生态化社区五大功能区建设。

继续坚持“将人口发展与产业转型升级和城区创新相融合”的理念，将人口发展规划融合五大功能区的产业规划，以规划带动发展，以规划促进人口发展。

第七，推进各项人口和家庭服务管理政策的落实配套。

在不断完善人口服务管理政策的同时，要重视各项政策间的关联性和因果性研究，在政策调研过程中要多部门、全方位听取意见，提高对政策执行结果的预判能力，逐步形成完整的人口和家庭服务管理政策体系。

第八，创新流动人口服务管理手段。首先，加强流动人口信息管理，及时掌握流动人口信息，建立统一的全人口数据平台，将户籍人口、本市外区人口、外省流入常住人口和短期停留的流动人口等四种人口信息管理常态化。做好常住人口预测工作，以产业规划和城区改造来规划和控制人口总量、优化人口结构。其次，加强区级层面外来人口积分制和诚信体系探索，将外来人口的社会行为纳入积分制和诚信体系，用社会管理手段来规范和约束某些流动人员的不良社会行为。第三，加强流动人口规范性教育管理。将外来就业人口的就业规范、社会行为准则规范教育纳入企业培训计划，并作为企业年检的必要条件。最后，加强大型流动人口集聚公寓管理。对居住人数达到50人以上的公寓，由公安部门和社区进行登记管理、工商部门进行住宿条件要求管理，并将其纳入企业年检的必要条件，努力提高流动人口的管理水平，减少社会安全隐患。

作者信息

黄玉捷：上海市人口与发展研究中心。

广东区域经济增长的收敛性研究

——基于空间面板模型的实证考察

王方方　李　宁

摘要： 基于变异系数和对数标准差对广东经济增长的地区不平衡进行考察，引入空间因素运用绝对 β 收敛方程分析广东经济的收敛特征，结果发现：全时间段不存在全省范围的 β 收敛，仅存在四大区域俱乐部 β 收敛；1978 ~1984 年全省范围内不存在 β 收敛，呈现经济增长发散；1984 ~2010 年存在全省范围的 β 收敛，同时也存在省内四大区域的俱乐部 β 收敛。结论说明空间因素在广东区域经济增长收敛中发挥着重要作用，因此需要在研究中加以重视。

关键词： 经济增长　β 收敛　俱乐部收敛　空间计量

一、引　　言

威廉姆森著名的倒“U”型假说认为，在一国或者一个地区的经济增长过程中特别是经济起飞阶段，往往先出现其内部差距扩大的特征。我国改革开放至今已经 30 余年，不少学者对我国地区经济差距问题进行了广泛深入的研究，研究结论也不一而同，有的认为我国区域经济增长呈现发散状态（周亚虹，2008），有的认为我国区域经济增长呈现总体弱收敛趋势（赵伟，2005；彭国华，2006）。但更多的研究支持我国经济增长存在俱乐部收敛的结论，并且不同时间段存在不同的收敛特征（蔡昉，2000；沈坤荣，2002；刘夏明，2004；徐现祥，2004；覃成林，2009）。从研究方法上看，大部分学者基于巴罗和萨拉 - 伊 - 马丁（Barro & Sala -

I－Martin，1992）的经典回归方程进行分析，同时也有学者（陈安平，2004；程建，2005；姚波，2005；张鸿武，2006）基于时间序列、面板数据单位根和协整检验的方法进行研究。但目前对地区经济收敛的研究文献主要注意力集中于全国或东中西三大地带，相对来说分析省域内部经济增长差异的文献较少。实际上由于我国幅员辽阔，即便同一个省份内部也往往存在着经济增长的巨大差异，这种差异在经济发达省份内部往往更加明显。阿瑟等（Athar H. et al.，1994）认为，中国的区域差异既存在省际差异又存在省内差异，而省内差异又是省际差异的主要原因。

作为改革先行一步的广东，30余年来经济增长十分迅速，2010年GDP达到45 636亿元，人均GDP达到46 990元，折合近7 000美元，已经进入中等发达国家和地区的行列。广东已连续多年保持全国经济总量第一大省的位置，但是广东省内部也同样面临经济发展不平衡的现实问题。以广东内部的珠三角、粤西、粤北、粤东四大区域来看，GDP、财政收支、投资额、吸收FDI总量等各项指标，珠三角都远远超过其他地区。

孙良媛（2001）选用绝对差异、极值差率、变差异系数、基尼系数等指标分析了广东区域经济的不平衡现象，得出了一些有益的结论和启示。罗浩（2005）的泰尔指数分解结果表明，从地区来看对全省总体差距贡献最大的是各区域间差距和珠三角内部差距。陈鸿宇（2008）认为决定广东省区域经济差距较大的主要因素是珠三角与非珠三角两空间单元之间的巨大差距，其次是珠三角内部各城市间的经济差距。彭惜君（2008）通过对2000年广东四大区域经济发展的各项数据进行分析比较，发现区域总体差距呈明显上升的趋势，区域间差距的“马太效应”日益突出，而各区域内部差距变化幅度不明显，全省差距主要来自珠三角内部。胡少东（2008）运用泰尔系数分解方法对广东的经济差距进行分析，认为广东地区经济差距主要表现为珠三角内部差距和珠三角与其他地区间的差距。收敛回归方程的结果认为广东经济总体上并不存在显著的绝对收敛现象，但是落后地区（两翼和山区）出现“趋同俱乐部”现象。程玉鸿（2010）指出，2000年以来广东总体上仍呈现非均衡发展，省内各区域之间的差距仍主要表现为珠三角与东、西两翼和北部山区之间。

但是以往研究广东内部经济增长差异的文献，都是在基于各地市经济发展互相独立的前提下运用经典回归分析进行研究的，这明显与现实情况有出入。值得注意的是，近年来部分学者（陈晓玲，2006；吴玉鸣，2006；林光平，2006；张晓旭，2008；潘文卿，2010；张学良，2010；史修松，2011）加入空间因素对全国经济收敛问题进行研究，得到了更加新颖和稳健的结论。本文拟加入空间因素，对广东区域经济增长的收敛问题进行新的解读。本文结构安排如下：第二部分运用变异系数和对数标准差来分析广东经济增长的σ收敛情况；第三部分纳入空间因素，运用绝对β收敛模型对广东经济增长的β收敛情况进行考察；第四部分为全文结论。

二、广东区域经济增长的σ收敛考察

经济增长的σ收敛指是指各个地区之间的有关经济指标（如人均GDP、人均收入等）随着时间推移而逐步缩小的趋势。在σ收敛的经验研究当中，由于绝对指标（如GDP方差、标准差、变动幅度等）衡量的各地区经济差距总是会随着经济增长带来差异的扩大，所以实际中已经基本不使用该类指标。经常使用的统计指标主要是相对指标，包括人均真实GDP对数标准差、变异系数、基尼系数、泰尔指数等。本文也采用相对指标来衡量广东区域经济增长的σ收敛。万广华（2008）认为，在相对指标中进行选择比较困难，因此建议最好几个指标同时使用。由于这里不涉及指标的组间差距和组内差距的分解问题，本文采用简便易行的人均真实GDP变异系数及其对数标准差来度量广东区域经济增长的σ收敛。

关于使用的数据来源及其处理办法，说明如下：本文的样本为1979～2010年广东省21个地级市的人均GDP数据，资料来源于

《数说广东六十年》、《广东五十年》，个别缺失数据源自各地市相关年份的统计年鉴。原始数据都已经通过当年价格人均 GDP 和不变价格人均 GDP 指数计算转化为 2000 年定基价格衡量的人均 GDP。珠三角、粤东、粤西、粤北四大区域的人均 GDP 则由各自所属地市的 2000 年定基总量 GDP 和人口计算所得。需要说明的是，由于揭阳市 1992 年之前从属于汕头市，因此其缺失的 1979 ~ 1992 年相关 GDP 指数由汕头市同类数据代替。河源 1986 年之前部分数据缺失，依照其他有关数据进行插值法推算得到。

图 1 和图 2 分别是根据实际数据计算的广东区域经济增长 σ 收敛示意图。从两图来看，尽管由于数据计算方法不同，两种指标的绝对数值并不相等，但是其反映的广东区域经济增长收敛趋势却基本一致。从时间上看，1979 ~ 1984 年间，无论是变异系数还是对数标准差均显示全省经济增长明显快速发散，发散的程度在 1984 年达到峰值；而 1984 ~ 2010 年，全省经济增长的差异变动情况虽有小幅波动出现，但总的趋势是逐步缓慢收敛。全省经济增长收敛情况由于以上两个子时间段迥然不同的走势，纵观整个时间段来看依然呈现微弱的发散状态。分区域来看，广东省内四大区域之间的差异随着时间推移呈现逐步扩大的态势特别是 2000 ~ 2005 年四大区域之间差异迅速增大的事实非常明显。珠三角地区内部差异变化情况是 1984 年之前差异迅速扩大而 1985 年之后逐步缩小，与全省差异的变化基本一致。从图上还可以看到，珠三角内部差异的变化主导了全省经济增长差异的变化走势，这一点与陈鸿宇（2008）的研究结果不一致，而与彭惜君（2008）“广东经济区域差异主要来自珠三角”的结论比较接近。而且尽管从 1984 年之后珠三角内部差异大幅缩小，但是其绝对差异仍然显著大于其余三个区域。粤东、粤西和粤北三个区域各自内部差异的总趋势是在有小幅波动的情况下差异逐步缩小，值得一提的是粤西地区，无论从变异系数还是对数标准差来看，内部差异缩小的趋势最为明显，并在 1996 年达到差异最小状态。

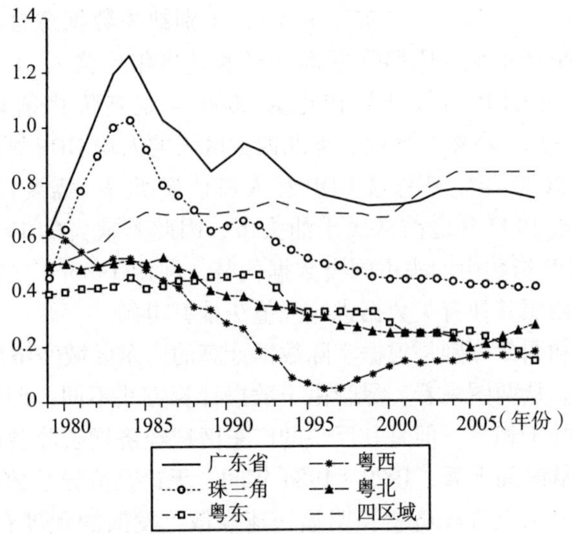

图1　人均真实 GDP 变异系数

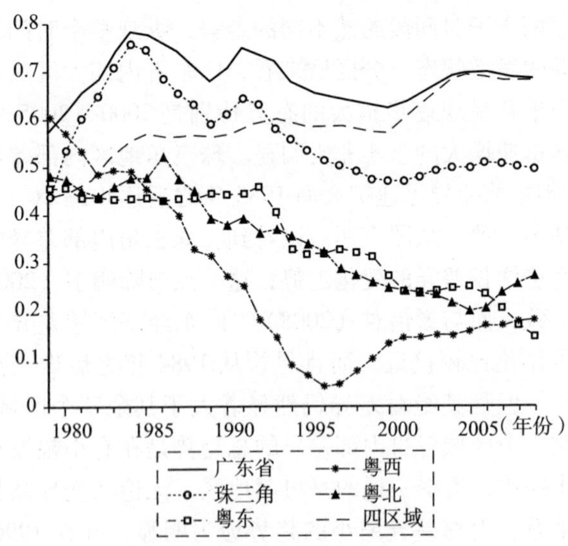

图2　人均真实 GDP 对数标准差

三、广东区域经济增长的β收敛与俱乐部收敛

上文的分析表明，由于1979～1984年广东省21地市人均GDP存在较快的σ发散现象，导致从改革开放31年总的来看σ收敛并不存在。但是1985年以来，无论广东省还是各区域内部，差异均在逐步缩小，同时需要注意的是，31年来广东四大区域之间的经济增长差异却在逐步扩大。以上两点的客观存在使得有必要分析广东区域经济增长的β收敛及其可能存在的俱乐部收敛的特征。β收敛从另一个视角考察不同地区之间经济增长的收敛问题，而且β收敛是σ收敛的必要非充分条件。只有地区之间存在β收敛，才有可能存在σ收敛，反之如果β收敛不存在，σ收敛就无从谈起。本文依照巴罗和萨拉－伊－马丁（1992）经典绝对β收敛方程公式：$\ln(Y_t/Y_0)=\alpha+\beta\ln Y_0+\varepsilon$来进行分析。其中，α、β为待定参数，$y_t$和$y_0$分别表示样本末期和初期各地区人均GDP。如果$\beta<0$，则表明经济增长存在收敛，落后地区在逐步追赶先进地区，各地区差异逐步缩小，否则说明经济增长趋于发散。

（一）空间概念的引入

空间计量经济学理论认为：由于空间相关和空间异质的存在，违反了经典计量经济学的高斯—马尔科夫假设，这使得经典回归分析结果不再具有无偏和有效的性质。所谓空间相关是指一个地区空间单元上的某种经济现象与邻近地区空间单元上是存在相关性的；而空间经济分布的非均匀或非随机使得空间产生异质性。对1979年和2010年广东各地市人均GDP的空间分布进行分析，发现1979年人均GDP相对较高的地区位于珠三角地区的广州、深圳、东莞、佛山、中山、珠海和肇庆，处于中间水平的地区则有韶关、惠州、汕头、肇庆、云浮、茂名和湛江，其余则是相对落后的地区。到了2010年，人均GDP较高的地区依然是珠三角的大部分地市，处于

中间水平的则是汕头、潮州、清远、肇庆、江门、阳江和茂名。改革开放 30 余年之后，以人均 GDP 衡量的地区经济增长其地理分布更加集中，珠三角地区更加确立了在广东省经济增长中的核心地位。除了汕头可能由于经济特区等因素的影响之外，其他地区则普遍具有这样的规律：地理上距离珠三角越近，人均 GDP 则相应较高，反之则较低。

在实际的空间相关分析应用中，经常使用的分析经济空间数据的统计量有 Moran's I 指数、Geary 指数、G_i 指数等。为了更加科学地展现广东经济增长的空间相关性与空间异质性，本文中使用 Moran's I 指数来测度广东区域经济增长的空间分布特征。Moran's I 指数定义如下：

$$\text{Moran's}\quad I = \frac{n\sum_{i=1}^{n}\sum_{j=1}^{n} w_{ij}(x_i - \bar{x})(x_j - \bar{x})}{S^2\sum_{i=1}^{n}\sum_{j=1}^{n} w_{ij}}$$

其中，n 是研究对象中的子区域数目，W_{ij}是空间权重矩阵中对应的各元素，X_i 和 X_j 分别是某区域所对应的经济指标（如人均 GDP 等），$\bar{x}$ 为该指标的算术平均值，S^2 为该指标的方差。Moran's I 的取值范围是 [-1，1]。大于 0 表示正相关，越接近 1 时表示具有相似的属性值的区间互相聚集；小于 0 表示负相关，越接近 -1 时表示具有相异属性值的空间互相聚集，而如果接近于 0 则表示地区之间不存在空间相关性，各地区属性值是随机分布的。

计算 Moran's I 指数时需要选择空间权重矩阵。空间权重矩阵的选择方法最常用的主要有地理相邻（包括 Rook 规则、bishop 规则、Queen 规则等）和有限距离等。本文选择以 Queen 规则一阶相邻的地理相邻方法得出的空间权重矩阵时，Moran's I 指数表明此时各经济变量之间的空间自相关最强。而当选择高阶临近关系计算时，该指数反而下降，符合地理经济学第一定理。1979 年、1984 年和 2010 年的 Moran's I 指数散点图如图 3 ~ 图 5 所示。

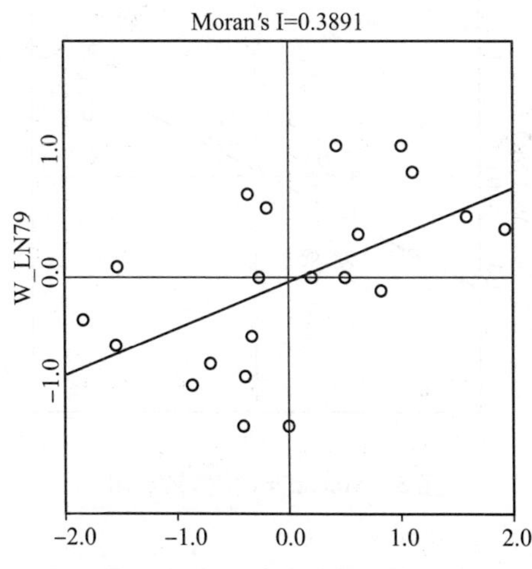

图 3 Moran's I 指数散点图

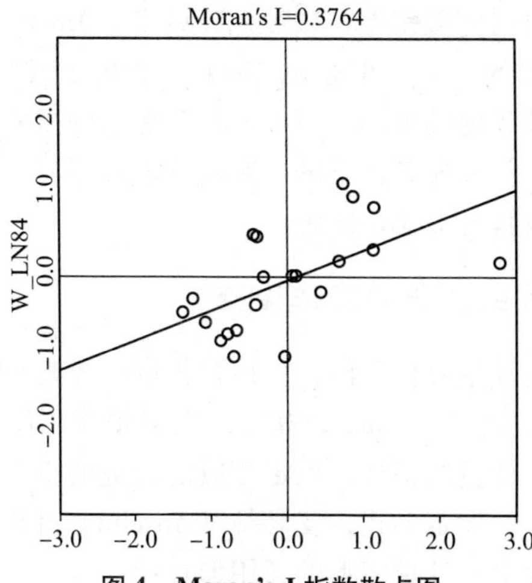

图 4 Moran's I 指数散点图

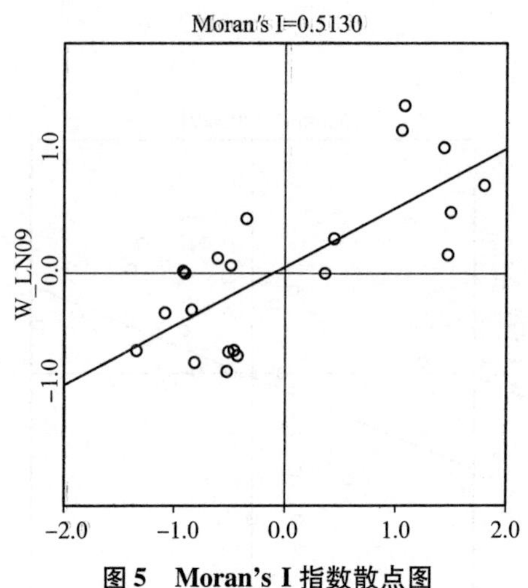

图5 Moran's I 指数散点图

从 Moran's I 指数来看，1979 年、1984 年、2010 年的值分别为 0.3891、0.3764 和 0.5130，这说明广东省全区域的空间自相关特征较为明显。分时间段来看，1979～1984 年，Moran's I 指数变化不大，甚至有微弱的降低，但是从 1984～2010 年该指数迅速升高，显示出空间相关程度的加强。图 3～图 5 揭示的事实说明，没有考虑空间相关和空间异质条件下的广东经济增长经典 β 收敛方程的回归结果可能不再具有 BLUE 性质。

（二）β 收敛方程的实证检验

在进行空间计量分析之前，应该首先进行经典 OLS 回归作为空间计量建模的基础（Aselin，2005）。之后根据 OLS 显示的结果，按照有关检验统计量的特征，设定相应的合适的空间计量模型。关于空间计量模型的设定形式，安瑟林（Anselin）提出了基于极大似然法估计的线性空间计量模型的通用形式：

$$\begin{cases} y = \rho W_1 y + X\beta + \xi \\ \xi = \lambda W_2 \xi + \varepsilon \\ \varepsilon \sim N(0, \sigma^2 I_n) \end{cases} \tag{1}$$

其中，y 是因变量向量（$n \times 1$ 维），β 是自变量的参数向量（$k \times 1$ 维），W_1 和 W_2 都是 $n \times n$ 维矩阵，分别代表与因变量的空间自回归过程相关的空间权重矩阵和与随机误差项 ε 相关的空间权重矩阵，根据对各参数的不同设定，（1）式可以引申出特定的回归模型，常用的有空间滞后模型和空间误差模型。

当 W_1 等于 0 时，（1）式演变为空间误差模型：

$$\begin{cases} y = X\beta + \xi \\ \xi = \lambda W \xi + \varepsilon \\ \varepsilon \sim N(0, \sigma^2 I_n) \end{cases} \tag{2}$$

当 W_2 等于 0 时，（1）式演变为空间滞后模型：

$$\begin{cases} y = \rho W y + X\beta + \varepsilon \\ \varepsilon \sim N(0, \sigma^2 I_n) \end{cases} \tag{3}$$

空间误差模型度量的是邻近地区关于因变量的误差冲击对本地区的影响方向和程度。若空间误差系数 $\lambda < 0$，说明该地区的相邻地区经济增长的残差项对本地区相关经济变量具有扩散效应；反之，若 $\lambda > 0$，则说明本地区经济增长的残差项对相邻地区经济变量具有扩散效应。空间滞后模型探讨的是被解释变量在一地区是否存在扩散现象。空间滞后项系数 $\rho < 0$ 说明如果一个地区的经济增长较快，则意味着该地区的相邻地区也具有较快的经济增长；反之，$\rho > 0$ 说明扩散效应的方向相反。

经典 β 收敛方程及其空间计量模型的回归结果如表 1 所示。

表 1　1979 ~ 2010 年全省 β 收敛的实证检验

	（1）OLS	（2）OLS	（3）SLM	（4）SEM
α	4.229（0.003）	7.859（0.000）	7.469（0.000）	7.460（0.000）

续表

	(1) OLS	(2) OLS	(3) SLM	(4) SEM
β	-0.128 (0.489)	-0.591 (0.003)	-0.587 (0.000)	-0.528 (0.000)
YD (粤东=1)		-0.755 (0.006)	-0.786 (0.000)	-0.757 (0.000)
YX (粤西=1)		-0.757 (0.009)	-0.651 (0.002)	-0.688 (0.000)
YB (粤北=1)		-0.982 (0.000)	-1.020 (0.000)	-1.010 (0.000)
ρ			0.118 (0.048)	
λ				-0.601 (0.022)
R^2	0.025	0.600	0.664	0.676
F	0.497 (0.489)	5.993 (0.004)		
Log Likelihood	-12.7825	-3.440	-1.649	-2.285
AIC	29.565	16.879	15.298	14.571
SC	31.654	22.102	21.565	19.793
LM - Lag	0.747 (0.387)	3.387 (0.066)		
Robust Lag	1.245 (0.265)	4.539 (0.033)		
LM - Error	0.290 (0.590)	0.892 (0.345)		
Robust Error	0.788 (0.375)	2.043 (0.153)		
JB 检验	1.154 (0.562)	2.002 (0.367)		
BP 检验	0.44 (0.506)	3.851 (0.427)	6.628 (0.157)	5.110 (0.276)
White 检验	2.302 (0.316)	21 (0.102)		
LR 检验			3.581 (0.058)	2.308 (0.129)

注：括号内数字表示对应P值。

首先，考察1979~2010年全省经济增长的β收敛问题。经典OLS回归结果（1）显示，β系数估计值为-0.128，但是其t检验未能通过，对应的P值为0.489，这表明全省范围虽然可能存在β收敛的迹象，但实际上并不显著，同时方程的拟合优度R^2和F检验结果都不理想，进一步说明了结果（1）在模型设定方面存在偏误，不能作为实际分析的结果。随后在模型（1）的基础上，加入了粤东、粤西、粤北三个地区的虚拟变量，再次进行OLS回归发现结果有了显著改善。无论常数项、β系数还是R^2和F检验结果都通过了1%的显著性检验，同时LogLikelyhood、AIC和SC指标较模型（1）也有明显改善。模型（1）和模型（2）所揭示事实表明在考虑地理位置对地区之间的经济收敛影响之后，全省经济从整个时间周期来看，明显存在珠三角、粤东、粤西、粤北四大区域的俱乐部收敛，但是全省范围的β收敛并不存在。

图3～图5揭示了广东经济增长中存在着空间相关的特征，因此经典OLS回归不再满足BLUE性质，此时需要用极大似然估计方法来进行重新估计。至于空间误差和空间滞后两类模型的选择问题，安瑟林（2005）提出了选择合适的空间计量模型的标准：如果标准的LM－Lag和LM－Error统计量都不能拒绝0假设，则保持经典OLS回归结果。如果其中之一拒绝了0假设，但另一个没有拒绝，则直接估计拒绝了0假设的那种空间计量模型。当两个统计量都拒绝了0假设时，则考虑统计量的Robust形式，在这种情况下估计最显著的统计量对应的那种空间回归模型。

根据表1的模型（1）和模型（2）的LM－Lag和LM－Error检验结果，由于模型（1）的两个统计量都不能在10%的水平显著，因此本文不再对模型（1）进行空间计量回归。模型（2）的LM－Lag统计量其伴随概率P值为0.066，在10%水平上显著，本文对模型（2）进行空间滞后回归，同时为了比较也将模型（2）的空间误差回归结果予以列出。模型（3）的结果显示，β系数为－0.587且通过了1%的显著性检验，同时地区虚拟变量和ρ系数也都分别通过了1%和5%的显著性检验，表明在考虑了空间相关因素及地理区位因素的影响之后，全省经济存在俱乐部收敛的事实。另外对比模型（2），模型（3）的Loglikelihood统计量有所提高，而AIC和SC统计量均不同程度下降，这也表明了模型（3）优于模型（2）。模型（4）的空间误差模型也揭示了同样的结论，甚至其β系数和空间回归系数的显著性水平比模型（3）要更优一些，但是由于其LR检验的P值为0.129，未能通过10%显著性检验，表明其空间回归系数的非显著性，这说明空间误差模型的设定形式不如空间滞后模型。因此总体而言，模型（3）是最适合的回归结果。最后需要说明的是，以上模型的非正态分布检验和异方差检验都顺利通过，表明模型不存在非正态分布和异方差的问题。

在以人均真实GDP变异系数及其对数标准差来度量广东区域经济增长的σ收敛情况时发现了一个事实，即：1979～1984年间，无论是变异系数还是对数标准差均显示全省经济增长明显发散；1984～2010年，全省经济增长的差异变动情况虽有小幅波动出现，但主要趋势是逐步收敛。这种发散和收敛迥然不同的时间段特征，提示需要分子时间段对全省经济收敛情况进行深入考察。以1984年为分界点，将改革开放30余年来划分为两个子时间段，并运用β收敛回归方程进行分析的结果在表2中。

表2　　两个子时间段全省β收敛的实证检验

	1979～1984年		1984～2010年		
	（5）OLS	（6）OLS	（7）OLS	（8）OLS	（9）SLM
α	-1.258（0.123）	-0.721（0.008）	4.860（0.000）	7.461（0.000）	7.334（0.000）
β	0.260（0.035）	0.176（0.000）	-0.275（0.022）	-0.576（0.000）	-0.594（0.000）
YD（粤东=1）				-0.603（0.010）	-0.666（0.000）
YX（粤西=1）				-0.635（0.009）	-0.585（0.001）
YB（粤北=1）				-0.839（0.000）	-0.900（0.000）
ρ					0.104（0.083）
R^2	0.214	0.985	0.247	0.683	0.724
F	5.170（0.035）	23.040（0.000）	6.245（0.022）	8.611（0.001）	
Log Likelihood	-3.086	28.166	-8.694	0.379	1.801
AIC	10.175	-2.492	21.388	9.242	8.39
SC	12.264	-2.393	23.477	14.465	14.667
LM-Lag	0.014（0.906）	0.074（0.785）	0.135（0.713）	2.760（0.097）	
Robust Lag	2.161（0.142）	0.187（0.666）	0.417（0.519）	3.583（0.058）	
LM-Error	1.033（0.309）	1.553（0.213）	0.549（0.459）	0.550（0.458）	
Robust Error	3.180（0.075）	1.666（0.197）	0.830（0.362）	1.373（0.241）	

续表

	1979～1984 年		1984～2010 年		
	（5） OLS	（6） OLS	（7） OLS	（8） OLS	（9） SLM
JB 检验	5.628 （0.060）	2.634 （0.268）	1.325 （0.516）	2.411 （0.299）	
BP 检验	6.747 （0.009）	0.074 （0.964）	0.597 （0.440）	4.495 （0.343）	6.436 （0.169）
White 检验	7.960 （0.019）	0.646 （0.986）	3.339 （0.188）	21 （0.102）	
LR 检验					2.843 （0.092）

注：括号内数字表示对应 P 值。

依据表 2 的回归结果，1979～1984 年和 1984～2010 年两个子时间段里，广东经济增长收敛情况明显出现了非常大的变化。模型（5）和模型（6）分析了 1979～1984 年的全省经济增长收敛情况。模型（5）的回归结果显示 β 为正值 0.260，表明此时间段内，全省经济增长不存在 β 收敛的趋势，而是相反。但是由于 α 系数不显著，同时 JB 检验、BP 检验以及 White 检验显示模型存在严重的残差非正态分布和异方差问题，所以结果不可信。在修正了异方差问题之后，模型（6）各项检验都顺利通过，且 F 检验、Loglikelihood、AIC 和 SC 统计量优于模型（5），但是 β 系数并没有改变符号依然为正，表明在此时间段内全省经济增长确实不存在 β 收敛。另外需要注意的是，模型（6）的 LM－Lag 和 LM－Error 统计量均未能通过 10% 的显著性检验，因此遵循与模型（1）相同的原则本文不再对其进行空间计量模型的检验，而将模型（6）作为最终实证结果。由于 1979～1984 年间全省范围内不存在 β 收敛，所以 σ 收敛不可能存在，模型（6）的实证结果从另一个角度支持了图 1 和图 2 的 σ 收敛所揭示的全省经济增长发散的事实。

模型（7）的回归结果中，β 为 －0.275 且通过了 5% 的显著性检验，说明在 1984～2010 年的第二个子时间段内，全省经济增长存在着全域范围的 β 收敛。而加入地区虚拟变量的模型(8）中，β 为 －0.576 且通过 1% 的显著性检验，这进一步揭示了四大区域内部存在俱乐部 β 收敛的特征。根据空间计量模型的选择标准，对模型（8）进行了空间滞后回归，结果模型（9）发现：即使在考虑了空间相关因素之后，依然存在四大区域俱乐部 β 收敛的情况。从模型（7）、模型（8）、模型（9）的各项检验来看，三个模型均通过了回归系数的 t 检验，并且 Loglikelihood、AIC 和 SC 统计量逐步优化，表明回归结果是稳健可信的。同时三个模型的 JB 检验、BP 检验以及 White 检验也都顺利通过，说明以上模型不存在异方差和非正态分布的问题。综合考虑三个模型的回归结果，1984～2010 年的子时间段内，广东经济增长同时存在全省 β 收敛和四大区域俱乐部 β 收敛的双重特征，而且相对来说，各区域俱乐部 β 收敛的速度较全省 β 收敛的速度更快。

四、结　论

改革开放 30 余年来广东经济持续高速增长，总量 GDP 占全国 GDP 的比重由 1978 年的 5.1% 快速上升至 2010 年的 11.5%，人均 GDP 则由 1978 年略低于全国平均水平上升至 2010 年达到全国的 1.6 倍。但是与全国情况极其相似的是，伴随经济快速增长而来的地区间差距扩大成为社会各界普遍关注的热点问题。历届省委、省政府为了促进各地区经济协调增长，每年都倾注了大量的人力、物力和财力。尽管如此，粤东、粤西、粤北和珠三角四大区域之间的差异却依然越来越大。在纳入空间因素的基础上，本文以人均 GDP 指标分析了全省各地市经济增长的收敛态势，主要结论如下。

人均真实 GDP 变异系数及其对数标准差衡量的 σ 收敛表明，改革开放以来全省经济增长的 σ 收敛并不存在，原因主要有以下三点：首先，基于子时间段的分析显示，1979～1984 年间全省经济增长的各地区差异迅速增大，而在 1984 年之后才开始缓慢减小，从而导致基于整个时间段的 σ 收敛不存在；其次，基于省内各区域内部的分析表明，尽管粤东、粤西、粤北各自区域内部的差异在逐渐减小，但是珠三角内部差异的变动主导了不存在全省范围的 σ 收敛；最后，基于四大区域之间的分析揭示了区域之间差异不断扩大的事实，这也是不存在全省范围 σ 收敛的一个重要原因。

本文随后按照绝对 β 收敛方程进行的回归分析对 σ 收敛表征的现象提供了一个有益的解释。1979 年、1984 年和 2010 年全省人均 GDP 的分位分布图显示，人均 GDP 的地理分布存在空间相关的性质，这违反了经典 OLS 回归的高斯—马尔科夫假设，随后进行的全局空间自相关 Moran's I 指数从统计角度进一步支持了分位图的结果。基于以上原因，本文在绝对 β 收敛方程进行经典 OLS 回归的基础上，加入了空间因素对经典 OLS 回归结果进行修正，得到了更加稳健可靠的结果。

空间计量模型的实证结果表明，30 余年间全省经济增长 β 收敛的情况在全时间段和两个子时间段各自有不同的表现。1978 ~ 1984 年，全省范围内不存在 β 收敛的情况，而是相反；1984 ~ 2010 年，不仅存在全省范围的 β 收敛，同时也存在珠三角、粤东、粤西、粤北四大区域的俱乐部 β 收敛。而全时间段来看，不存在全省范围的 β 收敛仅存在四大区域的俱乐部 β 收敛。此外，空间回归系数的显著，说明研究广东经济增长 β 收敛问题时，空间因素是需要引起注意的重要因素之一，而这是以往研究广东经济增长收敛问题所忽视的。

参考文献

[1] 蔡昉，都阳．中国地区经济增长的趋同与差异．经济研究，2000 (10).

[2] 陈安平．中国地区经济增长的收敛性：时间序列的经验研究．数量经济技术经济研究，2004 (11).

[3] 陈鸿宇，曹前程．广东省区域经济差距变化趋势研究．珠江经济，2008 (5).

[4] 陈晓玲．我国地区经济收敛的空间面板数据模型分析．经济科学，2006 (5).

[5] 程建．中国区域经济增长收敛的协整分析．经济科学，2005（5）.

[6] 程玉鸿．新时期广东区域差异变动实证分析．产经评论，2001（1）.

[7] 胡少东，徐宗玲等．广东区域经济增长的趋同与差异分析．汕头大学学报（人文社会科学版），2008（4）.

[8] 林光平，龙志和等．中国地区经济σ收敛的空间计量实证分析．数量经济技术经济研究，2006（4）.

[9] 刘夏明，魏英琪等．收敛还是发散？中国区域经济发展争论的文献综述．经济研究，2004（7）.

[10] 罗浩．广东省区域经济差距的分解研究．地域研究与开发，2005（1）.

作者信息

王方方：广东财经大学经济贸易学院；

李宁：国家海洋局南海分局。

韩国碳排放足迹的动态变化及因素分解

范若滢　崔日浩（韩）

摘要： 碳排放是当前全球关注的热点问题，如何评价各个因素在碳排放中的贡献率是分析碳排放的重要方面，对促进碳排放具有重要意义。本文构建了基于一个能源结构、能源效率、经济发展的碳排放恒等式，运用 LMDL 分解技术，对韩国 1996 ~2009 年的碳排放进行了分解。结果表明：经济发展是韩国碳排放的主要促进因素，能源结构碳排放的抑制作用不显著，能源效率的提高是抑制韩国碳排放的最主要的原因，但是仍然不足以抵消经济增长对碳排放的促进作用，导致韩国碳排放仍然处于稳步增长阶段，但是增速变小。

关键词： 碳排放　LMDL 分解技术　经济发展　能源效率　能源结构

一、碳足迹相关研究综述

自从 18 世纪中期人类社会进入工业化时代以来，世界经济的发展速度突飞猛进，因为以工业开发为主，导致在全世界每年约有 280 亿吨的二氧化碳在大气中排放，并在 2010 年达到了排放高峰，给大气增加了很多无形的负担，并加快了全球变暖的速度。从 IPCC 发布的四次气候变化报告来看，越来越多的证据表明人类活动，特别是占温室气体主要成分的二氧化碳的排放，是影响最近半个世纪以来气候变化的主要原因，从 1992 年的《联合气候变化框架公约》到 1997 年的《京都议定书》，再到 2009 年的哥本哈根气候大会，如何减少碳排放成为世界各国共同关注的焦点问题。这也引起了越来越多的国内外学者重新审视以能源消耗为主，大量排放二氧化碳的经济增长方式。因此，低碳经济自然成为当前研究的热点。

国内外学者对于影响二氧化碳排放的因素进行了大量的研究。利萨卡斯等（K. Lisakas et al.,）利用代数分解方法研究了欧盟1973～1993年的工业二氧化碳排放的变化，研究表明二氧化碳排放量的减少可以在不影响经济增长的情况下实现。詹姆斯（James B.）利用协整和误差修正模型研究了污染物排放、能源消耗和经济产出的关系，认为三者有密切的相互关系；从长期来看经济增长和能源消耗、污染物排放的互为Granger因果关系；短期来看，能源消耗与经济增长具有单向Granger因果关系。李艳梅等以1953～2007年的中国一次能源消耗数据估算了碳排放的变动状况，研究结果表明中国碳排放增加的因素是经济总量增长和产业结构变化，而产生碳减排效应的因素唯有碳排放强度降低。

而分解分析作为研究事物的变化特征及其作用机理的一种分析框架，在环境经济研究中得到越来越多的应用。将排放分解为各因素的作用，定量分析因素变动对排放量变动的影响，成为研究这类问题的有效技术手段。通行的分解方法主要有两种：一种是指数分解方法IDA（Index Decomposition Analysis），一种是结构分解方法SDA（Structural Decomposition Analysis）。相对于SDA方法需要投入产出表数据作为支撑，IDA方法因只需使用部门加总数据，特别适合分解含有较少因素的、包含时间序列数据的模型，在环境经济研究中得到广泛使用。段显明等采用了LMDI分解法对浙江省能源消费导致的二氧化碳排放量和碳排放强度进行了结构分解，并提出，要减缓二氧化碳的排放量，应从重新认识人均GDP、控制人口数量、调整能源结构、降低能源强度、提高能源效率等方面考虑。郭朝先等运用LMDI分解技术，对中国1995～2007年的碳排放分行业和地区进行分解，得出中国的产业结构或者地区结构的变化、传统能源结构的变化对碳排放的影响有限，潜力还没有发挥出来。

本文采用IDA类中的LMDI（Log Mean Divisia Index，对数指标

分解方法）依据韩国 1996～2009 年间的 GDP、人口数量、水电及一次能源的消耗量等相关因素进行分解，探讨韩国各个阶段不同因素对能源消费量与碳排放量的影响份额定量衡量各因素对韩国人均碳排放的影响，从而得出韩国建设的一些发展建议。

二、分解模型

安格等（Ang et al.，1998，2004）研究表明，LMDI 法可以对所有因素进行残差分解，克服了其他分解方法本身存在残差等难以解释的问题，使得模型更具有说服力。LMDI 法采用乘法分解或者加法分解，其结果是一致的，且可以互相转化。鉴于此，本文采用 LMDI 法对韩国的能源消费的碳排放进行因素分解分析。目前，本文根据 IPCC 能源碳排放的计算方法，将能源的碳排放总量分解为：

$$C = \sum_i C_i = \sum_i \frac{E_i}{E} \times \frac{C_i}{E_i} \times \frac{E}{p} \times P \qquad (1)$$

其中，C 为碳排放量；C_i 为 i 种能源的碳排放量；E 为一次能源消费量；E_i 为 i 种能源消费量；Y 代表国内生产总值（GDP）；P 为人口数。

人均碳排放量可表示为：

$$A = \frac{C}{p} = \sum_i \frac{E_i}{E} \times \frac{C_i}{E_i} \times \frac{E}{Y} \times \frac{Y}{p} \qquad (2)$$

定义：能源结构因素 $S_i = \frac{E_i}{E}$，即 i 种能源在一次能源消费中所占比例；各类能源排放强度 $F_i = \frac{C_i}{E_i}$，即消费单位 i 种能源的碳排放量；能源效率因素 $I = \frac{E}{Y}$，即单位 GDP 能耗；经济发展因素 $R = \frac{Y}{P}$。

由此，人均碳排放量可表示为：

$$A = \frac{C}{P} = \sum_i s_i F_i IR \quad (3)$$

式（3）说明了引起人均碳排放量 A 变化的四方面因素：S_i（能源消费结构）、F_i（能源排放强度）、I（能源使用效率）以及 R（经济发展水平）。

第 t 期相对于基期的人均碳排放量的变化可分别表示为“和”的形式和“积”的形式，具体如下：

$$\Delta A = A' - A^0 = \sum_i S_i^t F_i^t I^t R^t - \sum_i S_i^0 F_i^0 I^0 R^0$$
$$= \Delta A_S + \Delta A_F + \Delta A_I + \Delta A_R + \Delta A_{rsd} \quad (4)$$

$$D = \frac{A^t}{A^0} = D_S D_F D_I D_R D_{rsd} \quad (5)$$

这里，ΔA_S、D_S 为能源结构因素，ΔA_F、D_F 为能源排放强度因素，ΔA_I、D_I 为能源效率因素，ΔA_R、D_R 为经济发展因素，ΔA_{rsd}、D_{rsd}为分解余量。式（4）中的 ΔA_S、ΔA_F、ΔA_I、ΔA_R 代表了各因素变化对人均碳排放变化的贡献值，式（5）中的 D_S、D_F、D_I、D_R 代表了各因素变化对人均碳排放变化的贡献率。基于式（4），我们按照对数平均权重 Divisia 分解法（Logarithnicmean Weight Divisia Method，LMD）进行分析，分解结果为：

$$\Delta A_S = \sum_i W'_i \ln \frac{S_i^t}{S_i^o}; \Delta A_F = \sum_i W'_i \ln \frac{F_i^t}{F_i^o};$$

$$\Delta A_I = \sum_i W'_i \ln \frac{I_i^t}{I_i^o}; \Delta A_R = \sum_i W_i' \ln \frac{R_i^t}{R_i^o} \quad (6)$$

其中，$W'_i = \frac{A_i^t - A_i^0}{\ln(A_i^t / A_i^0)}$

因而：

$$\Delta A_{rsd} = \Delta A - (\Delta A_S + \Delta A_F + \Delta A_I + \Delta A_R)$$
$$= A^t - A^0 - \sum_i W'_i \left(\ln \frac{S_i^t}{S_i^0} + \ln \frac{F_i^t}{F_i^0} + \ln \frac{I_i^t}{I_i^0} + \ln \frac{R_i^t}{R_i^0} \right)$$

$$= A^t - A^0 - \sum_i W'_i \ln \frac{A_i^t}{A_i^0}$$

$$= A^t - A^0 - \sum_i (A_i^t - A_i^0)$$

$$= 0$$

对式（5）两边对数化

$$\ln D = \ln D_s + \ln D_F + \ln D_I + \ln D_R + \ln D_{rsd} \quad (7)$$

对照式（4）和式（7），不妨设各项相应成比例，即

$\frac{\ln D}{\Delta A} = \frac{\ln D_s}{\Delta A_S} = \frac{\ln D_F}{\Delta A_F} = \frac{\ln D_I}{\Delta A_I} = \frac{\ln D_R}{\Delta A_R} = \frac{\ln D_{rsd}}{\Delta A_{rsd}}$（假设$\frac{0}{0}$可以为任意常数）

设$\frac{\ln D}{\Delta A} = \frac{\ln A^t - \ln A^0}{A^t - A^0} = W$，因而

$$D_S = \exp(w\Delta A_s),\ D_F = \exp(W\Delta A_F)$$

$$D_I = \exp(W\Delta A_I),\ D_R = \exp(W\Delta AR),\ D_{rsd} = 1 \quad (8)$$

人均碳排放分解的各个因素贡献公式（6）和公式（8）表示了从基期以来人均碳排放量变化总量中，能源结构、能源排放强度、能源效率和经济发展因素的贡献值。

本文的样本区间为 1996～2009 年，数据来自韩国政府统计厅网站。其中，GDP 数据以 1995 年的不变价格；各种能源碳排放的排放系数见表 1，计算结果见表 2。

表 1　各类能源的碳排放系数

能源	煤炭	石油	天然气	水电、核电
F_i（tco2/tce）	0.7476	0.5852	0.4435	0

资料来源：国家发展和改革委员会能源研究所．中国可持续发展能源及能源碳排放情景分析（2003）。

表 2　　韩国 1996 ~ 2007 年的能源、人口、GDP 以及碳排放

年份	人口（10^4）	碳排放总量（10^4t）	人均碳排放（t/人）	GDP（亿韩元）	总消费量（10^4t）	煤炭		石油		天然气		水电		核能	
						总量（10^4t）	比例	总量（10^4t）	比例	总量（10^4t）	比例	总量（10^4t）	比例	总量（10^4t）	比例
1996	4 552. 5	49 110	2. 5450	4 609 530	20 211. 19	3 591. 29	0. 1762	14 112. 55	0. 6926	1 535	0. 0753	63. 93	0. 0031	908. 54	0. 0446
1997	4 595. 4	51 480	2. 7764	5 063 140	22 270. 29	3 853. 08	0. 1715	15 538. 05	0. 6917	1 865	0. 0830	66. 42	0. 0030	947. 39	0. 0422
1998	4 628. 7	43 340	2. 4629	5 010 270	20 033. 20	3 992. 37	0. 1971	13 118. 56	0. 6478	1 745	0. 0862	74. 96	0. 0037	1 102. 28	0. 0544
1999	4 661. 7	48 060	2. 6395	5 490 050	21 774. 50	4 223. 58	0. 1917	14 085. 00	0. 6393	2 125	0. 0964	74. 56	0. 0034	1 266. 66	0. 0575
2000	4 700. 8	51 370	2. 7817	6 032 360	23 079. 52	4 751. 88	0. 2032	14 533. 19	0. 6215	2 386	0. 1021	68. 95	0. 0029	1 339. 17	0. 0573
2001	4 735. 7	53 250	2. 8344	6 514 150	23 664. 18	5 058. 89	0. 2107	14 554. 92	0. 6061	2 621	0. 1092	51. 02	0. 0021	1 378. 11	0. 0574
2002	4 762. 2	55 050	2. 9492	7 205 390	24 797. 69	5 425. 25	0. 2152	14 930. 71	0. 5921	2 913	0. 1155	65. 25	0. 0026	1 463. 76	0. 0581
2003	4 785. 9	56 170	2. 9830	7 671 140	25 312. 65	5 651. 61	0. 2193	14 932. 14	0. 5793	3 051	0. 1184	84. 64	0. 0033	1 593. 51	0. 0618
2004	4 803. 9	56 880	3. 0283	8 268 930	25 843. 67	5 865. 55	0. 2221	14 724. 45	0. 5575	3 575	0. 1354	72. 03	0. 0027	1 606. 49	0. 0608
2005	4 813. 8	57 030	3. 0961	8 652 410	26 650. 02	6 058. 84	0. 2226	14 895. 72	0. 5473	3 828	0. 1406	63. 77	0. 0023	1 803. 91	0. 0663
2006	4 837. 2	57 570	3. 1438	9 087 440	27 184. 17	6 273. 48	0. 2256	14 982. 62	0. 5388	4 036	0. 1451	64. 14	0. 0023	1 828. 13	0. 0657
2007	4 859. 8	58 880	3. 2981	9 750 130	28 471. 82	6 723. 56	0. 2305	15 558. 54	0. 5335	4 371	0. 1499	61. 98	0. 0021	1 756. 70	0. 0602
2008	4 894. 9	60 230	3. 3159	10 264 520	28 751. 72	7 442. 86	0. 2523	14 887. 12	0. 5047	4 498	0. 1525	68. 37	0. 0023	1 855. 27	0. 0629
2009	4 918. 2	60 760	3. 3669	10 650 370	29 138. 94	7 741. 44	0. 2587	15 236. 27	0. 5092	4 276	0. 1429	69. 33	0. 0023	1 816. 11	0. 0607

表 3 列示了 1997 ~ 2009 年各因素对人均能源碳排放的影响效果。

表 3　　1997 ~ 2009 年各因素对人均能源碳排放影响效果

年份		人均排放		能源结构		能源效率		经济发展	
	人均碳排放增速（%）	整体	整体	能源结构	能源结构	能源效率	能源效率	经济发展	经济发展
1997	3.8473	0.5651	1.0527	-0.0026	0.9998	0.0505	1.0046	0.5172	1.0527
1998	-16.4176	-0.1293	0.9872	-0.0249	0.9975	-0.4890	0.9525	0.3847	0.9872
1999	10.1056	0.3060	1.0294	-0.0463	0.9956	-0.5488	0.9493	0.9011	1.0294
2000	5.9982	0.6310	1.0598	-0.0437	0.9960	-0.7752	0.9311	1.4499	1.0598
2001	2.8958	0.7542	1.0709	-0.0450	0.9959	-1.0918	0.9056	1.8911	1.0709
2002	2.8050	1.0320	1.0968	-0.0548	0.9951	-1.4410	0.8790	2.5278	1.0968
2003	1.5292	1.1298	1.1056	-0.0702	0.9938	-1.7056	0.8594	2.9055	1.1056
2004	0.8846	1.2534	1.1172	-0.0848	0.9925	-2.0378	0.8351	3.3760	1.1172
2005	0.0575	1.4310	1.1349	-0.1010	0.9911	-2.1582	0.8263	3.6902	1.1349
2006	0.4585	1.5459	1.1461	-0.1047	0.9908	-2.3521	0.8126	4.0026	1.1461
2007	1.7999	1.8846	1.1791	-0.0915	0.9920	-2.5596	0.7995	4.5357	1.1791
2008	1.5593	1.9171	1.1809	-0.0849	0.9927	-2.8252	0.7827	4.8271	1.1809
2009	0.4020	2.0143	1.1905	-0.0692	0.9940	-2.9998	0.7713	5.0833	1.1905

三、因素分析

能源结构、能源效率和经济发展三者的变化共同确定了韩国的人均碳排放指标。

从图 1 中可以看出，12 年里韩国人均碳排放总量除了 1998 年略有下降之外，从 1998 年之后持续快速增长，在 2007 年增速达到峰值，之后速度有明显放缓的趋势。

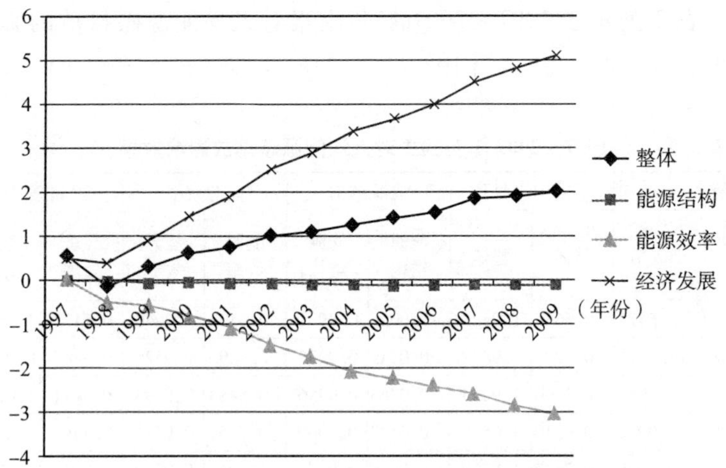

图 1　1997～2007 年三因素对韩国人均碳排放的贡献趋势

从图 1 可知，经济发展对于韩国碳排放的贡献值逐步增加，自 1998 年开始呈现直线增长的趋势。因此，经济发展是韩国人均碳排放量快速增长最主要的原因。但是从 2006 年开始，经济发展对于韩国碳排放的贡献开始减小，这可能与 2008 年前后世界经济危机形势下韩国经济发展受到牵连有关。

另外，韩国能源消费结构的变化对减少碳排放量的贡献值虽有增加，比起其他因素，影响因素非常小。

由此，我们推测出韩国人均碳排放的因素主要是能源效率的变化，而且抑制作用越来越强，2005 年左右出现缓和，斜率变量。而且变速在这个之前的倒“U”型的推断不一致。

尽管如此，能源效率对降低韩国人均碳排放的贡献值与经济发展对增加韩国人均碳排放的贡献值相比，作用有限，因此无法阻止韩国人均碳排放快速增长的趋势。

截至 2008 年，由于能源效率的大幅提升，韩国人均碳排放的出现负值，说明能源效率和能源结构的提升对于韩国碳排放的抑制作用大于经济发展的促进。

从图2可以看出，作为正向因素的经济发展对促进碳排放的作用显著。在2008年，正向因素每年的贡献率都要大于反向因素对于抑制韩国人均碳排放的贡献率，从而造成了韩国人均碳排放的排逐年增加，能源结构的贡献率作用不显著，曲线接近水平。说明近年来能源结构对于韩国贡献率作用并不显著，说明韩国没有实行有力的措施来降低碳排放或者能源结构没有得到明显优化。

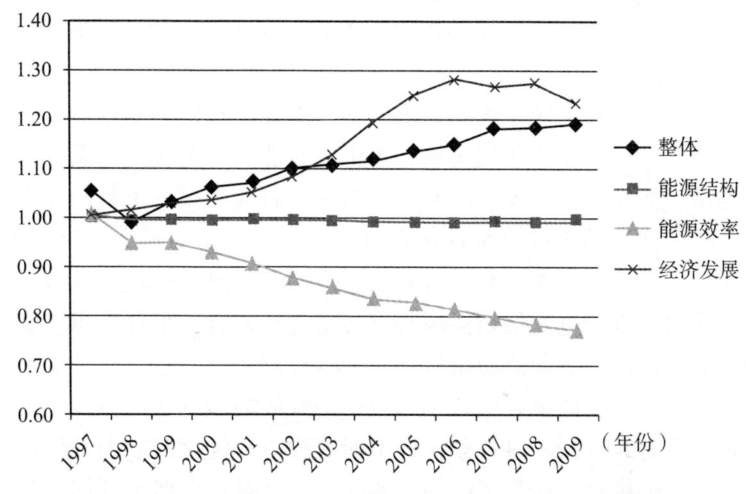

图2　1997～2009年三因素对韩国人均碳排放变化的贡献趋势

而能源效率对于抑制碳排放的贡献率从2002年开始有了快速提高，而在2008年之后，随着经济发展对于韩国碳排放的拉动作用减少，同时能源效率抑制的贡献率不断增加，导致韩国碳排放增速趋于平缓。

四、研究结论及对策建议

在过去的14年中，韩国的人均碳排放量由快速增长转为相对平稳，其转变点出现在2007年，说明韩国在减排工作有一定的贡献。在近年来，能源效率的提高是抑制韩国碳排放的最主要的原因。首先能源结构（这里指的是煤炭、石油、天然气三种化石燃料）的变化对韩国碳排放有抑制作用，但是这种作用不显著。随着能源效率对碳排放的抑制作用越来越显著，但是仍然不足以抵消经济增长对碳排放的促进作用，导致韩国碳排放仍然处于稳步增长阶段，但是增速变小。

通过研究，本文对于未来实现碳排放的以下过程（增速减缓—碳减排—零排放—负排放）提出如下对策及建议，即可以采用以下措施：

首先，优化能源结构。目前韩国的能源消费的基本格局是：以石油为主，煤炭和天然气为辅，水电、核能和新能源的消费比例逐步提高。而在三种主要的能源中，煤炭、石油碳排放系数的相对比较高，天然气的碳排放系数比较低，前两者的消费系数不断降低，而天然气的比例有所提高。这有利于降低碳足迹的排放。所以，同时，韩国可以通过发展新能源和可再生能源，进一步降低煤炭和石油的消费比例，优化能源结构，减少碳排放。

其次，提高能源利用效率是减少碳排放的最有效的方式。通过产业内大力改进新的科技创新，不断地改革和优化产业内部生产过程以减少碳排放，这是可能的，实际上，这是提高能源利用效率的途径。从长远来看，在韩国，大力发展可再生资源和新能源优化以达到减少碳排放的目的是可行的。由此可见，通过提高能源利用效率是当前降低碳排放的最主要的途径。

参考文献

[1] K. Liaskas, G. Mavrotas, M. Mandarka et al. Decomposition of industrial CO_2 emissioms: The case of European Union [J]. *Energy Economics*, 2000 (22): 383 - 394.

[2] Josep G. Canadell, Corinne Le Quéré, Michael R. Raupach et al. Contributions to accelerating atmospheric CO_2 growth from economic

activity, carbon intensity, and efficiency of natural sinks. *PNAS*, 2007 (11): 18866 - 18870.

[3] James B. Ang. CO_2 emissions, energy consumption, and output in France. *Energy Policy*, 2007, 35 (10): 4772 - 4778.

[4] 李艳梅等. 中国碳排放变化的因素分解与减排途径分析 [J]. 资源科学, 2010 (2): 218 - 222.

[5] 徐国泉等. 中国碳排放的因素分解模型及实证分析: 1995 - 2004 [J]. 中国人口、资源与环境, 2006 (6): 158 - 161.

[6] 王迪等. 江苏省节能减排影响因素及其效应比较 [J]. 资源科学, 2010 (7): 1252 - 1258.

[7] Greening L. A., Davis W. B., Schipper L. Decomposition of aggregate carbon intensity for the manufacturing sector: comparison of declining trends from 10 OECD countries for the period 1971—1991 [J]. *Energy Economics*, 1998, 20 (1): 43 - 65.

[8] Davis W. B., Sanstad A. H., Koomey J. G. Contributions of weather and fuel mix to recent declines in US energy and carbon intensity [J] *Energy Economics*, 2003, 25 (4): 375 - 396.

[9] 段显明等. 浙江省能源消费碳排放的因素分解. 北京邮电大学学报, 2011 (8): 68 - 75.

[10] 郭朝先等. 中国碳排放因素分解: 基于 LMDI 分解技术. 中国人口、资源与环境, 2010 (12): 4 - 9.

作者信息

范若滢: 南开大学经济学院经济研究所 2013 级博士;

崔日浩: 天津大学商学院 2010 级博士, 韩国留学生。

后　记

本书是由提交2013年“区域经济发展和区域经济比较研究”全国学术研讨会入选论文中精选并汇编而成。由于论文集篇幅有限，一些超过论文提交时限的（即便是好文章）未能入选。即使如此，我们仍对学者们给予大会和广东财经大学国民经济研究中心的支持表示衷心的感谢。

参加编辑工作的有广东财经大学国民经济研究中心的几位同志：中心主任林洪教授、常务副主任黄晓凤教授、柴盈老师和樊兰老师等。经济科学出版社的王长廷主任和刘莎老师提出了宝贵指导意见。错漏之处，在所难免，敬请作者和读者批评指正。

编　者

2014年12月